政协全椒县委员会 编

全椒古代著述考略

张道锋 撰

国家图书馆出版社

图书在版编目（CIP）数据

全椒古代著述考略 / 张道锋撰 . 政协全椒县委员会编 . — 北京：国家图书馆出版社 , 2021.12

ISBN 978-7-5013-7502-8

Ⅰ . ① 全… Ⅱ . ① 张…②政… Ⅲ . ① 古籍—汇编—全椒县 Ⅳ . ① Z122.544

中国版本图书馆 CIP 数据核字（2021）第 276819 号

书　　名	全椒古代著述考略
著　　者	张道锋 撰　政协全椒县委员会 编
项目统筹	殷梦霞
责任编辑	张爱芳　张慧霞　黄　静　司领超　袁宏伟
编　　务	王若舟　王明义
封面设计	程言工作室
出版发行	国家图书馆出版社（北京市西城区文津街 7 号 100034）
	（原书目文献出版社　北京图书馆出版社）
	010-66114536 63802249 nlcpress@nlc.cn（邮购）
网　　址	http://www.nlcpress.com
印　　装	北京金康利印刷有限公司
版　　次	2021 年 12 月第 1 版　2021 年 12 月第 1 次印刷
开　　本	710 × 1000（毫米）　1/16
印　　张	24.75
书　　号	ISBN 978-7-5013-7502-8
定　　价	98.00 元

序一

　　张道锋先生所撰《全椒古代著述考略》，历八年耕耘，艰辛万状，如今大功告成，即将付梓，深感慰藉，此乃海内外全椒人士之幸。全椒建制于秦汉之古，承吴越之道，揽苏皖之胜，两千余年，社会、政治、经济、文化，各界各业，均有卓越建树，且彰显于史典，而伍举、专诸、亚父、敏轩等雷贯之名，更为古今传颂。

　　道锋先生得汝舟大师之传，得其真谛，宏其风范，专著问世，必为全椒文化事业发展之绚丽旗帜，也为各地历代著述研究开风气之先。在此遥致祝贺！

华侨大学原校长、国务院参事室特约研究员　丘进

二〇二一年七月

序二

全椒人杰地灵，英才荟萃。吴氏一门，著闻天下。此书辑邑先贤著述，谨加编校，俾千载文献足征，百里风俗可考，洵无愧乎前贤苦心，固有益于地方风化。其书足传，其志可嘉。

华南师范大学文学院教授、博士生导师　蒋寅

二〇二一年八月

前　言

　　"千年古县"全椒位于安徽省滁州市南部，四周分别与滁州市南谯区、南京市浦口区、马鞍山市和县、马鞍山市含山县、合肥市巢湖市、合肥市肥东县相接壤。她不仅是皖东大地上一颗耀眼的明星，同时也是南京都市圈的重要组成部分，具有十分重要的政治和经济意义。然而正是这样一个具有重要意义的古县，此前却很少有人关注她悠久的文化传统和深厚的历史资源。虽然全椒的声名并不十分显赫，但"吴敬梓故里"也足以使其名垂后世。更何况，全椒的历史文化资源远远不止吴敬梓与《儒林外史》。

　　据南宋罗泌《路史·国名纪》载："椒为高阳氏后，楚之分，春秋时属楚。"故知"椒"之得名乃是以氏为邑。由于史料阙如，我们已经无法确知全椒建县的具体年代，但据《汉书·地理志》记载，全椒置县于西汉初期无疑。由此看来全椒已经跨越了两千多年的漫长时光，确实是一座名副其实的千年古县！

　　全椒不仅历史悠久，还拥有十分丰富的历史文化资源。全椒历史上的风流贤士代不乏人，他们在各自的领域独领风骚，对于历史的发展和文明的演进做出过杰出贡献。唐代的邢文伟，明代的乐韶凤、戚贤、憨山大师，清代的吴敬梓、薛时雨，这一串响亮的名字如雷贯耳，穿透了悠远的历史隧道，点亮了全椒文化的璀璨之光。我们翻阅厚重的史籍可以发现，全椒最闪亮的历史传统既非政治，也非经济，而是一个真真切切的文学之乡、学术之里。如果说全椒的历史中有足以傲视全国的地方，那一定是全椒的学术研究与文学创作。而能够证明这一点的，就是历史上遗留下来的丰厚全椒古代典籍。

二〇一八年，由政协全椒县委员会牵头开始系统整理全椒的古籍，汇编成《全椒古代典籍丛书》（以下简称《丛书》），由国家图书馆出版社陆续发行。这套《丛书》第一次全面而深入地对全椒古籍进行了清理，基本摸清了全椒古籍的历史与现状。我们将全椒古籍进行了分门别类的处理，择其版本精善者予以收录影印。《丛书》可以反映现存全椒古籍的面貌，但是古籍的目录学著录、版本的流传、著者的行藏等一系列问题，都无法在其中得以表现。于是我们在《丛书》编纂的过程中，将发现的这些问题点滴记录，锱铢积累，才有了这部《全椒古代著述考略》（以下简称《著述考略》）。《著述考略》作为《丛书》的重要组成部分，具有十分重要的学术意义。它不仅仅是作为《丛书》的目录存在，更是从多个方面解决了很多悬而未决的学术问题，对于全椒地域文化的研究具有很好的参考价值。约略言之，有以下数端：

其一，《著述考略》第一次将全椒古籍的著者、版本、著录、馆藏等情况全面整理，大大增补了既往方志中的全椒文献目录。全椒旧志中唯有民国九年县志设"艺文"一门，按照经史子集的分类方法罗列成志。〔民国〕《全椒县志》中《艺文志》所列文献凡二百四十七种，然据不完全统计，全椒古代文献宋代占八家十八种，明代占四十家一百十六种，清代占一百四十九家三百五十一种，共得全椒著者总一百九十七家，各类文献四百八十五种，几乎是原《艺文志》的两倍之多。在这些新见的文献当中，有的是旧志中记载了作者，而遗漏了若干文献。比如旧志中著录了吴开的《养正训类》《优古堂集》《优古堂诗话》，却没有著录其《漫堂集》《童训统类》和《吴内翰备急方》。旧志中著录了张洎的《贾氏谈录》和《张师阖集》，却没有著录其所编《木铎集》。还有一种情况是旧志中根本没有记载者，比如吴中蕡、汪继美、吴羽文、吴鳌、吴晟、吴显、金和、孙保庶、印洁诸人皆未见著录。

其二，《著述考略》纠正了各家目录的著录错误近百条。全椒古籍自宋代张洎始至清代诸家，多有古今公私目录著录。如：［民国］《全椒县志》卷十五、［光绪］《重修安徽通志》卷三百四十二著录许如兰《香雪庵集》十二卷，今查南京图书馆藏铅印本，得知此书实则合肥许如兰所著。［民国］《全椒县志》卷十五著录释德清《长松茹退》，查《紫柏全集》卷十四《长松馆记》知此书乃释真可所撰。上海图书馆藏有吴昺《博议书后》抄本一卷，经过仔细阅读，发现实际上这是吴氏失传已久的文集残卷，《博议书后》不过是全书的第一部分，此书不仅包含吴氏之读书笔记，更有十余篇吴氏家族的墓志铭，具有极高的史料价值。值得注意的是，中国徽州文化博物馆所藏之《应制体诗》，图书馆目录著录为"全启南"。阅罢此书后方知，所谓"全启南，金椒人"不过是"金启南，全椒人"的倒文而已。

其三，《著述考略》辨证了全椒古籍著者的归属权问题。比如南京图书馆著录《介庵诗钞》五卷附录一卷，此集乃天台人金品山所著，非［民国］《全椒县志》所载释行莘《介庵诗钞》。《中国古籍总目》著录金和所著《仲安遗草》及《祖香诗钞》，并未注明著者籍贯，后查知《仲安遗草》乃江阴金和所撰，《祖香诗钞》为华亭金和所著，皆非全椒金和。中国国家图书馆藏吴敬梓《城工辑略》，此吴氏乃钱塘人，亦非《儒林外史》之作者。凡此种种，皆为同姓名之作者，本书的考察为《丛书》的去取指明了方向，保证了《丛书》编纂的准确性。

其四，《著述考略》对全椒古籍的存没现状及馆藏之所进行了详细的著录。孙诒让《温州经籍志》被称为"最著名的地方艺文志"，孙氏在其书中效法朱彝尊之《经义考》，各记"存""佚""阙""未见"四目。因为孙氏崇高的学术地位，此书甫一问世，旋即兴起了撰写地方目录的高潮。当代安徽省之专门文献目录，远可以追溯到二十世纪八十年代的《皖人书录》，迩则有新近出版的《安徽文献总目》。然而不论是哪一种目录，对于全椒文献的著录皆有错漏。不仅如此，以上目录皆取法古代目录，多未实地查阅古籍，故而对其存没现状的记载多有出入，更加没有注明馆藏地。《著述考略》则在很大程度上纠正了古籍存没著录的错误，增补了已知下落古籍的馆藏地，对于今后研究全椒古代文献打下了坚实的基础。

其五，《著述考略》将《丛书》提要一并收录。提要是中国古典文献学非常重要的组成部分，它是文献学从检索功能走向"辨章学术，考镜源流"的重要表征。本书仿照《四库全书总目》，对全椒古籍的书名、作者、卷数、版本等重要信息作了提纲挈领式的描述。凡前人已经撰写过提要的古籍，本书有选择地予以部分摘录或引用，以示对学术史的容受与传承。

全椒古代典籍从宋代以至清末，种类繁复，跨越经、史、子、集四部，而以集部居多，这反映全椒历史上文学创作风气甚盛。以现存全椒古籍来看，明清文献居多，而又以清代为最夥，可见全椒文化至清代达到了空前高度。全椒古籍的著者多为世家大族，如吴氏家族、金氏家族、彭氏家族、薛氏家族等，这些家族成员拥有丰厚的教育传统和科举传统，是他们贡献了绝大部分的全椒古籍。隶属于滁州地区的几大县市区，从历史的角度来看，并没有非常深厚的文献传统，唯有全椒独树一帜，全椒古籍的数量竟然占整个滁州地区古籍总量的四分之三以上，不得不让我们发出"一部滁州志，半部全椒史"的感慨！

《全椒古代著述考略》作为第一部全面考察全椒古代文献的专著，对于全椒历史上或存或佚之典籍进行了穷尽式整理。经过这次全面的考察，我们基本摸清了全椒的文献家底，这对于今后进一步深入研究全椒乃至皖东的历史文化具有极大的推进作用。全椒虽为弹丸之地，然厚植于椒陵文化土壤的历史文献资源却数不胜数，要想彻底搞清楚这些问题，绝不是短期之内所能完成的。期待本书付梓之后能够得到更多学界师友的批评指正！

二〇二一年六月

凡　例

一、本书为全椒古代著述基本情况之考辨成果。

二、本书所收著述年代下限为1920年，所选著述或为全椒籍人氏所撰（编），或为非全椒籍人氏所撰（编）有关全椒之典籍。1949年以前之全椒地方志全部收录，全椒人氏所编外地方志则不予收录。

三、本书正文为《全椒经籍志》，先叙人物小传，后及文献著述。对于每种著述的考辨包括书名、卷数、存佚状况、版本、古典目录著录、古代文献征引、馆藏地以及在《全椒古代典籍丛书》中所处位置。

四、本书以人物为纲，先按照朝代顺序排列，同一朝代下人物按生年排序，生年不详者，参照其卒年、科第、交游等事迹酌定之。人物之下的著述按照经、史、子、集排序。

五、本书收录佚书之现存序跋，存书序跋中，凡提及成书过程、刻书过程以及其他重要史料者，亦一并选录。

六、为使读者深入了解《全椒古代典籍丛书》，特将《丛书》提要部分一并收录，供读者参考。

目　录

全椒

经籍志

宋 代

张洎

张洎（934—997），字师黯，后改字偕仁，滁州全椒人。少有俊才，博通坟典。经历南唐、北宋两朝五帝。南唐后主时官至中书舍人、清辉殿学士，参与机密，恩宠第一。归宋后累迁参知政事，与寇准同列。后因事贬为刑部侍郎，卒后追赠刑部尚书。《宋史》卷二百六十七《列传第二十六》有传。

《贾氏谈录》一卷（存）

宋晁公武《郡斋读书志》卷三下、［光绪］《重修安徽通志》卷三百四十二著录。

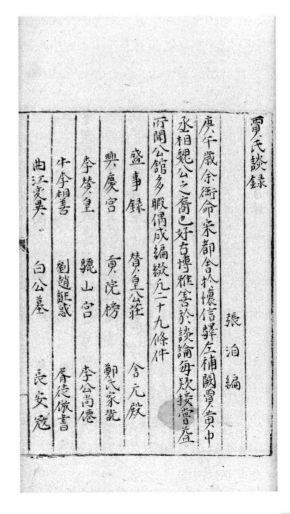

《守山阁丛书》本《贾氏谈录》张洎自序曰："庚午岁，予衔命宋都，舍于怀信驿。左补阙贾黄中，丞相魏公之裔也。好古博学，善于谈论，每欵接，常益所闻。公馆多暇，偶成编缀，凡六条，号曰《贾氏谈录》，贻诸好事者云尔。"

此书有明抄本，中国国家图书馆藏。清道光二十四年（1844）《守山阁丛书》本，上海图书馆藏。民国十二年（1923）上海文明书局石印本，上海图书馆藏。另有《说郛》本、《四库全书》本，后见收于《历代笔记小说大观》。

上海图书馆藏清道光二十四年《守山阁丛书》本、中国国家图书馆藏民国十二年上海文明书局石印本、中国国家图书馆藏明抄本，皆收入《全椒古代典籍丛书·综合卷》第一册。

《张师黯集》五十卷（佚）

宋晁公武《郡斋读书志》卷四、宋郑樵《通志》卷二十二、［光绪］《重修安徽通志》卷三百四十三著录。宋王尧臣等《崇文总目》卷五、元脱脱《宋史》卷二百八作"《张洎集》五十卷"。

《木铎集》（佚）

此书乃张洎所编诗集。宋陈振孙《直斋书录解题》卷十九云："《木铎集》十二卷，张洎所编，钱公辅名《木铎集》。与他本相出入，亦有他本所无者。"《永乐大典》卷九百六又谓："凡一十二卷。近世汤中季庸，以诸本校定，为《张司业集》八卷，且考订其为吴郡人。魏峻叔高刻之平江，续又得《木铎集》，凡他本所无者，皆附其末。"［光绪］《南直隶和州志》卷十八曰："（张籍）为诗长于五言，尤善古乐府，用意深厚，得风人之旨。宋张洎裒其所著，得四百余篇。"卷三十六又曰："初编于张洎，再编于汤中，今皆未见。"明刻本《张司业诗集》卷七有诗曰《和李仆射西园》，题下小注云："见《木铎集》，乃司业诗之别名。"

是知《木铎集》于明代尚存，清光绪时已不见矣。

《四库全书》本《吴都文粹续集》卷五十五张洎《张司业诗集序》曰："司业讳籍，字文昌，苏州吴郡人也。贞元十五年丞相渤海公下及第，历官太祝、秘书郎、国子博士、水部员外郎、国子司业。公为古风最善。自李、杜之后，风雅道丧，继其美者，唯公一人。故白太傅读公集曰：'张公何为者？业文三十春。尤工乐府词，章代少其伦。'又姚秘监尝赠公诗云：'妙绝江南曲，凄凉怨女诗。古风无手敌，新语是人知。'其为当时文士推服也如此。元和中，公及元丞相白乐天、孟东野歌词，天下宗匠，谓之'元和体'律诗。贞元以前，作者间出，大抵互相祖尚，拘于常态。迨公一变，而后章句之妙，冠于流品矣。自唐末多故，荐经离乱。公之遗集，十不存一。予自丙午岁迨至乙丑岁，相次缉缀，仅得四百余篇，厘为五卷，藏诸箧笥，余则更俟博访，以广其遗阙云耳。翰林学士中书舍人张洎编次。"

吴朋

吴朋（？—1103），滁州全椒人。宋元丰年间进士及第，精于春秋学，官枢密承旨，后擢谏议大夫，卒祀滁郡保丰祠。清陆心源《元祐党人传》卷四有其传。

《寄楼经说》（佚）

［民国］《全椒县志》卷十五著录。［民国］《全椒县志》卷十《人物志》亦作《寄楼集》，谓"多说经之文"。

张本冉

张本冉[①]，生卒年不详，字叔相，滁州全椒人。张洎之子。七岁即日

[①] ［民国］《全椒县志》卷十《人物志》作"张冉本"。

诵千言，十岁能文，善草、隶诸体。风格异常，喜读老庄，十六岁而夭。〔民国〕《全椒县志》卷十有传。

《礼》（佚）

〔民国〕《全椒县志》卷十著录为"上下二篇"，并谓："吴王见而叹曰：'此子天假之年，他日必为国器'。"

《遗稿集》（佚）

〔民国〕《全椒县志》卷十五著录。〔民国〕《全椒县志》卷十谓"徐铉为序其遗稿"，然今本徐铉《骑省集》未见此序。

徐徽

徐徽，生卒年不详，字仲元，自号独山居士，滁州全椒人。宋仁宗嘉祐四年（1059）进士，历官提举利州常平，抗疏致仕，居于独山。曾肇担任滁州知州期间，时相往来。宋王象之《舆地纪胜》卷四十二有其传。

《滁阳庆历集》十卷（佚）

宋陈振孙《直斋书录解题》卷十五、元脱脱《宋史》卷二百七、元马端临《文献通考》卷二百四十九著录。

宋陈振孙《直斋书录解题》卷十五曰："（《滁阳庆历集》）朝散郎滁人徐徽仲元集，断自庆历以来。曾肇子开，绍圣中谪守，为之序。"清钱大昕《廿二史考异》曰："陈氏云：'《滁阳庆历集》十卷，朝散郎滁人徐徽仲元集，断自庆历以来。曾肇子开，绍圣中谪守，为之序。'此《志》前有徐徽《滁阳庆历集》十卷，而复出此，其实非有二本也。"

吴蔚

吴蔚，生卒年不详，字深道，祖籍夏津。祖吴用之尝为全椒县令，故定居于此地。吴蔚登宋熙宁四年（1071）进士，授临淮主簿。施政得法，颇得民心。时王安石当政，颇赏吴蔚之才华，荐为谏议大夫，力辞不赴。历知广德州、彭州、池州，以兴学为务。夜梦"龟筮必良"四字，觉而乞归。卒年八十四，祀乡贤。［泰昌］《全椒县志》卷三、［康熙］《滁州志》卷二十二有传。

《龟鉴堂诗集》（佚）

［民国］《全椒县志》卷十五著录。吴氏书斋为龟鉴堂，［康熙］《滁州志》卷二十九载其《添字浣溪沙·为梦四大字》："旅次皇华夜未央，蘧蝶飞来入梦长。授我蓍龟一丸丹，细思量。从今回首苦海岸，逍遥老子安乐乡。养福养气精神赊，寿无疆。"

吴开

吴开（1067—1148）①，字正仲，滁州全椒人。宋元丰年间进士，绍圣四年（1097）中宏词科，靖康中官翰林承旨，使金被留，并任职其中。宋建炎后安置永州，后移韶州，历官礼部尚书。清厉鹗《宋诗纪事》卷三十四、［康熙］《滁州志》卷二十二有传。

《养正训类》二卷（佚）

［民国］《全椒县志》卷十五著录。

《优古堂诗话》一卷（存）

明王圻《续文献通考》卷一百九十八、清黄虞稷《千顷堂书目》卷

---

① 吴氏之生卒年，文献记载皆不详。宋吴开《宋桂州永福县丞赵君墓志铭》："赵晦叔长予十岁……晦叔以疾不起，时政和五年（1115）正月二十五日也……晦叔讳察……享年五十八"，已知赵察生于1058年，开小十岁，故当生于治平四年（1067）。又，［道光］《福建通志》卷一百二十八："知虔要吴开女，令充事务官，限三日立张邦昌……开以赦还居赣上，秦桧怜开无依，除憺知虔州以安之。开卒，移知荆南。"《建炎以来系年要录》卷一百五十八载"绍兴十八年（1148）十有一月戊戌，秘阁修撰、知虔州曾憺移知荆南"。据此，吴开当卒于绍兴十八年（1148）。

三十一、清钱曾《读书敏求记》卷四、清嵇璜《续通志》卷一百六十三、清季振宜《季沧苇藏书目》卷一、清范邦甸《天一阁书目》卷一之一、清阮元《文选楼藏书记》卷四、清张金吾《爱日精庐藏书志》卷三十六、清瞿镛《铁琴铜剑楼藏书目录》卷二十四、清陆心源《皕宋楼藏书志》卷一百十八、清刘锦藻《清续文献通考》卷二百七十一、清丁仁《八千卷楼书目》卷二十、清倪灿《宋史艺文志补》卷一等皆有著录。

此书有明写本，中国国家图书馆藏。明抄本，中国国家图书馆藏。清嘉庆四年（1799）刻《读画斋丛书》本，中国国家图书馆、石家庄市图书馆藏。清抄本，中国国家图书馆、辽宁省图书馆藏。民国五年（1916）上海文明书局排印《历代诗话续编》本。《四库全书》本，据明写本抄录。

其中中国国家图书馆藏明写本、清嘉庆四年顾氏刻《读画斋丛书》

本、清抄本、民国五年上海文明书局排印《历代诗话续编》本，皆已收入《全椒古代典籍丛书·综合卷》第一至二册。

《漫堂随笔》（存）

是书不见于宋晁公武《郡斋读书志》及宋陈振孙《直斋书录解题》等书目，仅南宋尤袤《遂初堂书目》著录，然不著撰人。清范邦甸等撰《天一阁书目》谓："《漫堂随笔》一卷，蓝丝栏抄本，明唐寅撰。"又傅增湘《藏园群书经眼录》云："《漫堂随笔》一卷。清劳氏丹铅精舍传抄，明末山阴祁氏澹生堂本。清劳格手校，并录明姚咨识语。"检中国国家图书馆藏清劳格铅精舍抄本《漫堂随笔》之内容，知此书实为唐寅抄自吴开《漫堂随笔》。南京图书馆亦藏有抄本《漫堂随笔》一卷，不著撰人，是书曾为钱塘丁氏正修堂所藏，核书内文字，丹铅精舍本所抄文字俱见于此本。又书内四十七条文字为丹铅精舍本所阙，则钱塘丁氏正修堂藏本当更加接近于唐寅抄本。综上，两种清抄本《漫堂随笔》实为宋人吴开之文。明

漫堂随筆 一卷

宋吴 开 字正仲 全椒人

王幼江

王翁挺言錢景逃子之堪云其從兄死後蘇云瞑目見其兄問汝何因來吾初爲幼江王門客爲爾入問之出曰果誤也引入門至其館曰地獄可畏如世所傳吾無他善但因大叔母欲讀誦金剛經予求本寫予之遂免罪苦但未受生耳大叔母所誦佛名困積他日獲福報無量矣又指一閣極華麗曰族叔某人寫華嚴

人唐寅抄成后，再经姚咨节抄并跋，复经澹生堂传抄，至清又有劳氏丹铅精舍从澹生堂本抄出。因吴开所著未有刻本传世，幸赖唐寅录文，又经明清藏书家传抄流播，今人得以窥探吴文旧貌。钱塘丁氏正修堂藏本较之劳氏丹铅精舍抄本，应更加接近原本，亦可补丹铅精舍抄本佚文之憾，其版本及史料价值弥足珍贵。

此书有元陶宗仪《说郛》本。明嘉靖三十五年（1556）姚咨抄本，中国国家图书馆藏。清劳氏丹铅精舍抄本，中国国家图书馆藏。民国十六年（1927）上海商务印书馆《说郛》本，中国国家图书馆藏。民国间国立北平图书馆《说郛》本，中国国家图书馆藏。钱塘丁氏正修堂藏抄本，现藏南京图书馆，此本后见收于《全宋笔记》。

中国国家图书馆藏民国十六年上海商务印书馆《说郛》本及民国间国立北平图书馆《说郛》本，皆已收入《全椒古代典籍丛书·综合卷》第三册。

《童训统类》（佚）

元脱脱《宋史》卷二百二《艺文志》、明柯维骐《宋史新编》卷四十七、［光绪］《重修安徽通志》卷三百三十七著录。

《吴内翰备急方》（佚）

宋王璆《是斋百一选方》、宋魏岘《魏氏家藏方》、宋刘信甫《活人事证方后集》、明朱橚《普济方》、明李时珍《本草纲目》等皆尝引用，而以《是斋百一选方》为最详，计二十余方。据宋王璆《是斋百一选方》卷八载："吴开内翰宣和壬寅得此方。"

《优古堂集》（佚）

［民国］《全椒县志》卷十五著录。［民国］《全椒县志》卷十作《优古堂全集》。

《漫堂集》（佚）

宋庄绰《鸡肋编》卷下谓："吴开正仲著《漫堂集》载唐顾况老后失子，作诗云：'老人哭爱子，泪下皆成血。老人年七十，不作多时别。'每诵诗，哭之哀甚。未几复生子，非熊能道前世事，云在冥中，闻其父哭并诗，不胜其哀，恳于冥官，复为况子，非熊仕至起居舍人。"

吴珏

吴珏[1]，生卒年不详，字昆生，滁州全椒人。宋崇宁间进士，文采特异，举宏词科，官翰林院编修。［民国］《全椒县志》卷十有其传。

《於越题咏》二卷（佚）

《宋史》卷二百七《艺文志》著录为三卷。［雍正］《浙江通志》卷二百八十谓："此集乃前有李并序，今不可见矣。"宋王十朋《梅溪先生后集》卷十《次韵安国题清音堂》诗下自注曰："唐张祜诗在《於越题咏》中为首篇。"是可知两宋之际，此集乃广为流传之文学选集。

《滁阳庆历后集》十卷（佚）

此集为宋吴珏、张康朝、王言恭编，为滁州文学总集。宋陈振孙《直斋书录解题》卷十五、元脱脱《宋史》卷二百七《艺文志》、［光绪］《重修安徽通志》卷三百四十六著录。宋陈振孙《直斋书录解题》卷十五曰："其《滁阳庆历集》后集则吴珏、张康朝、王言恭[2]所续。宋宣和四年（1122）唐恪钦叟序之，末及绍兴，盖又后人续入之尔。"

---

① 《宋史·艺文志》作"吴班"。［光绪］《重修安徽通志》卷三百三十九著录《绎水经注》，此歙县吴珏所著。
② 《文献通考》作"王彦恭"。

王彦成

王彦成，生卒年不详，字粹道，滁州全椒人。其先祖为泗州招义乡人。祖上为滁州法掾，秩满后家于全椒，遂为椒人。进士及第后调泰州，奉命对徽宗召，因改秘书省校书郎。后历任尚书司员外郎、宿州知州、太仆寺少卿，终于湖北提点刑狱。［万历］《滁阳志》卷十二、［泰昌］《全椒县志》卷三有传。

《荣遇集》（佚）

明王圻《续文献通考》卷一百八十、［乾隆］《江南通志》卷一百六十七著录。［万历］《滁阳志》卷十二言宋徽宗评价此集曰："比览《荣遇集》，见卿文理优赡。"

明 代

乐韶凤

乐韶凤（？—1380），字致和，一字来仪①，南直隶滁州全椒人。元末与同邑赵奎、王才、鲁文质等相友善。元至正十五年（1355），赴和州拜谒朱元璋，自此从之处理军务。至正十七年，授江西行省管勾。明洪武三年（1370），授起居注。四年，迁给事中、中书省员外郎，寻升兵部尚书。六年，改翰林侍讲学士。十二年八月，以病告免。后起国子司业，升国子祭酒。不久乞归。杨于庭《杨道行集》卷二十三有《明国子监祭酒前兵部尚书乐公墓碑》。［泰昌］《全椒县志》卷三、《明史》卷一百三十六有传。

《洪武正韵》十六卷（存）

此书乃乐韶凤、宋濂等奉敕所编大型韵书。［民国］《全椒县志》谓："（洪武）八年三月，以旧韵起江左，多失正音。与廷臣以中原雅音正之，名曰《洪武正韵》。"明代永乐年间类书《永乐大典》即根据此书之韵编目。是书有七十六韵本与八十韵本。七十六韵本两种，一为十六卷本，明正德刻本，陕西师范大学图书馆藏；二为明隆庆元年（1567）刻本，《四库全书》本即以此为底本。又有八十韵本，明洪武十二年

---

① 乐韶凤之字，《明史》《国朝献征录》等皆作"舜仪"。

（1379）刻本，中国国家图书馆、故宫博物院藏。

《四库全书》本《洪武正韵》宋濂序曰："人之生也则有声，声出而七音具焉。所谓七音者，牙舌唇齿喉及舌齿各半是也。智者察知之，分其清浊之伦，定为角徵宫商羽，以至于半商半徵，而天下之音尽在是矣。然则音者，其韵书之权舆乎。夫单出为声，成文为音。音则自然协和，不假勉强而后成。虞廷之赓歌，康衢之民谣，姑未暇论。至如国风、雅、颂四诗，以位言之，则上自王公，下逮小夫贱隶，莫不有作；以人言之，其所居有南北东西之殊，故所发有剽疾重迟之异。四方之音，万有不同。孔子删《诗》，皆堪被之弦歌者，取其音之协也。音之协，其自然之谓乎？不特此也，楚汉以来，《离骚》之辞，郊祀安世之歌，以及于魏晋诸作，曷尝拘于一律，亦不过协比其音而已。

自梁之沈约，拘以四声八病，始分为平上去入，号曰类韵，大抵多吴音也。及唐，以诗赋设科，益严声律之禁，因礼部之掌贡举，易名曰《礼部韵略》，遂至毫发弗敢违背。虽中经二三大儒，且谓承袭之久不欲变更，纵有患其不通者，以不出于朝廷，学者亦能尽信。唯武夷吴棫患之尤深，乃稽《易》《诗》《书》，而下达于近世，凡五十家，以为补韵。新安朱熹据其说以协三百篇之音，识者虽或信之，而韵之行世者犹自若也。呜呼！音韵之备，莫逾于四诗，《诗》乃孔子所删，舍孔子弗之从，而唯区区沈约之是信，不几于大惑欤！恭唯皇上稽古右文，万几之暇，亲阅韵书，见其比类失伦，声音乖舛，召词臣谕之曰：'韵学起于江左，殊失正音。有独用当并为通用者，如东冬清青之属；亦有一韵当析为二韵者，如虞模麻遮之属。若斯之类，不可枚举。卿等当广询通音韵者，重刊定之。'于是翰林侍讲学士臣乐韶凤、臣宋濂、侍制臣王僎、修撰臣李叔允、编修臣朱右、臣赵埙、臣朱廉、典簿臣瞿庄、臣邹孟达、典籍臣孙蕡、臣答禄与权，钦遵明诏，研精覃思，壹以中原雅音为定。复恐拘于方言，无以达于上下，质正于左御史大夫臣汪广洋、右御史大夫臣陈宁、御史中丞臣刘基、湖广行省参知政事臣陶凯。凡六誊稿，始克成编。其音谐韵协者并入之，否则析之；义同字同而两见者合之；旧避宋讳而不收者补之。注释则一依毛晃父子之旧。勒成一十六卷，计七十六韵，共若干万言。书奏，赐名曰《洪武正韵》，敕臣濂为之序。臣濂窃唯司马光有云，备万物之体用者莫过于字，包众字之形声者莫过于韵。所谓三才之道，性命道德之奥，礼乐刑政之原，皆有系于此，诚不可不慎也。古者之音，唯取谐协，故无不相通。江左制韵之初，但知纵有四声，而不知衡有七音，故经纬不交，而失立韵之原，往往拘碍不相为用。宋之有司，虽尝通并，仅稍异于类谱，君子患之。当今圣人在上，车同轨而书同文，凡礼乐文物咸遵往圣，赫然上继唐虞之治。至于韵书亦入宸虑，下诏词臣，随音刊正，以洗千古之陋习。猗欤盛哉！虽然，璇宫以七音为均，均言韵也，有能推十二律以合八十四调，旋转相交，而大乐之和亦在是矣。所可愧者，臣濂等才识暗劣，无以上承德意，受命震惕，罔知攸措，谨拜手稽首，序于篇端，于以见圣朝文治大兴，而音韵之学悉复于古云。"

此本已收入《全椒古代典籍丛书》，单独出版。

《唐宋名臣奏议》（佚）

［民国］《全椒县志》卷十五著录。明永乐十四年（1416），黄淮、杨士奇等奉敕编《历代名臣奏议》，多取法此书。

《大明日历》一百卷（佚）

《明史》卷一百三十六《乐韶凤传》曰："（乐韶凤）与承旨詹同正释奠先师乐章，编集《大明日历》。"明洪武六年（1373）詹同提出太祖（朱元璋）自起兵以来事迹，虽有所记载，却无专书，建议编写《日历》，得到采纳。此书详记朱元璋于元至正十二年（1352）临濠起兵至明洪武六年有关之征伐戎绩、礼乐沿革、刑政设施、群臣功过、四夷朝贡等史事。

《皇明文衡》卷三十八宋濂序曰："洪武七年，岁在甲寅五月朔日，新修《大明日历》成。粤从皇上兴临濠，践天位，以至六年癸丑冬十又二月，凡戒饬之谆复，征伐之次第，礼乐之沿革，刑政之设施，群臣之功过，四夷之朝贡，莫不具载，合一百卷，藏诸金匮，副在秘书。甲寅以后，则岁再修，而续藏焉。呜呼！唯天立辟，唯辟奉天，其能混合三光五岳之气者，盖可数也。然挺生于南服，而致一统华夷之盛，自天开地辟以来，唯皇上为然。其功高万古，一也。元季绎骚，奋起于民间，以图自全。初无黄屋左纛之念，继悯生民涂炭，始取土地群雄之手而安辑之。较之于古，如汉高帝，其得国之正，二也。平生用兵，百战百胜，未尝摧衄。以至继天出治，经纶大经，皆由一心运量，文臣武将不过仰受成算而已。其独禀全智，三也。钦畏天地，一动一静，森若神明在上，及至郊祀，存于心目，有赫其临，甚至不敢仰视。惠鲜小民，复恐一夫不获其所，贪墨吏及豪黠之徒有加害者，必威之以刑。其敬天勤民，四也。后妃居中，不预一发之政。外戚亦循理畏法，无敢恃宠以病民。寺人之徒，唯给事扫除之役。此皆古昔所深患，今绝无之。其家法之严，五也。兵戎，国之大权，悉归之于朝廷。有事征伐，则诏大帅佩将印领之；暨旋，则上章绶，归士卒，单身还第。其兵政有统，六也。呜呼！帝力难名，度越前圣，不可以一二识也。今日历所书，筹略之运，功业之著，规模之宏远，其本盖原于此矣。然而史书甚重，古称直笔，不溢美，不隐恶，务合乎天理人心之公。无其事，而曲书之者，固非也；有其事，而失书者，尤非也。况英明之主不世出，而记注之官迁易不常，无以究夫圣德之高深。臣同暨濂，幸获日侍燕闲，十有余年，知之深故察之精，察之精则其书也颇谓得其实而无愧。兹因日历书成，谨揭其大要于首简，使他日修实录者有所采掇，庶几传信于千万世也。其总裁官：翰林学士承旨、嘉议大夫、知制诰兼修国史兼吏部尚书臣詹同，翰林侍讲学士、中顺大夫、知制诰同修国史兼太子赞善大夫臣宋濂。催纂官：翰林侍讲学士、嘉议大夫、知制诰同修国史臣乐韶凤；纂修官：礼部员外郎臣吴伯宗、翰林编修臣朱右、臣赵埙、臣朱廉、儒学教授臣徐一夔、孙作、布衣臣徐尊生。其雠校誊写，则臣伯宗、臣廉及乡贡进士臣黄昶、国子生臣陈孟旸。开局于六年九月四日，历二百六十有五日始讫事云。臣濂谨序。"

《回銮乐歌》三十九章（佚）

《明史》卷一百三十六《乐韶凤传》曰："（乐韶凤）因撰《神降祥》《神贶惠》《醰酒》《色荒》《禽荒》诸曲以进，凡三十九章，曰《回銮乐歌》，皆寓规谏。"清嵇璜《续文献通考》曰："八年始用于郊坛，又以凡亲祀，还宫宜用乐舞前导，命儒臣撰乐章以致敬慎监戒之意。于是翰林上所撰《神祥》《神贶》《醰酒》《色荒》《禽荒》诸曲凡三十九章，曰《回銮乐歌》。"

《明太祖文集》二十卷（存）

此书为乐韶凤为明太祖朱元璋所编文集。《明史》卷四著录为五十卷。《中国古籍版刻辞典》"乐韶凤"条谓："洪武七年编刻过朱元璋《明太祖文集》二十卷。"又提及福建人杨起元尝刻印《明太祖文集》二十卷附《训行录》三卷。

《四库全书总目提要》谓："然所谓三十卷者，今未见传本，其存佚均未可知。近时诸家所藏弄，大抵皆即士观等所刻。"士观即姚士观，此集初刻于明洪武七年（1374），万历间再刻，后收入《四库全书》。三十卷本今存于南京图书馆及南开大学图书馆。

吴璋

吴璋[1]，生卒年不详，字文瓒，号澹庵，南直隶滁州全椒人。明成化二年（1466）进士。户部云南司主事陈宪章时游太学，吴璋师事之，称阳明别派。初为户部郎中，因功升任兖豫巡漕御史。明弘治十八年（1505）任给事中，因敢言直谏得罪刘瑾，出为云南鹤庆知府。创复性书院，教化弟子。大疫风行，研究药方拯救百姓。鹤庆百姓感其恩德，私谥曰孝惠。康熙朝士大夫皆以吴璋为椒人讲学之先导。擢参政，未任卒。卒赠太常卿。清康熙年间建吴公祠以祀之，朱瓒为之记。［泰昌］《全椒县志》卷三、［康熙］《滁州志》卷二十一有传。

《成弘两朝首辅纪事》二卷（佚）

［民国］《全椒县志》卷十五著录。

---

① 陈文新主编《明代科举与文学编年》上册"吴璋"条曰："吴璋，贯直隶滁州全椒县。军籍，县学生，治《诗经》。字文瓒，行三，年三十一，闰六月初九日生。曾祖思忠。祖俊。父钧。母李氏，继母杜氏。严待下。弟。娶金氏。应天府乡试第九十二名，会试第七十五名。"［民国］《全椒县志》中对于吴氏家族吴朋以下至吴璋之记载阙如，此记载对于全椒吴璋这一支的研究具有非常重要的参考价值。

《滇书》四卷（佚）

［民国］《全椒县志》卷十五著录。为吴璋任鹤庆知府时所撰。

《孝惠先生表奏杂议》四卷（佚）

［民国］《全椒县志》卷十五著录。

《孝惠先生诗文集》十六卷（佚）

［民国］《全椒县志》卷十五著录。

戚贤

戚贤（1492—1553），字秀夫，初号南山，晚更号南玄，南直隶滁州全椒人。先世居溧阳，本姓胡，元末徙居全椒。明嘉靖五年（1526）进士，授归安知县，后召为史科给事中。数直言劾佞臣，官至刑科都给事中。以言选庶吉士，忤首辅夏言，谪山东布政司都事。居家十二年，卒。师事王守仁，明黄宗羲《明儒学案》将其列为南中王门代表人物。清张廷玉《明史》卷九十六有传。明焦竑《国朝献征录》卷八十有罗洪先所撰《刑科都给事中南玄戚君贤行状》，《王畿集》卷二十有《刑科都给事中南玄戚君墓志铭》。

《南玄集》四卷（佚）

明焦竑《国史经籍志》卷五、清黄虞稷《千顷堂书目》卷二十三著录。

吴士炳

吴士炳，生卒年不详，字敛华，南直隶滁州全椒人。吴璋之孙。诸生，博通经史，举乡宾。卒年八十三。［民国］《全椒县志》卷十有传。

《诗经广训》四卷（佚）

［民国］《全椒县志》卷十五著录。

吴居美

吴居美，生卒年不详，字曰实，南明直隶滁州全椒人。吴璋之孙。明嘉靖十四年（1535）以贡生任新城训导，万历间升淮安教授，［康熙］《滁州志》谓其"学问为时师表，所至有课士声"。尝刊《濂洛关闽六子传》，为学者榜样，后归居林下，遇旱涝则为民疾呼。卒年八十有四。［康熙］《滁州志》卷二十二有传。

《礼酌》二卷（佚）

［民国］《全椒县志》卷十五著录。［民国］《全椒县志》卷十谓其"著有《家训》《礼酌》诸书以范宗族"。

《家训》（佚）

［民国］《全椒县志》卷十五著录。

彭光祖

彭光祖，生卒年不详，字虎少，南直隶滁州全椒人。八岁诗作惊人，人称为神通，未冠名噪江南。四明屠隆评其诗曰："虎少刻意摩古，晶光横射，只此已足命世。"年二十二而卒。［康熙］《全椒县志》卷十有传。

《四书训钞》（佚）

［民国］《全椒县志》卷十五著录。

《白凤馆集》四卷（佚）

［光绪］《重修安徽通志》卷三百四十三著录。

晋丽明

晋丽明，生卒年不详，南直隶滁州全椒人。长于诗古文辞。［康熙］《全椒县志》卷十有传。

《经书掌录》（佚）

［民国］《全椒县志》卷十五著录。

《类奇》（佚）

［康熙］《全椒县志》卷十著录。

彭榘

彭榘①，生卒年不详，字润玉，号海鹤，南直隶滁州全椒人。幼学颖悟，以贡生任宣城训导，尝与沈懋学、梅鼎祚诸人订宛陵诗社。以奉养八十老母归。因子彭梦祖贵，累封赠。［泰昌］《全椒县志》卷三、［康熙］《滁州志》卷二十二有传。

《卧游楼史记》（佚）

［民国］《全椒县志》卷十五著录。［康熙］《滁州志》卷二十二、［光绪］《重修安徽通志》卷三百三十九作《卧游楼史》。

《说剑余草》（佚）

［民国］《全椒县志》卷十五著录。［光绪］《重修安徽通志》卷三百四十三作《剑余草》。

《四库全书》本明王世贞《弇州山人续稿》卷五十五《彭户部〈说剑余草〉序》曰："彭润玉先生者，自诸生而贡礼部，以选人分教宣城，属其子梦祖成进士，为户部郎，弃官归。受其封，故人或称户部君，亦或

---

① 《安徽文献总目》误作"彭琛"。

称博士君，云先生而好为古文辞，久而晚节益甚。万历之戊子，余起官白下，先生特自全椒渡江，属故全椒令佘君介以见。余出其所近著诗一卷、文一卷，曰《说剑余草》，命之序。余复从佘令所见先生前集十二卷，曰《无毡堂》者。得合读之，然后知先生所诣之深而且博也。其诗皆婉曲工至，能发其情以与才合，而不伤格。至于七言律，尤有斫轮中鹄之巧，若序、记、书、传之类，古色与生气相射于西京大历，吾不知何如？即非近代所易办也。吾尝屈指明兴以至于今能为古文辞者，亡虑数百千家。其卓然名世者，亦可数十百家。要皆庙廊山林之杰，乃欲举博士广文而称之，则不过临川聂大年、吾郡黄应龙、戴章甫、陆象孙三四君子而已。大年、象孙以诗胜，应龙、章甫以文胜。然皆厪厪肤立，而至用其子有名位，优游素封者，钟记室之品，不能名一人。此何以故？凡为博士广文者，势必久困诸生。诸生之业，不过剽窃儒先之绪，而微饤钉组织之。欲分功于古文辞，则其业疏。以古文辞间之，则其业杂加之。以岁月磨而耗之，甫得一官。有余晷始欲呻吟以从事古之作者，而不知其精已销亡矣。故夫山林之杰，必其不为诸生者，与为诸生而不终者也。若乃有子而称封君者，其得志当亦以晚。是不握牙筹操利孔，渔猎其乡间以为子孙计，则必恣鼎味，拥姬姜、呼卢飞白以极当年之乐，而尚恐不足，宁暇刺促笔砚间哉？先生之笃嗜在古文辞，其始不以诸生之业夺，其后又不以封君之饶夺，宜其所著述富有而日新若此也。语有之：'用志不分，乃凝于神。'其然哉？余近一见梦祖诗，以更超先生乘而上之。父子间自为知己，若此先生之集，更未可涯也，名曰《说剑余草》。夫庄周，隐士耳。其著《说剑》，能使人攘袂而思奋。陶潜之诗，何其冲然澹宕也。《咏荆轲》一篇，慷慨感激于剑术之疏，深致意焉。然则先生之壮心，宁独栖栖于一文苑而已也？"

《无毡堂集》（佚）

［民国］《全椒县志》卷十五著录。［光绪］《重修安徽通志》卷
三百四十三作《无毡堂文集》。

汪翥

汪翥①，生卒年不详，南直隶滁州全椒人。生平不详。

《史牖捷揽》十二卷（佚）

［民国］《全椒县志》卷十五著录。

金九殿

金九殿，号盘石②，南直隶滁州全椒人。文采超绝，困顿场屋，自构
草屋数间养志。究心韬略，研究舆地形势。山东兵起，金氏上方略，兵民
大为赞赏。因子金光辰贵，封御史，进封理正。卒年七十五。［康熙］
《滁州志》卷二十二、［民国］《全椒县志》卷十一有传。

《舆地形势要说》（佚）

［民国］《全椒县志》卷十五著录。《安徽艺文考·兵家》、［光
绪］《重修安徽通志》卷三百四十一作《要说》。

金滢然

金滢然，生卒年不详，字季白，南直隶滁州全椒人。［泰昌］《全椒
县志》卷三有传。

---

① 此非歙县汪翥。
② 蒋元卿《皖人书录》谓其字盘石，《安徽文献总目》从之。

《全椒风土记》（佚）

［民国］《全椒县志》卷十五著录。［康熙］《全椒县志》卷十作《全椒风俗记》。

《人物考》（佚）

［民国］《全椒县志》卷十五著录。

《金季白文集》（佚）

［民国］《全椒县志》卷十五著录。［民国］《全椒县志》卷十谓杨于庭为之序，今本《杨道行集》未见。

《骈文集》四卷（佚）

［康熙］《全椒县志》卷十著录。

彭昌鼎

彭昌鼎，生卒年不详，南直隶滁州全椒人。彭光祖之子。博学多能，生平不详。［康熙］《全椒县志》卷十有传。

《西湖游记》（佚）

［光绪］《重修安徽通志》卷三百四十二著录。

《江上草》（佚）

［光绪］《重修安徽通志》卷三百四十三著录。

《云母山房稿》（佚）

［光绪］《重修安徽通志》卷三百四十三著录。

吴湘

吴湘，生卒年不详，字江筠，号神山道士，南直隶滁州全椒人。工诗古文，能书善画。老而丧妻，晚景凄凉。杨于庭《杨道行集》卷五有《用韦苏州〈全椒山中道士〉韵赠吴山人湘》，卷十四有《寄全椒山中道士吴湘》。〔泰昌〕《全椒县志》卷三、〔民国〕《全椒县志》卷十一有传。

《尚友录》（佚）

〔光绪〕《重修安徽通志》卷三百三十八、〔民国〕《全椒县志》卷十五著录。〔康熙〕《全椒县志》卷十作《尚友编》。

吴枋

吴枋，生卒年不详，字允中，南直隶滁州全椒人。吴璋之孙。少年时从王阳明游，与王畿、戚贤等相友善，同为阳明弟子。明嘉靖间由贡生授大理寺丞，明世宗手诏褒奖，嘉其德业。后任广安州事，民感其恩德，筑祠以纪之。致仕后以明道为业，与罗洪先等阐发阳明心学。门人私谥曰贞悫，康熙间祀乡贤。〔民国〕《全椒县志》卷十有传。

《敬业录》六卷（佚）

〔民国〕《全椒县志》卷十五著录。

《心言》（佚）

清郝庆柏《永乐大典书目考》卷四著录。

《罗念庵文编》十三卷（佚）

明罗洪先撰，明吴枋辑。〔民国〕《全椒县志》卷十五著录。〔民国〕《全椒县志》卷十称其"与滁人胡松编次《罗念庵集》若干卷，皆梓行"。

胡庭桂

胡庭桂，生卒年不详，字允芳，南直隶滁州全椒人。其先胡俊正统末寓居全椒行医，为著名中医。〔康熙〕《全椒县志》卷十有传。

《据心言行录》（佚）

［民国］《全椒县志》卷十五著录。

《射白草》（佚）

［民国］《全椒县志》卷十著录。

《贯虹草》（佚）

［民国］《全椒县志》卷十著录。

吴良桂

吴良桂（1528—1601）①，字汝芳，别号无号山人，南直隶滁州全椒人。杨于庭岳父。少补诸生，既而弃去。秉性方直，不轻然诺，好古图书，尤喜毛诗。家徒壁立，处之晏如。邑令樊玉衡往其庐，题额赠之，曰"淮南真隐"。明杨于庭《杨道行集》卷二十有《无号山人传》及《外舅吴翁七十序》。［康熙］《滁州志》卷二十二、［民国］《全椒县志》卷十一有传。

《北窗逸史》（佚）

［康熙］《全椒县志》卷十著录。谓其"尝辑古之嘉言懿行可备省览者为一编，题曰《北窗逸史》"。

明杨于庭《杨道行集》卷十九《〈北窗逸史〉序》曰："此余外舅吴山人所辑《北窗逸史》也。盖山人始为诸生辄弃，去而时时购古书。然贫甚，则少从其伯父职方公所稍得之，而又与先奉直二三人为社友。每藏书则为山人倒肤箧，而山人不喜占毕，学诸生第读之，而有会于心则记，即记而亡非古之人嘉言懿行可备省览者。越四五十年，则事日以核，而案头

---

① 明杨于庭《杨道行集》卷二十《外舅吴翁七十序》谓杨崇："其生戊子，而至今上之丁酉寿七十。"可知杨氏生于明嘉靖七年（1528）。又，［康熙］《全椒县志》言其卒年七十有四，故其当卒于明万历二十九年（1601）。《安徽文献总目》失考。

日以成帙，而山人亦七十老矣。会其女夫于庭废于家，而其好古文辞甚，则山人手是帙请曰：'昔左太冲之赋三都也，门庭藩溷，皆置笔纸，构思十余年而后成乃亡口，夫则无能为矣。顾其始而购，既而读，既而撷拾，又既而书之赫蹄。虽其哜不足以当禁脔，而其苦心力至于四五十年之久，或者藉吾子而不朽乎！'不佞庭谢不敏，则又问曰：'公之帙，其类书也与？'山人曰：'余何知汇，子则何以汇视，余第序其所为，区区如此也。'于庭曰：'往刘孝标辑《类苑》，欧阳率更辑《艺文类聚》，其于征事亦云勤矣。然孝标书淫，虽官位不至，而其交多王公贵人，其于购书多而取材易。而率更则又人主令为之，石室金匮之藏，亡所不抽览，尤易之易矣。独余外舅吴山人起自蓬荜，老犹布衣，而能考异于口尔之邑，搜往于一亩之宫，比物丑类，靡所不极，切而不浮，辩而有体，是孝标、率更之所尤难而山人易之，而其功百相倍也。'集凡十二卷，曰忠节、曰孝行、曰友悌、曰廉守、曰贞妇、曰孝女、曰隐逸、曰独行、曰诗话、曰古迹、曰仙释、曰丛谈，皆山人所自校定云。山人以独行而兼儒林业，已具无号山人传中，不具论。而读其书，知其人，即里严事山人以为祭酒，有以也。"

杨崇

杨崇（1531—1588）[1]，号渭川，南直隶滁州全椒人。父西畴，四十无子，贾于六合。其性孝友，从叔死，抚女弟遗孤。以子杨于庭官濮州就养，旋反曰："吾不欲累儿子清白。"晚年自号寄傲山人。明杨于庭《杨道行集》卷二十五有《封奉直大夫山东东昌府濮州知州先考渭川公行略》。[康熙]《滁州志》卷二十二亦有传。

---

[1] 杨崇生卒年据明杨于庭撰《封奉直大夫山东东昌府濮州知州先考渭川公行略》。《安徽文献总目》失考。

《寄傲山人集》（佚）

［康熙］《滁州志》卷二十二、［民国］《全椒县志》卷十五著录。

江以东

江以东（1533—1586）①，字贞伯，号岷岳，南直隶滁州全椒人。明隆庆二年（1568）进士，初授南京户部主事，晋户部郎中。明万历五年（1577）升任江西提学副使。母年九十，引疾归。以东幼以资产让弟，及乡荐所置田百五十亩，赡诸贫生。入江西名宦之列，祀乡贤。杨于庭《杨道行集》卷二十四有《中宪大夫江西提刑按察司提学副使江公行状》。［泰昌］《全椒县志》卷三有传。

《江岷岳文集》四卷（佚）

清嵇璜等撰《钦定续通志》卷一百六十二著录。［民国］《全椒县志》著录为《岷岳文集》，未录卷数。明孙能传《内阁藏书目录》卷三曰："督学江岷岳文集二册全，江以东著，抄本。"《四库全书总目》卷一百七十九谓："《江岷岳文集》四卷，浙江巡抚采进本。明江以东撰。以东字贞伯，全椒人。隆庆戊辰进士，官至江西提学副使。是集为其门人谢廷谅、谢廷赞、舒曰敬、晏文辉同编。凡诗一卷，文三卷，皆不出当时风气。其第一卷目录唯载奏疏二篇，而集中并载诸记，又割二卷中《序》数篇附之，亦编校之疏也。"

---

① 江以东生卒年据明杨于庭《杨道行集》卷二十四《中宪大夫江西提刑按察司提学副使江公行状》。《安徽文献总目》失考。

憨山大师

憨山大师（1546—1623），俗姓蔡，字澄印，号憨山，法号德清，谥号弘觉禅师，南直隶滁州全椒人。憨山大师精通儒、释、道三家学说，主张三教融合，被誉为曹溪中兴祖师。十二岁时入报恩寺从西林永宁和尚学习佛法及文学，十九岁时，因受到栖霞山云谷禅师启发，再次返回报恩寺受具足戒正式出家。明隆庆五年（1571）以后，憨山大师先后游历五台山、嵩山以及崂山，与当时名士王凤洲、汪次公、欧桢伯等人交游唱和，留下了大量诗文作品。明万历二十三年（1595），万历皇帝以私创寺院罪名将其充军广东雷州。二十八年入南华寺担任住持。三十一年因受晚明三大疑案之一的"妖书案"牵累，再次流放雷州。至第二年朝廷大赦，方返回南华寺。自四十一年开始，他又遍历衡阳、九江、杭州、苏州等地，宣扬佛法，著书立说。明天启三年（1623），憨山大师留下了"金口所演，尚成故纸，我又何为"的遗言圆寂。《憨山老人梦游集》附录有陆梦龙所撰《憨山大师传》。

《大学纲目决疑》不分卷（存）

清光绪十年（1884）金陵刻经处刻本，中国国家图书馆藏。此书见四十卷本《憨山老人梦游集》卷二十九，作《大学决疑》。清光绪六年（1880）海幢寺经坊刻本作《大学纲目决疑章》，题方外史德清述。与《中庸直指》合订。

《中庸直指》不分卷（存）

清光绪十年（1884）金陵刻经处刻本，中国国家图书馆藏。此书将《中庸》全文转录，逐句或逐段加以诠释。题方外史德清述，与《大学纲目决疑》合订。《憨山老人年谱自叙实录》"万历二十五年丁酉"条云："夏四月，《楞枷笔记》成，因诸士子有归依者，未入佛理，故著《中庸直指》以发之。"

此本已收入《全椒古代典籍丛书·憨山大师集》第八册。

《论语通解》（佚）

据《憨山老人自订年谱述疏》著录。

《八十八祖传赞》五卷（存）

明释德清撰，明高承埏补，民国二年（1913）常州天宁寺刻本，中国国家图书馆、浙江图书馆藏。其中中国国家图书馆藏本已收入《全椒古代典籍丛书·综合卷》第三册。

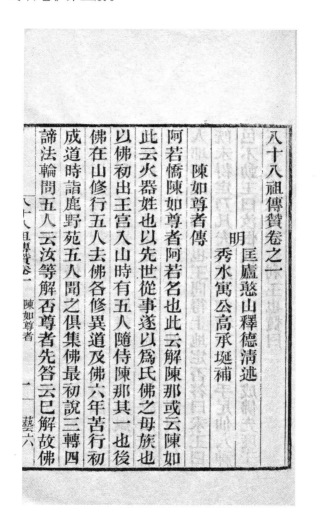

《春秋左氏心法》（佚）

《憨山老人梦游集》卷四十《憨山老人年谱自叙实录》曰："《春秋》乃明明因果之书耳，遂著《春秋左氏心法》。"

四十卷本《憨山老人梦游集》卷十《〈春秋左氏心法〉自序》云：

"《春秋》者，圣人赏罚之书也。何名乎《春秋》？古者赏以春夏，罚以秋冬。盖象天地之生杀而顺布之，故春秋者，赏罚之名也。赏罚明而人心觉，觉则知惧，故曰：'孔子成《春秋》，而乱臣贼子惧。'周道衰，诸侯僭，礼义亡而纲纪绝，人之不沦禽兽者鲜矣。天生德于仲尼，蹶然欲起而赏罚之，故曰：'必也正名乎！'然而世卒莫之用也。乃因鲁史以见志，故曰：'吾志在《春秋》。'《春秋》云者亦曰：'赏善罚恶云尔。'善恶之机隐而彰，赏罚之权志而晦，虑后世之难明也，故经成假手于丘明，以为之传。冀来者因传以明经，因经以见志，而善恶之机凛焉。则反诸心而知惧，一惧而春秋之能事毕矣。由是观之，丘明之心即仲尼之志也。不求其心，而求之事与词之间，无当也。先儒有言，左氏艳而富，其失也巫，讥其好言鬼神卜筮之事，斯言过矣。孔子曰：'君子有三畏，畏天命，畏大人，畏圣人之言。'畏之为言惧也，卜筮鬼神，吉凶之先见，善恶之昭明，天命也。君父，大人也；经，圣人之言也。《易》尊卜筮；《春秋》尊君、父，皆圣人之言也。《易》治之于未萌；《春秋》治事于既乱；《易》言神道之凶吉，以惧之于幽；《春秋》言人道之赏罚，以惧之于显，二者相须，如夜之有表里，如木之有根株，岂有异哉？故韩宣子聘鲁，见《易》象与鲁《春秋》，曰：'周礼尽在鲁矣，吾今而后知周公之德与周之所以王'，诚知言也。左氏以《春秋》之事词阐《易》之旨，其所深讥者，违卜蔑祀与，僭君叛父，同归于败。善恶必稽其所始，福祸必本其所叛，所谓俟诸圣人而不惑，质诸鬼神而无疑者。知者畏之以为天命，而不知侮之以为异。悲夫！左氏之心不明，而圣人之志隐，乱臣贼子，复何惧乎？某以丁年弃诗书，从竺乾氏业，将移忠孝于法王慈父也。既因弘法罹难，几死诏狱。蒙恩宥遣雷阳置身行伍间，不复敢以方外自居。每自循念，某之为孤臣孽子也，天命之矣。因内讼愆尤，究心于忠臣孝子之实，偶读《春秋》，忽于左氏之心有当，始知异之为言，未探其本也。观其所载列国及诸大夫之事，委必有源，本必有末，吉凶赏罚不谬而符。俯而读，仰而叹，不啻设身处地，每于微言密旨，欣言会心，辄笔识之。勒为一书，命曰《左氏心法》，非左氏之心法也，非仲尼之心法也。千古出世，经世诸圣人之心法也。何以明之？心者，万法之宗也；万法者，心之相也；死生者，心之变；善恶者，心之迹；报应轮回者，心之影响。其始为因，其卒为果，如华实耳。不出君臣、父子、兄弟、夫妇、朋友，人伦日用之际，而因果森然，固不待三世而后见也。楞严殚研七趣，披剥群有，而总之所以致心。《春秋》扶植三纲，申明九法，而总之所以传心。《易》之凶吉利害，忧虞悔吝，《楞严》之四生十二类，生天堕狱；左氏之兴亡善败，与夺功罪，总皆一心之自为感应而已。乃独以左氏为异，岂不冤哉？某用是深慨，悯未学之无用，特摅愚见，著为是编。昔我高皇帝以《春秋》本鲁史，而列国之事错见，难究始终，乃命东宫文学傅藻等纂，分列国而类聚之，附以《左传》名曰《春秋本末》。某服膺圣训，惜未见其书。窃师其意，妄以王霸二涂，通纂为七传。周，王道之大统也；鲁，王国之宗臣也。五霸虽假，其意在于宗周也。晋乃宗藩，故列五伯之首，以亲非以功也。天王命二文专征不庭，命鲁公夹辅周室，故晋主盟而鲁主会。凡讨罪必书公，如晋以鲁先之。如伐郑之事，仲尼之本意也，背于桓而服于襄，百七十年，左氏因而终始之，此其凡也。暨于一国兴亡之所系，一人善败之所由，得失之难易，功罪之重轻，有一世、二世而斩者；有三世、五世而斩者；有百世祀而不绝者，皆令皎然，如视黑白。其中报应影响之征，鬼神幽明死生之故，随事标旨，据案明断，使亡者有知，爽然知圣人赏罚之微意，以服其心。后世观者，凛然知惧，又不待辞之毕也。其或事涉数国，所重在一条，但以当国为主。或事在彼而始于此，或始于彼而终于此者，不避混淆，并载以见其因果。若他国之事，无与者则略而不录，恐其枝也。以意在心法不在史，故不必具也。旧例附传以通经，今则分经以证传，以重在传，非敢乱经以取戾也。注则因之，断则不敢让，知我罪我无辞焉。始于晋而终于周，犹冀枝之归本也。亦如变风之终于豳，言变之可正也。或曰：'禅本忘言，何子之哓哓乎？'某曰：'不然。禅者，心之异名也。佛言万法唯心，即经以明心，即法以明心。心正而修、齐、治、平举是矣。于禅奚尤焉？'夫言之为物也，在悟则为障，在迷则为药。病者众，唯恐药之不瞑眩也。迷者众，唯恐言之不深切也。某将持一得之见，以俟天下后世之知言者。虽多言，庸何伤？万历乙巳孟夏日，书于琼海之明昌塔院。"

《老子道德经解》二卷（存）

明刻本，中国国家图书馆藏。

五十五卷本《憨山老人梦游集》卷十九《注〈道德经〉序》云："予少喜读《老》《庄》，苦不解义。唯所领会处，想见其精神命脉，故略得离言之旨。及搜诸家注释，则多以己意为文。若与之角，则义愈晦。及熟玩庄语，则于老恍有得焉。因谓注乃人人之老庄，非老庄之老庄也。以老文简古而旨幽玄，则庄实为之注疏。苟能悉解，则思过半矣。"是可见憨山注《老子》之背景。

此本已收入《全椒古代典籍丛书·憨山大师集》第八册。

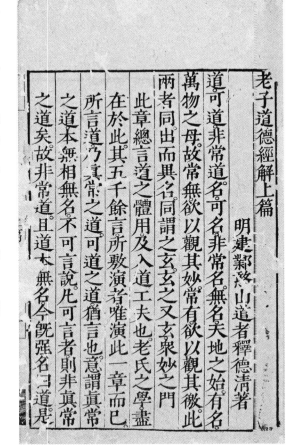

《庄子内篇注》七卷（存）

明天启元年（1621）管觉仙刻本，中国国家图书馆藏。

《憨山老人自叙年谱实录》作《庄子内七篇解》，《憨山老人梦游集》卷五十五陆梦龙撰《憨山大师传》作《庄子内篇注》。

此本已收入《全椒古代典籍丛书·憨山大师集》第九册。

《观老庄影响论》一卷（存）

［光绪］《重修安徽通志》卷三百四十二、［民国］《全椒县志》卷

十五著录。此书见四十卷本《憨山老人梦游集》卷三十。《四库全书总目提要》曰："此书多引佛经以证老庄，大都欲援道入释，多惝恍恣肆之言。以其借老庄为名，故姑附之道家。其曰影响论者，取空谷传声，众响斯应之义也。"

《憨山绪言》八卷（存）

［光绪］《重修安徽通志》卷三百四十二、［民国］《全椒县志》卷十五著录。此书见四十卷本《憨山老人梦游集》卷三十一。

《观楞伽阿跋多罗宝经记》四卷（存）

《明史·艺文志》、［光绪］《重修安徽通志》卷三百四十二、［民国］《全椒县志》卷十五著录。

也称《观楞伽记》，南朝宋释求那跋陀罗译，明释德清笔记。明万历刻本，中国国家图书馆藏。

此本已收入《全椒古代典籍丛书·憨山大师集》第十至第十一册。

《大方广圆觉修多罗了义经直解》二卷（存）

也称《圆觉经直解》，唐释佛陀多罗译，明释德清解，明程梦旸较阅，明天启二年（1622）新安程梦旸刻本，中国国家图书馆藏。

此本已收入《全椒古代典籍丛书·憨山大师集》第十二册。

《大乘起信论疏略》二卷（存）

唐释法藏疏，明释德清纂略，明万历四十五年（1617）径山化城寺刻本，中国国家图书馆藏。此本已收入《全椒古代典籍丛书·憨山大师集》第十二册。

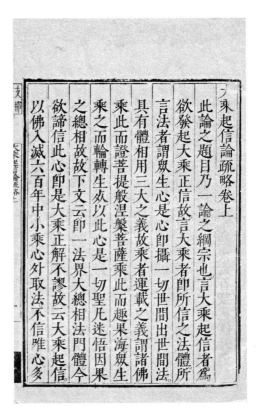

《妙法莲华经击节》一卷（存）

清乾隆三年（1738）刻本，嘉兴市图书馆藏。此本已收入《全椒古代典籍丛书·憨山大师集》第十三册。

《净宗法要》一卷（存）

清道光二十四年（1844）刻本，中国国家图书馆藏。此本已收入《全椒古代典籍丛书·憨山大师集》第十三册。

《大方广佛华严经纲要》八十卷（存）

也称《华严经纲要》，唐释实叉难陀译，唐释澄观疏，明释德清提挈，清同治十年（1871）刻本，中国国家图书馆藏。

此本已收入《全椒古代典籍丛书·憨山大师集》第十三至二十四册。

《华严法界镜》一卷（佚）

《明史·艺文志》、［光绪］《重修安徽通志》卷三百四十二、［民国］《全椒县志》卷十五著录。《明史·艺文志·释家》著录憨山著述六

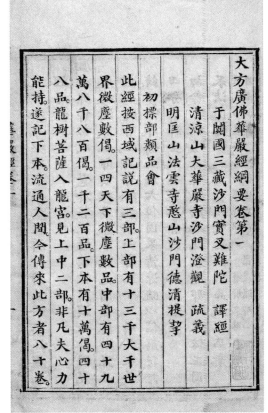

种，分别为《华严法界镜》一卷、《楞严通义》十卷、《法华通义》七卷、《肇论略注》三卷、《长松茹退》二卷①、《憨山绪言》一卷，阮元《广东通志》俱未著录。

《肇论略注》六卷（存）

［光绪］《重修安徽通志》卷三百四十二、［民国］《全椒县志》卷十五著录。《明史·艺文志》著录作三卷，则僧肇所作之《肇论》原文本三卷也。清光绪十四年（1888）金陵刻经处刻本，中国国家图书馆藏。此本已收入《全椒古代典籍丛书·憨山大师集》第二十五册。

《大乘起信论直解》二卷（存）

唐释法藏疏，明释德清直解，清光绪十六年（1890）金陵刻经

① 冼玉清《广东释道著述考》著录曰："陈垣《中国佛教史籍概论》作明释真可撰，并云：'有《宝颜堂秘籍》续集本。'真可，字达观，号紫柏，行迹具《紫柏全集》卷首，憨山德清撰《达观大师塔铭》，《四库提要》误作真可。《八千卷楼书目》等因之，《明史·艺文志》则作德清撰，盖循《千顷堂书目》之误。缘此书卷首题：紫柏憨头陀真可著，而书中则自称憨憨子。德清号憨山，与真可同时，二人并有大名，而憨山较后。误认憨憨子为憨山，故题德清撰也。书为笔记体。'长松'者馆名，在浔阳城中高处，去庐岳不远。《紫柏全集》卷十四有《长松馆记》，万历二十一、二年间，江州孝廉邢懋显、懋学兄弟馆紫柏于此，而问道焉。紫柏遂为草此篇，凡百十有九章，出入释、老、庄、列之间，自以为无当，目曰：茹退。'茹退'出《楞严经注》，牛粪也。王志坚《表异录》九谓《楞严经注》以'牛粪'为'茹退'，二字新，其义盖取于此。提要以为出李日华《六研斋笔记》，不检原书，不知其误也。陈氏之说，似无可疑，但此书卷首既题'紫柏憨头陀真可著'。《千顷堂书目》著录时，竟置之不理，遂认为憨憨子为憨山，而改题'德清撰'，似不应如此疏忽。谓为误认，似亦想当然耳，不检原书，不知其误。"

处刻本，中国国家图书馆藏。此本已收入《全椒古代典籍丛书·憨山大师集》第二十五册。

《大佛顶如来密因修证了义诸菩萨万行首楞严经通议》十卷《补遗》一卷（存）

［光绪］《重修安徽通志》卷三百四十二、［民国］《全椒县志》卷十五著录。也称《楞严通议》，该书与《首楞严经悬镜》合刊。

清光绪二十年（1894）金陵刻经处刻本，中国国家图书馆藏，此本已收入《全椒古代典籍丛书·憨山大师集》第二十六至二十八册。

《首楞严经悬镜》一卷《略科》一卷（存）

是书与《楞严通议》合刊，中国国家图书馆藏。清光绪二十年

（1894）金陵刻经处刻本。已收入《全椒古代典籍丛书·憨山大师集》第二十八册。

《妙法莲华经通义》二十卷（存）

清光绪三十四年（1908）金陵刻经处刻本，中国国家图书馆藏。此本已收入《全椒古代典籍丛书·憨山大师集》第二十八至三十册。

《金刚经解》（佚）

［光绪］《重修安徽通志》卷三百四十二、［民国］《全椒县志》卷十五著录。

《金刚决疑》一卷（存）

后秦鸠摩罗什译，明释德清撰，清末刻本，中国国家图书馆藏。此本已收入《全椒古代典籍丛书·憨山大师集》第三十册。

《般若波罗蜜多心经直说》不分卷（存）

唐玄奘法师译，明释德清述，清末刻本，中国国家图书馆藏，此本已收入《全椒古代典籍丛书·憨山大师集》第三十册。

《八识规矩通说》一卷（佚）

冼玉清《广东释道著述考》著录曰："日本《续藏经》第一辑第二

编第四册收录。此书一卷，附六祖大师《识智颂解》。无序跋，原是《性相通说》之下卷，分出单行。题'唐三藏法师玄奘集，明憨山沙门德清述'。"今未见。

《百法明门论论义》一卷（佚）

冼玉清《广东释道著述考》著录曰："此书有杭州昭庆寺本、清道光庚寅本。明曹溪释德清述。"又曰："此书有明万历丁巳径山化城寺木刻本。今《续藏经·目次》作'《百法明门论论义》一卷，明德清述。'小注云：'出《性相通说》卷上。'而第四百二十六页作'《百法论义》，天亲菩萨造，唐三藏法师玄奘奉诏译，明憨山沙门德清述。'书心仍作《百法明门论论义》。"今未见。

《径山杂言》不分卷（存）

此书见四十卷本《憨山老人梦游集》卷三十一，题曰《径山杂说》。冼玉清《广东释道著述考》著录曰："此书共三十二条，前有弟子朱鹭《记》。有云：'菩萨全以利生为事，若不透过世间种种法，则不能投机利生。'"

《净土会语》不分卷（佚）

此书见四十卷本《憨山老人梦游集》卷三十三。冼玉清《广东释道著述考》著录曰："净土依据《无量寿经》《阿弥陀经》持念佛法门。其念佛因缘，出于《起信论》，继则《龙树天亲》亦间论念佛。而中国开宗，实始于庐山慧远，魏昙鸾、唐道绰继之。认为执持名号，一心不乱，即得往生。"

《憨山法语》五卷（存）

此书见四十卷本《憨山老人梦游集》卷一至五。又有二卷本，清张石倚抄本，中国国家图书馆藏。

《奇门指掌》（佚）

据《憨山老人自订年谱述疏》著录。

《径山志》（佚）

《憨山老人年谱自叙实录》"万历四十四年丙辰七十一岁"条云："初，达观禅师入灭之次年，予弟子大义请灵龛回南，缁白弟子奉供于径山之寂照庵，今一纪矣。予难忌法门之义，向欲亲往一吊，故香亦未遣也。适闻葬必欲一往，且金沙有东禅之迎，遂乘兴而往。□至月望，至寂照庵，十九日为达观师作荼毗佛事，时大师弟子缁素俱集。二十五日，手拾灵骨，藏于文殊台，遂留山中度步。《径山志》重辑于此时。"

《曹溪中兴录》二卷（存）

此书见四十卷本《憨山老人梦游集》卷三十七、三十八。冼玉清《广东释道著述考》著录曰："日本《续藏经》第一辑第二编第三十二套第五册收录。"

《憨山老人年谱自叙实录疏》二卷（存）

明释德清自叙，明福善记录，明福征述疏，民国二十三年（1934）铅印本。

此书分为两编，上编自明嘉靖二十五年丙午大师出生至明万历二十二年甲午四十九岁，下编自万历二十三年乙未五十岁至天启三年癸亥大师七十八岁示寂。末有钱谦益《题后》及憨山大师《托生辨》。

《憨山大师自书六咏真迹》（存）

民国二十四年（1935）商务印书馆铅印本。

六咏诗为咏心、无常、苦、空、无我、生死，凡六首。末署"天放道人憨山德清书于青莲一叶"。有彭绍开、吴霁、彭启耀、马裕英、刘慎怡、印光圣量、汉一乘、园叟、观宗谛闲等跋。

《参禅切要》（佚）

《憨山老人自订年谱》"明万历四十四年丙辰"条云："为参禅纳子小参，有《参禅切要》，吴应箕撰《塔铭》载之。"

《三教论》（佚）

据《憨山老人自订年谱述疏》著录。

《方便语》（佚）

据《憨山老人自订年谱述疏》著录。

《东游集》一卷（佚）

《憨山老人年谱自叙实录》"万历四十五年丁巳"条云："凡一往的经，随手之作，玄津公、谭生孟恂辑为四卷，刻之名《东游集》。"

《憨山老人梦游集》四十卷（存三十九卷）（存）

清顺治十七年（1660）毛褒等刻本，常熟市图书馆藏。《续修四库全书》据此影印。

四十卷本《憨山老人梦游集》卷首钱谦益《憨山大师〈梦游全集〉序》云："憨山大师《梦游全集》嘉兴藏函，止刻法语五卷。丙申岁，龚孝升入粤，海幢华首和尚得余书，犍椎告众，访求鼎湖栖壑禅师藏本。曹秋岳诸公缮写归吴。谦益手自雠勘，撰次为四十卷。大师著述，援笔立就，文不加点。字句不免繁芜，段落间有失次。东游时曾以《左氏心法序》下委刊定。见而色喜，遂削前稿。今兹雠勘，僭有行墨改窜，实禀承大师坠言，非致僭逾，犯是不韪也。既彻简，乃为之序曰：佛祖阐教，以文说法。慈氏之演瑜伽，龙树之释般若，千门万户，罗网交光。郁郁乎，灿灿乎，千古之至文也。大教东流，人文渐启。遁远浚发于南，什肇弘演于北。椎轮大辂，实唯其始。隋唐以来，天台清凉永明之文，如日丽天，如水行地。大矣哉，义理之津涉，文字之渊海也。逮及有宋，教广而

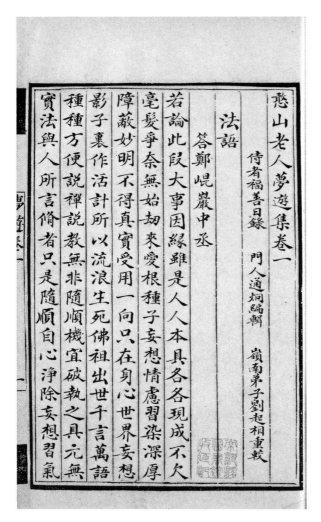

文烦。其最著者三家：镡津以孤亢崇教，其文裁而辨；石门以通敏扶宗，其文粤而丽；径山以弘广应机，其文明而肆。夫文而至于辨也、丽也、肆也，其城堑日以坚，其枝叶日以富，其捞笼引接日以博。洽浩乎，厄言之日出；而岌岌乎，津梁之日疲也。系辞有之，《易》之作也，其于中古乎？作《易》者，其有忧愳乎？岂不信哉！我大师广智深慈，真参实悟。唯心识智，梦授于慈氏。华严法界，悟彻清凉。被根应病，横说竖说，千言万偈，一一从如来文字海中流出。以镡津之崇教者，固其城堑；以石门之扶宗者，沃其枝叶；以径山之应机者，畅其捞笼引接，务欲使末法众生沾被。其一言半句，皆将饮河满腹，同归于智海而后已。杂华言：金翅鸟王以清净眼观察诸龙，命应尽者以左右翅鼓扬海水，悉令两辟取而食之。大师说法，为人欲搏生死大海水，取善根众生，置佛法中，亦复如是。日者，广南缮写书生陈方侯，触语悲悟，放笔剃发。大师搏取深心，光芒煜耀，凌纸怪发。善根众生应机吸受如方侯者，历河沙劫，犹未艾也。呜呼，伟矣哉！大师与紫柏尊者，皆以英雄不世出之资，当狮弦绝响之候，舍身为法。一车两轮，紫柏之文雄健而斩截，大师之文纡徐而悲婉，其为昏涂之炬火，则一也。昔人叹中峰辍席，不知道隐何方。又言楚石季潭而后，拈花一枝几熄。由今观之，不归于紫柏、憨山而谁归乎？后五百年，魔外蜂起。笃生二匠，为如来使，佩大法印，然大法灯，殆亦儒家所谓名世间出者。禅贩剽贼之徒，往往篡统系，附师承，窃窃然为蚍蜉之撼树。大师之集行，如日轮当阳，魑魅敛影，而魔寐者犹憨而未寤也。然则大师同体大悲，如作《易》之有忧患者，其何时而止乎？斯可谓痛哭已矣。《梦游集》初传武林天界，觉浪和尚见而叹曰：'人天眼目，幸不坠矣。'亟草一疏，唱导流通。毛子子晋，请独任镂版，以伸其私淑之愿。子晋殁，三子褒、表、宸聿追先志，遂告成事。其在岭表共事搜葺者，孝廉万泰，诸生何云，族孙朝鼎也。其饮助华首网罗散失者，曹溪法融、海幢月池，及华首侍者今种、今照、今光也。皆与有法乳之劳，法当附书。上章困敦之岁仲冬长至日，海印白衣弟子虞山钱谦益焚香稽首谨序。"

[光绪]《重修安徽通志》卷三百四十二、[民国]《全椒县志》卷十五又著录五十五卷本。清光绪五年（1879）金陵刻经处刻本，首都图书馆、天津图书馆、吉林省图书馆、北京师范大学图书馆、南开大学图书馆藏。

常熟市图书馆藏清顺治十七年毛褒等刻本。此本已收入《全椒古代典籍丛书·憨山大师集》第一至七册。

费玠

费玠[1]，生卒年不详，字子藩，号克庵，南直隶滁州全椒人。明嘉靖三十七年（1558）举人，知建昌县，为人伉直。卒年八十。[光绪]《重修安徽通志》卷二百六十三、[民国]《全椒县志》卷十一有传。

---

[1] [万历]《滁阳志》卷十一作费价。

《窥天管见》（佚）①

［民国］《全椒县志》卷十五、［光绪］《重修安徽通志》卷三百四十一著录。

张穑

张穑，生卒年不详，字孔谦，号东涧，南直隶滁州全椒人。明嘉靖间举人。为人疏通敏达，下笔立就。游太学，授四川巴州知州，后改任云南马龙州知州。寻升湖州府同知。［民国］《全椒县志》卷十有传。

《东涧草》（佚）

［民国］《全椒县志》卷十五著录。［光绪］《重修安徽通志》卷三百四十三作《东涧集》。［民国］《全椒县志》卷十谓"有《东涧稿》刻于滇"。

汪继美

汪继美，生卒年不详，南直隶滁州全椒人。明嘉靖间诸生，传说曾遇回翁道人，如世所传洞宾像，童子四人随焉。初梦入，久乃见形。时挈之云中，几与晤谈。［泰昌］《全椒县志》卷三、［康熙］《滁州志》卷二十二有传。

《遇仙集》（佚）

［泰昌］《全椒县志》卷三："凡与之谈，辄题诗于壁，好事者裒之为《遇仙集》。"

---

① 据［光绪］《娄县志》卷十七，徐朝俊亦著有《窥天管见》，非此书也。

杨于庭

杨于庭（1554—1609）[①]，初名云齐，字道行，又字冲所，南直隶滁州全椒人。明万历八年（1580）进士。历官濮州知州、户部员外郎，官至兵部职方司郎中，卒赠尚宝少卿。所至之处，颇有政声。晚年与邹观光等人成立诗社，并倡导讲学之风，筹建大观书院，乃全椒文化史中承前启后之重要人物。［泰昌］《全椒县志》卷三、［康熙］《滁州志》卷二十二、清陈田《明诗纪事》卷七、清朱彝尊《明诗综》卷二十六有传。

《诗经主义》四卷（存）

明周文炜大业堂校刻本，《历代诗经著述考·明代》第162页著录。《中国古籍总目》作《重刻杨冲所先生诗经主意》。台北"中央研究院"历史语言研究所藏。

《春秋质疑》二十卷（存）

清嵇璜等撰《续文献通考》卷一百五十四、［光绪］《重修安徽通志》卷三百三十六著录。有明万历二十八年（1600）刻本，《四库全书》收录，实为十二卷，民国二十四年（1935）上海商务印书馆据此影印，中国国家图书馆藏。另有民国庐江刘氏远碧楼蓝格抄本，上海图书馆藏。

民国远碧楼刘氏抄本《春秋质疑》卷首杨于庭自序曰："自公羊氏、谷梁氏出而左氏绌，自胡氏列之学宫而公、谷亦绌。然其征事不于盲史乎？其参订不于二氏乎？而若之何华衷也？斧钺也？一切尸祝，胡氏而亡敢置一吻也。盖孔子晚而作《春秋》，其微者使弗知也。即知之，弗使告也。而七十子窃闻之，则退而私论之。盲史掌故，而高与赤亦西河之徒

[①] 杨于庭之生卒年未有明确记载，如《历代安徽诗文名家别集叙录》等皆称其生卒年不详，仅记载其中进士之时间。《杨道行集》卷二十五《封奉直大夫山东东昌府濮州知州先考渭川公行略》中谓："明年甲寅，子于庭生。"此篇乃杨氏所撰亡父传略，诚然可信。甲寅年为明嘉靖三十三年（1554），［泰昌］《全椒县志》载其"年五十六"，因此推断杨氏卒于明万历三十七年（1609）。《安徽文献总目》失考。

也。耳而目之，而犹以为如天地之摹绘焉而不得，而况乎生于千百世之下而姑臆之乎？胡氏矻矻摘三传之类而撷其华，语多创获，其于笔削之义迩矣。然其议论务异，而其责人有近苛，间有勘公、谷而失之者，以王子虎为叔服、公孙会自郛出奔之类是也。亦有自为之说而失之者，卒诸侯别于内而以为不与，其为诸侯媵自降称而以为朝桓得贬之类是也。庭少而受读，尝窃疑之。归田之暇，益得胪列而虚心榷焉。榷之而合者什七，不合者什三。则笔而识之，而质疑所繇编矣。博士家谓三传出而《春秋》散，而胡氏执牛耳也。吕不韦悬书于市而诏之曰：更一字者予千金。此必不得之数也。夫既列胡氏于学官，而噤左、公、谷之口，是悬之市也。既悬之市，而余犹置一吻于其间，是吾家子云老不晓事，而恨不手不韦之金以归也。盖汉人之祀天也以牛，夷人之祀天也以马。而天固苍苍也，祀以牛以马，不若以精意合也。夫不以精意求圣人，而执胡氏诮左、公、谷，是祀天而或以牛或以马也，兹余所繇疑也。万历己亥春王正月谷旦，杨于庭序。"

上海图书馆藏民国远碧楼刘氏抄本、中国国家图书馆藏民国二十四年上海商务印书馆《四库全书珍本初集》影印本，皆已收入《全椒古代典籍丛书·杨于庭集》第一册。

《杨道行集》（存）

有三十三卷本，明万历二十三年（1595），台北"故宫博物院"藏。清姚觐元《清代禁毁书目四种》曰："《杨道行集》六本。查《杨道行集》系明杨于庭撰。其《舟中杂诗》第二首、第五首俱有偏谬，应请抽毁。"明庄廷鑨《明史钞略》卷一百三十七、明黄虞稷《千顷堂书目》卷二十五著录为二十二卷，《四库全书存目丛书》收录。

有十七卷本，明万历二十三年（1595）刻本，上海图书馆藏。孙殿起《贩书偶记续编》、清徐乾学《传是楼书目》卷五、清嵇璜《钦定续通志》卷一百六十二、［光绪］《重修安徽通志》卷三百四十三著录。

有《正编》三十三卷《续编》二十七卷本，明万历二十五年（1597）刻三十四年（1606）续刻本，上海图书馆藏。

十七卷本《杨道行集》卷首季东鲁序曰："盖周自屈宋，唐自李杜而下，骚雅寥寥，其绝向矣。非无骚雅也，夫人而能为骚雅也。夫屈子以忠见放，行吟泽畔，噎塞精恺之气，一寓之骚，如凄风骤雨，迅雷掣电，宛转反覆，悲不自胜。唐人杜甫值世多难，仳离奔走，而搦管不忘君国，以故其

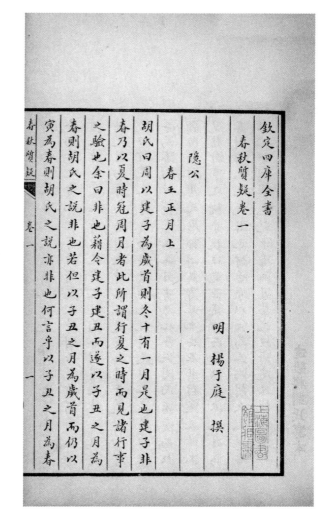

诗味厚而气雄，使人读之凛凛如见其人。后之人往往枊其句字与其声调，审青媲白，长韵而骚，短韵而雅，故夫人而为骚雅，而卒寥寥者，所重不独文矣。滁阳冲所杨先生，自甲南宫出守濮，文章经术两无恙。入佐大司马，西戡叛，东持危，竭忠毕虑，犂擘一世，而卒不免上官大夫之忌，乃归滁。以所未尽发之奇，大肆其力于文章。盖以古人之人，为古人之文，不拟议而合，无宫商而调，即屈子让骚坛，而杜公避雅席矣。今年秋，先生适游虎林，而集成东鲁与钱塘汤令校付劂剞以传。夫文因人重，地因文重，先

生文固自奇，然以先生人益重。虎林多佳山水，如三竺、两峰、西湖、南屏之属，收入先生篇什而益重。东鲁与汤令幸俱承乏，虎林又俱先生门下士，而先生集又适成于虎林，因得与剞劂之役而挂名末简，则又以地重矣。是役也，有三重焉。顾非先生人，即骚雅弗重矣。济南门人季东鲁撰。"

十七卷本《杨道行集》卷末汤沐跋曰："曹子桓有言，文章经国大业，不朽盛事。不佞尝窃疑之曰：立言不朽，盲史亦云：至谭经国之业于文辞，言何容易？乃今读吾师冲所先生文，而信之矣。先生少年以文雄海内，甲南宫而稍稍试，一割于濮业，已剖经纶之芽，蜚声紫庭。入

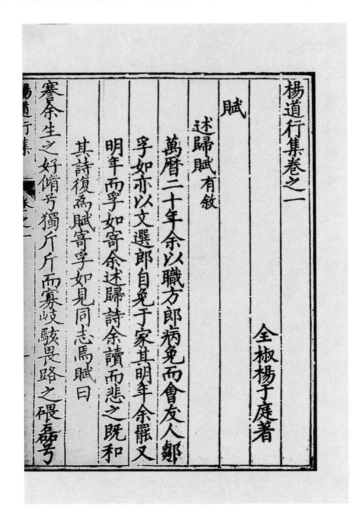

佐大司马、尚书郎，维时宁夏之役，至抗王旅，而海岛獍夷竟。屋名王之社，先生佐大司马帷幄，馘叛将，逐獍夷，海内外肃然。洗甲兵而振威稜，则先生指授功居多。经国大业，业睹一班。会中忌者归，益以其牢骚之意雄于文，凭岩壑而啸歌，临扆桨而挥洒，不啻盈篋矣。今年适游西湖之上，郡守季公及不佞见而奇之，汇为集付之，杀青以传。既竣事，发而庄诵。无论忠君爱国之念，往来楮墨间。即读其文辞，魁梧磊落者足征，先生局慷慨激烈者足征，先生志湛泓渊渟者足征，先生藉烟波浩渺者足征，先生致清贞毅直者足征。先生操经国大业，居然如指诸掌，乃今始信子桓之言不诬也。先生且莫大召，将以曩所试之濮，与未尝试于司马与所论著者见之，行事之实以抚方夏，鞭笞四夷，何有？盖见之行事，而后知先生之业之大者，是众人之知先生也。今日不佞从先生文，谓子桓知言，安知世人不从先生所建，谓不佞知言哉？敬次其语于末简以俟。楚郢门人汤沐撰。"

明万历三十四年续刻本《杨道行集》卷首自序曰："此不佞年四十五以后诗与文也。盖不佞甫舞象解学诗，二十七而藉金闺，即从海以内诸词人游。三十九而被放，窃不自量，欲以事业文章角千秋。虽遭颠踬，壮心未冷。故其中多慷慨激烈之语，今集具在，可考镜也。自事佛以来，长斋阅藏，世故弥澹，习气渐消。又三年，余感痿病。病又三年，濒死者数。其于四大尚视如梦幻泡影，而况区区身后名乎？以故所为诗与文多不经思，雅郑递进，文人学士所姗笑，以为卑卑亡奇。而摅自性灵，比于天籁。悯时触事，凡一切杞人之忧，漆室之啸，与夫间左不平之感，则往往托之乎。诗而至其传记、碑铭、序碣之属，非窜入竺典，浸淫菖独之嗜，即伏枕呻吟之余，作为呓语耳。然杜工部之咏蟋蟀，不云乎'繁丝与急管，感激异天真'？余故辑而存之，以志年月贻久远。而会友人邹孚如暴卒，余自伤人命无常，壮者不保，而况不佞又善病乎？门人庐州守潘君茂硕过存剧谈，请付劂剞，遂慨然许之。即欲有所改正，而余已老矣。病废支离，无所用之矣。其或海夫逐臭，宋人宝碔砆，而洛阳之纸谬为贵，庭弗敢知。其或诋为灾木，取以覆瓿，庭亦弗敢知。孔子曰：'四十、五十而无闻焉，斯亦不足畏也已。'则不佞庭之谓哉？是刻也，凡为赋一卷，乐府一卷，四言一卷，五言古诗一卷，七言歌行一卷，五七言近体各一卷，五七言排律各一卷，五七言绝句各一卷，六言一卷，序二卷，引跋一卷，颂一卷，记一卷，墓志铭一卷，行状一卷，传一卷，诔一卷，赞一卷，疏一卷，祭文一卷，偈一卷，墓表一卷，书启一卷。其诗仅数首，文仅一篇，而自为一卷者，狗马之年或不死，而复有所搦管，类附焉可也。万历乙巳六月谷旦，琅琊山中病居士杨于庭题。"

明万历三十四年续刻本《杨道行集》卷首潘榛序曰："冲所先生既解枢筦，位未酬德，职不竟才，乃放情丘壑，自娱斯文，业有集为卷三十三。既贵洛阳之纸，几火连州之楼行矣。亡何法供佛前，襄欲度爱印嘲之者，如所谓志大，宇宙勇迈，终古不应也。然而为诗若文独如故，又亡何二竖见侵，荼苦委顿即语之者，如所谓以为鼠肝，以为虫臂不应也，而为诗若文犹如故。于是又得卷二十七嘱余，守庐之初过省先生，先生就楊示之。余读一再过，谓先生曰：'昔以病著书者，多不暇举。如司马长卿、皇甫士安，其最著也。然长卿高奢，有类俳之讥。而《封禅》一书，逢君之恶，士安徒诵说故实，笃终一论，矫礼太过。今先生独撷性灵，自成一家。赠送传记，体物尽人，良史之致也。感慨纪述，动关世道，忠爱之忱也。嘲吟谑笑，雅郑无妨，性情之正也。此岂与长卿曼诞、士安拘挛者比哉？盖总较先生诸诗若文，其在通籍之初者，如宝剑发硎，明珠出海，光芒四射，见者辟易，无问识不识，皆惊其神物也。解绶之后，则如鹍鹏怒飞，骐骥横逸，羁的不得。而御毕罗不得，而施千里不留，九天无碍，人莫知其高远之所底也。奉佛以来，则又如泰岳乔松，黛色参云，苍鳞雷雨，不与群卉争芳，而居然含万古之霜露。又如寒潭止水，汪汪千顷，风浪俱静，微波不兴，不与众蠁争流，而居然为蛟龙之所出没也。伟

哉！大观乎！固知前无崛起，后鲜代兴，即以副名山之藏可矣。'先生
曰：'雕虫篆刻，壮夫不为。吾以病就此，政吾家子云所笑耳。'余曰：
'否。先生神色已满大宅。《易》所谓勿乐有喜者，将旦暮遇之，且向者
采苓之言久已无得异日者。圣天子起先生于东山，以慰苍生。先生敷德普
天，垂功竹帛。此集也，杂之文史，不过碎金，列之不朽立言之一端耳。
岂即以尽先生哉？'先生唯唯。余乃归而梓之，而并书以叙之。万历丙午
春三月，门人峄山潘榛撰。"

台北"故宫博物院"藏明万历二十三年季东鲁、汤沐刻本，已收
入《全椒古代典籍丛书·杨于庭集》第一至五册。上海图书馆藏明万历
二十三年刻本，已收入《全椒古代典籍丛书·综合卷》第四至五册。上海
图书馆藏明万历二十五年刻三十四年续刻本，已收入《全椒古代典籍丛
书·综合卷》第五至六册。

《游鄄草》（佚）

明万历二十三年（1595）刻本《杨道行集》卷二十一著录。是集为杨
氏官濮州时所作诗。

《杨道行集》卷二十一杨于庭所作《游鄄草引》云："杨于庭曰：
'余闻之，鄙人扣缶拊瓴，仍仍然乐也。及其击建鼓，撞巨钟，而后知缶
瓴之足羞也。'余好古而力不至，其于文若诗，将所谓缶瓴非邪？然及读
杜工部所为'繁丝与急管，感激异天真'之句，则又沾沾自多矣。故夫天
真之发于物为？吟于人为？文章大者，销三光之明，铄草木之精。而小者
如螫之啼，如虫之蠓，然曷者不为天真哉？鄄故僻简，余为守垂五年，所
为文若诗若干，以细音故，不丞收，又半为奚囊所散失。然不欲忘吾所
为，吐吾真者如此，姑存其十二云。乙酉阳月谷旦。"

《诗抄》（佚）

明万历二十三年（1595）刻本《杨道行集》卷二十一著录。

《选诗删》（佚）

明万历二十三年（1595）刻本《杨道行集》卷二十一著录。

《杜诗删》（佚）

明万历二十三年（1595）刻本《杨道行集》卷二十一著录。

盛应明

盛应明，生卒年不详，字诚复，南直隶滁州全椒人。明代书法家。县学生员。才思超卓，善草书，尤好青乌家言。［康熙］《全椒县志》卷十一有传。

《韶石子》一卷（佚）

［民国］《全椒县志》卷十五著录。

屠昆

屠昆，生卒年不详，字致大，号笔峰，南直隶滁州全椒人。工诗。官山东巨野训导，升掖县教谕，所至风雅特振。［万历］《滁阳志》卷十二有传。

《笔峰集》（佚）①

［光绪］《重修安徽通志》卷三百四十三、［民国］《全椒县志》卷十五著录。

---

① 据［弘治］《八闽通志》卷七十三，方醇道亦著有《笔峰集》，非此书也。

吴器

吴器，南直隶滁州全椒人。生平不详，［康熙］《滁州志》卷十六言其"年八十饮乡介"。

《颐性遗草》（佚）
［民国］《全椒县志》卷十五著录。

邵溶

邵溶，生卒年不详，字符静，一字元静，号味泉，南直隶滁州全椒人。与吴耻斋、但谦、黄桐等人结诗社，人称之为湖南雅社。尤善轩岐术，多所存活。邵溶亦善诗，如"结间亭子和云住，种块瓜儿带月锄。囊钱为我沽村酒，烂醉西风二百壶"皆佳句也。［泰昌］《全椒县志》卷三、［康熙］《滁州志》卷二十二有传。

《味泉诗稿》（佚）
［民国］《全椒县志》卷十五著录。［康熙］《全椒县志》卷十作《味泉遗稿》，［光绪］《重修安徽通志》卷三百四十三作《邵味泉遗稿》。

吴中英

吴中英，生卒年不详，字孟育，号卓山，南直隶滁州全椒人。吴璋之孙。幼颖异好学，为诸生时端方，不与俗伍。明隆庆四年（1570）乡试第一，任漳平知县。会试以亢直置乙榜。年逾五旬，犹孜孜力学不倦。古文效法唐顺之。官至礼部主事。吴中英有《春日约友登文昌楼》诗曰："东风昨夜冻云收，食罍今朝特地游。陇树高重盘曲径，河干百尺耸危楼。坐残红日春如海，看到青山翠欲流。樽酒论文成胜集，不妨暝色动沧洲。"［民国］《全椒县志》卷十有传。

《万竹山房集》八卷（佚）

[民国]《全椒县志》卷十五著录。[光绪]《重修安徽通志》卷三百四十三作《万竹山房诗集》。

吴中赍

吴中赍，生卒年不详，南直隶滁州全椒人。吴中英之弟。早卒。[民国]《全椒县志》卷十有传。

《平倭记本末》（佚）

[民国]《全椒县志》卷十载。蒋元卿《皖人书录》卷三著录。

彭璨

彭璨，生卒年不详，字玉莹，号海渔，南直隶滁州全椒人。同知彭儒仲之子。少耽举子业，以病羸弃之。精歧黄术，能起人危疴，不取利。工书，颇似颜鲁公。径五六尺者尤佳，四方索翰无虚日。尝自题其室曰"吾爱吾庐"。[万历]《滁阳志》卷十四录其《水帘洞漫兴》曰："目极乾坤野兴饶，山光浓若向人飘。高攀华岳三千丈，共领烟霞十万瓢。泉语乱闻来石罅，花香晴吐接山腰。闲来欲学耰锄事，只共樵夫采药苗。"[泰昌]《全椒县志》卷三、[康熙]《滁州志》卷二十二有传。

《渔窗吟草》（佚）

[民国]《全椒县志》卷十五著录。

吴沛

吴沛（1577—1631）[①]，字宗一，号海若，晚年又号楞园，南直隶滁州全椒人。吴谦之子，吴敬梓高祖。明万历三十四年（1606）始参加乡试，房师关骥以第一名荐之，然主考不允，而后"七战皆北"。四十六年补廪生，往历阳任教。以子国对赠儒林郎、内秘书院编修加一级。晚年于乡间筑两间茅屋，取名"西墅草堂"，在此课子读书，为东南学者宗师。［康熙］《全椒县志》卷十有传。

《诗经心解》六卷（佚）

［光绪］《重修安徽通志》卷三百三十六著录。

《论文十二则》（佚）

［民国］《全椒县志》卷十著录。

《西墅草堂遗集》五卷（存）

［光绪］《重修安徽通志》卷三百四十三、［民国］《全椒县志》卷十五著录为《西墅草堂集》十二卷。今有五卷本，一名《西墅草堂逸稿》，清康熙十二年（1673）刻本，后收入《四库未收书辑刊》，中国科学院文献情报中心藏。

明曹学佺《石仓历代诗选》卷四百七十六有《宿西墅草堂》诗曰："西墅雨初霁，清和爽客情。山泉触石碎，林籁落风轻。古壁鸟遗迹，晓窗鸡应声。荀家多士在，灯影烁奎明。"吴敬梓《文木山房集》卷一有《西墅草堂歌》。

清康熙十二年刻本《西墅草堂遗集》卷首姜曰广序云："君子无以自表见，亦无事表见，然著述足当之。无以使天下后世表见，为之行其

---

① 《安徽文献总目》于吴沛生卒年失考。吴沛生卒年据王恽忠《吴敬梓高祖吴沛及盛氏墓碑释疑》一文，《滁州学院学报》，2011 年第 4 期。

版，布其书，足以不泯也。古者天子有作太史辑焉，士有言儒者述焉。矧在子之于先人意不忍泯者乎？天下大矣，子之为父致其书于世，亦见不鲜矣。然或沿故习尔，重时名尔，其衷无有大，不能释然者也。吴子王铉辈刻其先尊人遗稿以质予，予见其怦怦若有痛伤者，起而唁曰：'先君子抱才励志，赍以没。茫茫宇宙知己少，徒愿得鉴言一字，先君子死可不恨。且使天下知有先君子者，则先君子虽死之年犹生之日。噫！是何衷之大，不能释然者哉？'予知其先尊人海若先生久矣，读书茅屋中，商酌今曩。于曩人，必核其究；于曩事，必撮其曲。始末微著胸中，全部厘厘于今人今事。无天下人遁我，无天下事困我，知不可菰芦，老而蹇，乃逸之冰雪。阻于鱼封虹云，纾此桂筍斗酒，万言自愤自喜，予亦伤之矣。夫

有才无命，古今所哀。不使润沐国典，徒俾后昆捧其残篋，咏其遗毫，乌得不重伤之也？虽然，无伤也，生前爵何如身后名也？属吏颂何如守经子图不朽也？且更有难言者，通名危藉，时棘路榛，一咳千虑，一行千顾。回念拥编，据甕跋人，揿物洒焉。自喻嗒然，自遗其何能得？其何能得？予尝击节往史，口士不为官，真自在家。唯课子极清平者也。诸吴子痛尊人之不复返，并痛遗集之不多，贮得其片楮只字，如得亲见颜，唾夫时

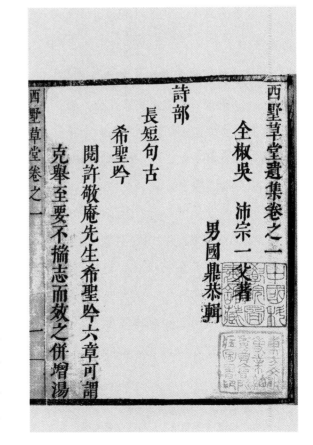

事，依然山川未改。笔墨所散，神气攸存，行得哀其全，而此亦可见其全也。天下后世读其先尊人文，知其先尊人。人高而不避，旷而不散，深远而不曲遁，以此自治，以此治诸子，行于笔墨见之。然得是编，知眉山有老泉，益以知有子瞻、子繇辈也。予又为之击节，曰：'生前语出千人废，死后名从四海知。'以饷尊人，尊人可不恨矣。以饷诸子，诸子可不伤矣。癸未秋中朔日，友人姜曰广题于金陵署中。"

清康熙十二年刻本《西墅草堂遗集》卷首冯元飚序曰："予先以闳政驻滁上，较乘册之暇，得晤两吴子孝廉玉铉、玉林者，自喜复见机、云也。环滁坐南北咽，车续马绎不少，大夫士间惠而顾予，予尝虑天下事，亦乐亲诸有道，馨其绪以为图治助。然少两吴君，其人者，私心窃慕之。君子固自贤乎？其先世必渊雅能迪者也。无何，简予膺喉舌，越赞机务。幸徼一时无事，予每怀龙门高宇，发幽光，哀遗志，以为不负南游之一。乃一日吴子刺舟造白下叩予，因出其先尊人海若先生逸集相质。读其所编古文词，如周、秦间物，不寄篱，不傍户，不诡崖，独舒性音，与山水清，知其于此道中能自成一家言者也。其文不可一世，其人不可一世矣。想蹩居野牖，自拟大铨长进，姚黄以下诸古，罗荐而评鹭之目箕也、气虹也。家壁立耳，不复问縻纤事，心百间屋也，肠西冰雪也。以是形之笔楮，皆非经人意中。而吴子复歉歉曰：'先人七振鍪矣。止如武侯祁山故事，间已善击，又误中副车。年来文箪半坐不暖，不屑听家坿喔喔声，载酒携笈，长眺山川，问经世事。座间十尺，动成方丈。有所撰制，为门生挚友持去。其属草，倚囊立就，从无副本，兹特昆檀一片耳。'予固解曰：'嶰阴之籥，修一矢可召丹山防风；酿粥剂，其一勺冉其百里，固不在多也。'而多者愈可知已，予为海若先生幸矣。海若先生当年左持螯，右吮毫，啸歌天门，视身前浮物，正不下秋风黄蒪耳。而亦知有孝廉公辈，敬行逸集为不朽乎？予又为孝廉公幸矣。谯江之北，建江之南，踉蹌野浦之外，不惜舆仆，而唯先人逸集是念，以为逸集传则先人传矣。先人传，则区区孺慕之私以是少见矣。其为志，过越等夷，当何如也？抑孝廉昆季，皆烨烨彦选。兄东头，弟西头，书声满墅，文思积薪，翕然自为师友。出树千秋，赋诗报国，筹策定疆。先人志未酬者酬之，先人欲一得当于而事者，卒锐优豫而尽之，则海若先生之不朽者固不尽也。而孝廉昆季为其先人图不朽者，固不尽也。壬午春暮慈溪冯元飚题。"

此本已收入《全椒古代典籍丛书》，单独出版。

吴国鼎

吴国鼎（1596—1662）[①]，字玉铉，号朴斋，南直隶滁州全椒人。生有奇质，童年庄重如老成。明崇祯三年（1630）乡试第一，崇祯四年父卒，国鼎发奋钻研风水之学，遍历全椒山水，始得石虎塘吉壤。明末战乱，奉母命，避地南京。崇祯十六年与弟国龙成进士，授中书舍人。清顺治三年（1646），与诸弟庐墓山中，不复出，自拟对联"世多君子扶皇极，天放闲人养太和"。布衣蔬食，怡然自得。一门和顺，自卜生圹于滁州花山北。卒年六十七，临终自课以见志。［民国］《全椒县志》卷十有传。

《诗经讲义》（佚）

［光绪］《重修安徽通志》卷三百三十六著录。［康熙］《全椒县志》卷七作《诗经讲意》。

《蔼园集》（佚）

［光绪］《重修安徽通志》卷三百四十三著录。

---

① 吴国鼎之生年，《世书堂稿》吴国鼎序言署"（清）顺治辛丑花朝日六十六岁兄朴斋国鼎漫书于东墅客狭轩中"，顺治辛丑为顺治十八年（1661），由此可推算出吴国鼎生于明万历二十四年（1596）。民国《全椒县志》卷十《吴国鼎传》中言其"卒年六十七"，故吴氏当卒于清康熙元年（1662）。《安徽文献总目》失考。

《唐代诗选》（佚）

［民国］《全椒县志》卷十五著录。［康熙］《全椒县志》卷七作《历代时序诗选》。［光绪］《重修安徽通志》卷三百四十六作《历代诗选》。

吴志粹

吴志粹，生卒年不详，字孺山，南直隶滁州全椒人。吴中英次子。性超迈，工隶草，博览经史，至天文舆图、杂艺家言，罔不根究其原。不求闻达，好施济，尝倾修北门衢道。卒年八十二。［民国］《全椒县志》卷十有传。

《诸葛忠武陶靖节合选集》（佚）

［民国］《全椒县志》卷十五著录。［民国］《全椒县志》卷十《人物志》作《诸葛忠武陶靖节遗事集》。

吴藻

吴藻，生卒年不详，南直隶滁州全椒人。过目成诵，与彭儒、孙存并称"淮南三才子"。［康熙］《全椒县志》卷十有传。

《折桂图赋》（佚）

［康熙］《全椒县志》卷十著录。

彭梦商

彭梦商，南直隶滁州全椒人。生平不详。［康熙］《全椒县志》卷十有传。

《江上草》（佚）

［康熙］《全椒县志》卷十著录。

吴羽文

吴羽文，生卒年不详，字长卿，江西南昌人。明万历四十一年（1613）进士①，万历间任全椒县令。居官三十余年，清正自守。卒后只余银一钱七分，时人比之海瑞。［乾隆］《南昌县志》卷二十有传。

《谯阳课士编》（佚）

谯阳即南谯，全椒之古称。［泰昌］《全椒县志》卷二《吴羽文小传》著录。［民国］《全椒县志》卷九作《谯南课士编》。

杨道臣

杨道臣，生卒年不详，福建晋江人。明万历二十五年（1597）举人。万历末由举人任全椒知县，明天启年间任武定府禄劝州知州，明崇祯二年（1629）任江西南昌府同知②，官至建昌同知。［民国］《全椒县志》卷十有传。

［泰昌］《全椒县志》四卷（存）

明泰昌元年（1620）刻本，今藏日本名古屋市蓬左文库。此志为杨道臣任全椒知县时纂修。［民国］《全椒县志》卷九言其"重修县志，多所厘正"。

［泰昌］《全椒县志》卷首杨道臣序曰："令杨道臣曰椒志之修，自前令田公紫山也。盖四十年而复有今日之修，修诸耳目睹记，百不失一；修诸既往传闻，百不得一。后之视今，犹今之视昔。是故沿革废置，污隆盛衰之迹，宁详毋略。且韩起观书于鲁，而知周之德与周所以王也。延陵闻帝王列国之风，占存亡若烛照。我高皇帝开辟实始于椒，而首用

---

① ［民国］《全椒县志》卷九《吴羽文小传》谓其"江西南昌举人，万历间任"，误，实为进士。
② ［民国］《全椒县志》卷九《杨道臣小传》谓其去全椒后"升云南临安同知"，误。

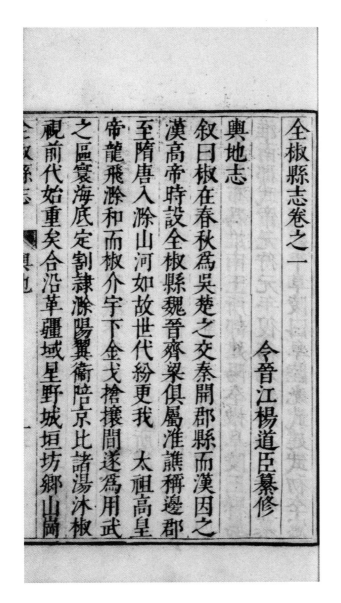

乐祭酒，黼黻润色，实为椒人。至于亲贤乐利，比诸岐丰；列圣绍休，化行俗美；生齿蕃庶，户口寝增。虽无瑶琨、筱荡、齿革、毛羽可登天府；而物产之利，山泽自饶。望王气、思帝德、咏弦诵、卜历算，于斯焉在；是故宁详毋略，然详而不溢，略而不漏，余酌焉，冀为信史已矣。独怪滁守永叔、椒长公子循吏风流，汉宋相埒。而椒虽隶滁，其神山、铜井诸胜，何逊于丰乐、醉翁？乃滁籍永叔名雄海内，汉史仅载刘椒长，山水无称，何哉？公子治行，至今烂焉足述，而代远迹湮，即有憩茇遗棠，无复可凭而吊者。欧公气节文章，凌厉千古，一吟一咏，顿令山川章阐生色。随其宴饮啸坐之处，令人仰止顾瞻，徘徊而不忍去。虽然椒遇公子，故椒以刘传；滁遇永叔，故滁以欧重，第山川有显晦之异耳。永叔有言：'地介江淮，民无外事，安于衣食畎亩。'夫非滁俗之美，而椒所同与？移风易俗，繄官师是赖，余于官师独致意焉。贤有司三岁一迁，口碑为征，乡之先达，余不及事，毋亦月旦评是信。而人各有喙，甲乙靡定，是故宁漏毋溢，节烈隐逸，多于是矣。而孝行亦廑，又盖其严也。椒自四十年以来，芳标懿行、文物衣冠、弥昌弥炽、匪朝伊夕，余恨不能张而大之，俾神山、铜井诸胜，擅灵诧异。唯是夏虫语冰，束于鲜闻，奉教于士大夫君子，而相与扬挖，佐翼盛事，其敢自以为劳？公子、永叔所不敢望，后之人睹已成书，阅世代年月，而知其修自道臣也。附青云以声施千秋，如是焉已矣。时泰昌元年冬十有一月，令杨道臣撰。"

此本已收入《全椒古代典籍丛书·全椒旧志汇编》第一至二册。

《鹛湖课艺》（佚）

［泰昌］《全椒县志》卷四著录。［泰昌］《全椒县志》卷四杨道臣《鹛湖课艺叙》曰："椒去陪京，百里而近，首善薰沐，实先承之。且风牛相及，声气相接，结社论文，对垒拈笔，唱和来往，翕然吴声。故畿以北，唯椒士与江左抗衡，而卯岁中俊，联翩并起。噫嘻！椒盖娴于文哉，其奚藉余？昔安平将战，扶走卒上坐，尊为神师，而一旦复齐七十余城，则信而令于三军，耳目可一，心志可齐也。余不佞，承乏椒士，诸士问奇谈经者踵至，俨然神师之席矣，其如解嘲贻讥何？而士固坚相信也，为之季考月课，课辄具供，偕与广文君为凭轼之观；而品骘扬榷，谬注管见。诸士各呕心镂肾，罄一日之长，倘亦习乎其肄，一乎乃心耶？唯是信于余，当益信于文。一夫陷阵，膺爵通侯，而超乘跃距者，贾勇争先，战捷之效，在卯岁矣。今余所衡文具在，执鞭属鞬，实在于斯，彬彬鹊起，余将以文为券。"

《遵宪课士录》（佚）

［泰昌］《全椒县志》卷四著录。［泰昌］《全椒县志》卷四杨道

臣题曰："余帅诸士，三载于兹，饬行论文，与相切劘，三载一日也。戊午之春，镌士课艺，余谓安平之战，藉威神师。诸士之走卒，余也，而神师之乎？然是秋有捷，而下齐城者，即牍上文人也，是其效也。学台周老大人，望峻斗山，声振金玉。一再试椒士，厘文体，端行谊，旌淑点幽外，宪示月有课，课有期，务次第之。余偕广文白君、黄君、朱君，遵行唯谨，汇而成帙，今文具在，视戊岁何如也。昔神医隔垣而洞腑肺，膏上肓下，竖穷外遁，秦缓逊功焉。椒人士两更，过化之余矣。涤胸濯胃，各出新声，针砭不施，膏肓无疾，此宁唯神医？直蛰奋振雷，而草润时雨已矣。虽然，诸士亦知上之人课士之意乎？握寸之管，学万人敌，据梧兀坐，梦惊觉呼，烟横牛角，月推马背，挟策弄吟，神翁不漏。故夫课之督之无暇晷者，政其约之结之，无逸行者也。相马者得乎天机，而牝牡骊黄不与焉，此足尽良矣。夫马之为良也，范驰驱，恶跰弛，鸣鸾节奏，可登于皇路。课士以文，而绳士以行，是神遇之，而亦神调之也。雷霆雨露，无非至教，洵然哉！今椒人士，夫益知遵矣。"

[泰昌]《全椒县志》卷四白可绶题曰："余愧不敏，谬任椒庠。窃尝恩人心有真宪，即有真文，有真文即有真士，而后士益于文，文益于世，是宪之所关，巨也。学台周大宗主提校南都，首正文体，所颁言言，皆宪也。邑侯杨君乃顾余云：'奉宪文，业与诸士讲明之，尤必与诸士久啖之。凡月考季试，得若干卷，题曰"遵宪课士"。'夫宪何？宪也，犹车之有轨也，无轨则不能通其道也；犹射之有彀也，无彀则不能中其的也。然则文亦有轨，宪，文之轨也；文亦有彀，宪，文之彀也。第士醒于时刻之滥觞，不能无凭，胸而失戄，得皮而遗精，日习日靡，文之敝也，宪何繇遵？体何繇正乎？侯今秉宪度课，青衿展阅诸艺，烨耶？而且井耶？而且穆耶？烨企宪之采，井企宪之络，穆企宪之神，令人士渐入此境，犹有泛驾而虚发矢者无有哉。信乎上宪之当遵，宜杨君遵之以成课也。余与椒士共议之，遂述其事以观其盛。"

吴亶明

吴亶明，生卒年不详，字际云，南直隶滁州全椒人。［民国］《全椒县志》卷十一作"翼明"，自小受业于祖母汪氏，十一岁即能明群经大义。为人急公好义，以天下事为己任。明崇祯初助卢象升平叛，卢氏欲以主事职上其功，坚辞不就。清顺治间，屡以隐逸孝行见征。后隐居历阳西山，与黄宗羲、方以智等人书札往还。终生未仕，卒年七十六。侍御张志栋题其庐曰"贞晦"。

《春秋公羊解补正》二卷（佚）

［民国］《全椒县志》卷十五著录。

吴亮明

吴亮明，生卒年不详，字叔佐，号望阳，南直隶滁州全椒人。举人，以吴道昌荐，举孝廉，受业于山阴刘宗周，明崇祯十二年（1639）授修仁县令。此地蛮夷杂处，向称难治，亮明创学舍四十余所。明亡后，朝夕祭奠崇祯帝。南明史可法荐为兵部郎中，不赴。筑"四愍庵"于全椒县北山以见其志，精研诸儒著作。学者私谥孝隐，清乾隆三十二年（1767）祀乡贤。［民国］《全椒县志》卷十有传。

《春秋表微》十二卷（佚）

［民国］《全椒县志》卷十五著录。［民国］《全椒县志》卷十作《公羊春秋表微》，称其为金光辰为之序并审定。

金光辰

金光辰①，生卒年不详，字居垣，号双岩，直隶滁州全椒人。明崇祯元年（1628）进士。授行人，擢御史，巡视西城。后任河南按察使，九年分守东直门。再由浙江按察司照磨召为大理寺正，进太仆丞。历任尚宝丞、光禄少卿、左通政，擢佥都御史。崇祯十五年，邑人为金氏建双岩书院。十六年丁父忧，福王时，重新启用。未赴，明亡。家居二十余年卒。《明史》卷二百五十四、［康熙］《滁州志》卷二十二有传。

《金御史奏疏书牍》五十六卷（佚）

［民国］《全椒县志》卷十五著录。

《双岩诗集》（佚）

［康熙］《全椒县志》卷七载。

《双岩文集》（佚）

［康熙］《全椒县志》卷七载。清姚觐元《清代禁书知见录》著录②。

《双岩诗文全集》四十卷（佚）

［民国］《全椒县志》卷十五著录。

《金双岩中丞集》四卷（存）

清初刻本，中国国家图书馆、台湾汉学研究中心藏，后见收于《四库禁毁书丛刊》史部。

---

① 清袁枚《子不语》卷二十二有《雷火救忠臣》曰："全椒金光辰，以御史直谏，触崇祯皇帝之怒，召对平台，将重惩之。忽迅雷震御座，乃免之。嘉靖怒刘魁、杨爵、周怡直谏，杖置狱中，有神降乩言三人冤，乃赦之。后因熊浃言乩仙不足信，重捕入狱。亡何，高元殿火起，帝祷于灵台，火光中有呼三人姓名称忠臣者，乃急传诏释之，且复其官。"
② 清姚觐元《清代禁书知见录》曰："《双崖文集》无卷数，《诗集》无卷数。明全椒金光辰撰。无刻书年月，约顺治间刊。陈目亦作《双岩集》。"按，"双崖"当作"双岩"，形近而讹。

任继愈主编《中国藏书楼》言及藏书家刘明阳藏有明末刻本《金双岩中丞集》九卷，并称此书道："书业之人又称之为《金双岩九封事》，盖取是书所收西台、理饷、两河、还朝、囧寺、玺司、银台、宪台八封事及召对记注而言。此本仅见载于《千顷堂书目》，他无所收，可见其传本之

金雙巖中丞集

南譙金光辰天樞甫著　　　男輝鼎較

兩河封事

為微臣受　命按豫驚聞賊勢披猖敬瀝愚衷仰祈

聖鑒並圖防剿要略事

臣　一介書生欣荷　委任濫竽餉務職掌以內冰兢惟謹

自愧才疏識淺莫當釐剔鷹鸇之逐無補聖明總憲臣不

以臣為不肖題按中州仰副速題堪任來用之

明旨臣何人斯謬膺若任受　命飲冰敢忝頇踉今日中

州非無事之中州也澄清之志素所自矢聞風解綬墨吏

兩河封事　　　　　　　　　　　　　　　　微臣受命一

稀。此书约刊于永乐①年间，虽已入清，仍饱有前明韵味，堪称上品。"②

中国国家图书馆藏清初刻本，已收入《全椒古代典籍丛书·综合卷》第六册。

《金都御史全集》（佚）

［民国］《全椒县志》卷十载。

《金御史集》六十九卷（佚）

［光绪］《重修安徽通志》卷三百四十三著录。

---

① 金光辰生活在明末清初，此书非刊于永乐年间。

② 任继愈主编：《中国藏书楼》，辽宁人民出版社 2001 年，第 1794 页。

清　代

金光房

金光房，生卒年不详，字天驷，号桑严，安徽全椒人。金光辰之弟。清顺治间会魁，授九江府推官。修先贤诸祠宇，课讲其中。改知广东琼山县，卒于官。［民国］《全椒县志》卷十有传。

《丘濬遗集》（佚）

［康熙］《全椒县志》卷七载。

《海瑞遗集》（佚）

［康熙］《全椒县志》卷七载。

金光昊

金光昊，生卒年不详，号侣樵，安徽全椒人。明崇祯间经魁，少隨父任枣阳，流寇逼城，佐父固守，得以保全。清康熙五年（1666）任长子令，尽斥陋规，以勤劳卒于任上。潞州守萧鸣銮出金为其殡葬，祀长子名宦祠。［民国］《全椒县志》卷十有传。

《尽心斋文集》（佚）

［民国］《全椒县志》卷十五著录。［民国］《全椒县志》卷十、［光绪］《重修安徽通志》卷三百四十六均作《尽性斋文集》。

吴克昌

吴克昌，生卒年不详，字肇裔，号肖云，安徽全椒人。吴亶明之子。少嗜《周易》《左传》《荀子》《墨子》诸书。清康熙间以贡生任扬州府训导、雅州州判，升知州。王进宝异其才，叙功摄川东兵备道。不久任保宁府事。卒赠太仆寺卿，建专祠纪念。［民国］《全椒县志》卷十言有韩梦周撰《传》，今本《理堂文集》未见。

《经子驳义》（佚）

［民国］《全椒县志》卷十著录。

《清远堂全集》八卷（佚）

［民国］《全椒县志》卷十五著录。

张我时

张我时，生卒年不详，号子中，安徽全椒人。张德霈十一世祖。

《梅园诗草》（佚）

《清代科举人物家传资料汇编》第三十八册记载。

张鸿先

张鸿先，生卒年不详，号觉民，安徽全椒人。张德霈九世祖。庠生。

《澹然斋全集》（佚）

《清代科举人物家传资料汇编》第三十八册记载。

吴国缙

吴国缙（1603—1676）[①]，字玉林，号峙侯，安徽全椒人。吴敬梓之族曾祖。明崇祯十二年（1639）举人。清顺治六年（1649）进士，九年殿试授文林郎。遭忌而去，遍游山水，寻任江宁郡教授，知府麻勒吉评其"身端其范，士廪于绳"。与侯方域、李渔等人过从甚密。［康熙］《滁州志》卷二十二有传。

《诗韵更定》五卷（存）

［光绪］《重修安徽通志》卷三百三十六著录。清徐乾学《传是楼书目》卷一、清嵇璜等《皇朝通志》卷九十八均作《诗韵正》。今有《世书堂诗韵更定》五卷，清康熙间绿荫堂刻本，福建省图书馆、吉林省图

诗韵更定序

诗曷介介乎韵哉虽云美操非纯

絺不善其音虽云和吹非粹管不

鑑其響詩必古唐韻必古沈可一

不可二者彼夫天籁傳靈致夫山

鳴谿應心聲鼓化叶乎鳳噦鸞吁

书馆藏。吉林省图书馆藏本已收入《全椒古代典籍丛书·吴国缙集（外一种）》第一至二册。

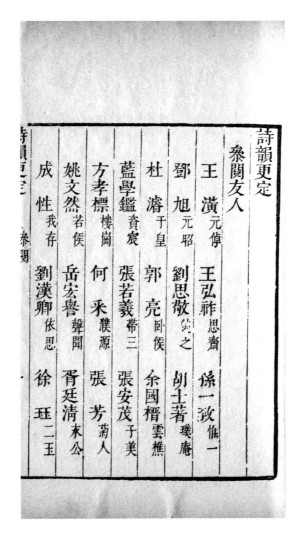

《世书堂稿》二十三卷（存）

[光绪]《重修安徽通志》卷三百四十六、[民国]《全椒县志》卷十五均作《世书堂集》四十卷。今有二十三卷本，清顺治十八年（1661）刻本，一函六册，书林韦敬山、王奉台刊刻，有"环山楼藏书印"。清顺

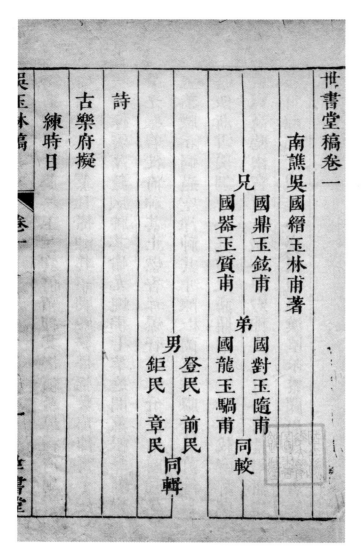

治十八年吴氏世书堂刻本。浙江图书馆、清华大学图书馆藏。

清顺治十八年刻本《世书堂稿》卷首吴国对《世书堂刻诗序》曰："先大人课不肖辈以古今文，不废诗学，每酒酣命笔，疾书所得，即不遂志于有司，淡安义命。《五十初度》诗云：'而今始悟黄粱梦，不信清闲不是仙。'盖以古人自期，故其为句，往往超胜，不肖辈不能窥其涯涘也。顾愿学焉而要能言其所欲言，纵横侈肆，磊砢奥矫，事随年进，殊不可强。余兄叔氏涉之十余年，乃哀然大集以见矣。嗟乎，才藏于胸，用之愈出；学成于志，积之愈深。天下事不尽然耶？彼司马迁、相如、扬雄之徒，以及李白、杜甫、白乐天、苏轼、黄庭坚之辈，文章传数千百年，方其操觚，岂自度吾所作应何等耶？至于今日，乃知其如此，人乌可不自勉哉？然余叔氏之为此也，志甚锐，气甚豪。其未成也，如有所负而甚歉，及成而就梓，复抑然自下，唯以不得当于作者之林，则又甚惧。要之，以诗而求知于天下后世也，其心固有所甚不得已者也。朱西江云：'士君子遭时行志，功烈出乎竹帛，声称逮于来世，彼宁以卮言妍辞为愉快哉？'即有之，而往往以其大者掩而弗称，故燕、许大手笔，润色一代，而文苑弗列，唯以呕肝刿心、沉冥汗青之士称焉。此其人举所不得施行之志，而尽付于空言，以祈知于后所不可知之人，则可悲矣。余叔氏善处贫病，而年齿复不后人，不出为世用，此诚有不敢轻社稷民人之心也，非轻五斗如栗里自傲者比也。进既不得有所表见，退又无所以为不朽，浸寻岁月，放遣山林，无乃没没乎？故疲心力于咏歌文词之间，而乐为之，亦甚不得已而出此也。独是立言之指，千态万格，终于淡真。王太常云：'王摩诘、白乐天，皆以诗人得名，晚而悟道。大都摩诘从寡欲入，故多矜洁清净；乐天从知足入，故多广大自在。'学人学道，未离游戏，应于此中领取，此可以知吾叔氏之寄托矣。即以秉承先大夫言诗之教，或亦未远耳。至其诗品专家，当属何等，世有宗匠，对固未能言也。顺治十有八年正月望日，弟国对顿首拜撰。"

清华大学图书馆藏清顺治十八年刻本，已收入《全椒古代典籍丛书·吴国缙集（外一种）》第三至六册。

《吴玉林稿》十三卷（佚）

清徐乾学《传是楼书目》卷五著录。

吴国对

吴国对（1616—1680），字玉随，号默岩，安徽全椒人。吴敬梓曾祖。清顺治八年（1651）拔贡，十一年顺天府举人，十五年进士，殿试一甲第三名。授翰林院编修。清康熙二年（1663），以编修出任福建乡试主考官。五年出任福建乡试主考官。次年，升国子监司业，提督顺天学政。

寻升翰林院侍读学士。康熙以侍读提督直隶学政。清陈廷敬《午亭文编》卷四十五有《翰林院侍读吴默岩墓志铭》。

［康熙］《全椒县志》十八卷（存）

清蓝学鉴、吴国对纂修。有清康熙十二年（1673）刻本，中国国家图书馆藏残卷，仅存卷五至七、十四。又有安徽博物院藏全本，清康熙二十三年（1684）王作舟补刻本，故宫博物院、天津图书馆等亦藏。

清康熙二十三年补刻本《全椒县志》卷首蓝学鉴序曰："皇清奠鼎，垂三十载。东西南朔，尽入版图。太平之盛，前所未有也。幅员大定，阁臣请修一统志，特敕天下郡县汇辑成书。椒虽蕞尔哉，山川民物宁无有当于太史之采者。予欣逢盛事，嘉与邑之士大夫扬榷而论定之，顾才识疏浅，弗克网罗旧闻。粤稽邑乘，唯前令杨公所辑，颇称详核，而云今且六十余年。前此，有田紫山之稿，已属代远言湮；后此，有白令公之编，仅存断章写本。况其叙次卷帙，又与新式大异。爰是集荐绅先生及诸文学盟神以昭公慎，开局白鹤道院，征文考献，索隐探微。其旧志已或者，或事无关典要，或文非切劝惩，金曰：此浪墨也，删之可；其旧志未载者，或得之故老传闻，或检之青箱别录。金曰：此典故也，增之可。增删之数，大率相准。而提纲分目，一遵上台所颁河南定式。方舆之险易从地、灾祥之征应从天、风俗之淳漓从人，大而祀典，细而物产，以及学校、公廨诸废置，名卿、学士之著述，二氏之幻，杂著之繁，靡不备载；而于户口田赋，与吏斯邑产斯邑者之流风懿迹，尤兢兢焉。椒民多苦旱蝗，往往轻去其乡，抚循安辑，存乎长吏。予任椒七载于兹，甘雨之祈，无岁蔑有，殚诚尽瘁，仅仅不至逃亡。且地方卤薄，额赋唯艰，虽或娄丰，伤于谷贱。朝夕办供之不暇，而又重之以归并之责，屯处民之，七军视民尤贫，纵抚绥犹未能尽洽也。然其俗颇淳，人知崇孝悌、尚节义，出为名臣、处为高士，历代不乏。而文德武功，贤媛贞女，又何美不胜书乎！以故民数、赋数则从其详，不详恐漏，漏非信史也；懿躅、芳踪，亦从其详，不详恐佚，佚非信史也。是役也，易荛凡三，属稿至再，评征月旦，事必参稽。可以授之梓人，上之史馆矣。读是编者，见土地之荒僻，则思何以靖之；见人民之困苦，则思何以苏之；见古今之异尚，则思何以维之；见城池之卑隘，则思何以守之；见其赋重于田、力竭于役，则思何以樽节之、保厘之；见其忠孝介然、节烈凛然、文章斐然，则思何以奖励之、激劝之。因俗而理，与民休息，则斯志顾不重哉！按《椒志》经四修，黄志无存，白志未就，田、杨皆闽人。予亦闽产，编纂之令，适与之会，椒与吾闽殆若有缘焉！予不敢窃比刘公子，亦仿佛乎田、杨二公之所以治椒者。而治椒以仰副圣天子望治之意，区区纪述，犹末也夫！时康熙十二年岁在癸丑初夏之吉，江南滁州全椒知县鄞水蓝学鉴题于仰刘堂。"

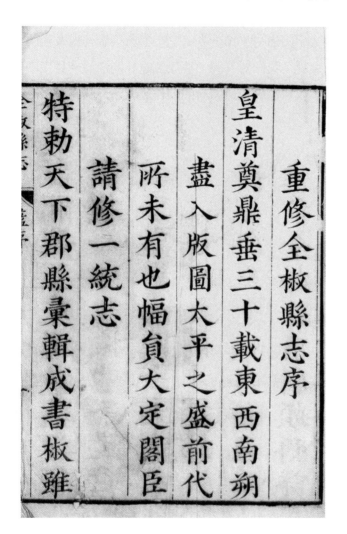

中国国家图书馆藏清康熙十二年刻本，已收入《全椒古代典籍丛书·全椒

旧志汇编》第三册。安徽博物院藏清康熙二十三年王作舟补刻本，已收入《全椒古代典籍丛书·全椒旧志汇编》第四至七册。

《诗乘》（佚）

清陈廷敬《午亭文编》卷四十五《翰林院侍读吴默岩墓志铭》曰："君于古文研论最深，而工于骚赋之作，故独喜多为诗，其愁忧、欢愉、离合、讽喻、警戒之旨，恒发之于诗，名曰《诗乘》数十卷藏于家。"

《吴玉随诗翰》（存）

周远廉、孙良文主编《中国通史》第十卷第三十五章吴敬梓提及吴国对时称："吴敬梓家乡又发现了吴国对《赐书楼集》之外的逸诗《吴玉随诗翰》，是手抄本，从中不仅可以看出吴国对的诗作成就，而且还能领略他的书法造诣。"

《赐书楼集》二十四卷（佚）

〔光绪〕《重修安徽通志》卷三百四十六、〔民国〕《全椒县志》卷十五著录。

吴国龙

吴国龙（1616—1671），字玉骦，号亦岩，安徽全椒人。与兄国对孪生。明崇祯间进士，授户部主事，丁内艰归。清康熙初授工科给事中，改授河南道监察御史，仍回补兵科给事中。丙午典试山东，转礼科掌印给事中。生平诗文稿甚富，人多以为其书法逼古人。〔康熙〕《全椒县志》卷十六有李霨撰《清礼科掌印给事中吴公墓表》。

《吴给谏奏稿》①八卷（佚）

［民国］《全椒县志》卷十五著录。

吴旦

吴旦，生卒年不详，字卿云，安徽全椒人。吴国对长子，吴敬梓祖父。增监生，授州同知，少丧母，事继母孝甚。后从父官京师。［民国］《全椒县志》卷十一有传。

《月潭集》（佚）

［民国］《全椒县志》卷十五、［光绪］《重修安徽通志》卷三百四十六著录。

吴暹吉

吴暹吉，生卒年不详，字惕思，安徽全椒人。吴国鼎长子。廪生。

《吴国鼎年谱》一卷（佚）

［民国］《全椒县志》卷十著录。

金辉鼎

金辉鼎，生卒年不详，字闻之，安徽全椒人。金光辰之子。拔贡。［民国］《全椒县志》卷十有传。

《四书述》（佚）

［光绪］《重修安徽通志》卷三百四十六、［民国］《全椒县志》卷十五著录。

---

① ［光绪］《重修安徽通志》卷三百四十六、［民国］《全椒县志》卷十五皆著录吴国龙有《心远堂集》，［民国］《全椒县志》小传谓"高阳李霨为序而刻之"。《心远堂集》实则李霨所撰，后见收于《清代诗文集汇编》，两书著录有误。

《休休轩集》八卷（佚）

［光绪］《重修安徽通志》卷三百四十六、［民国］《全椒县志》卷十五著录。

吴晟①

吴晟（1635—1695）②，字丽正，号梅园，安徽全椒人。吴国龙之子。七岁诵唐诗，后虽发奋读书，犹困顿场屋二十年。清康熙十四年（1675）中举，十五年中进士，二十五年授福建汀州宁化县令。归而筑园城隅，与弟子论书，多所发明。清储欣《在鹿堂文集》卷六有《吴主事墓表》，清李桓《国朝耆献类征初编》卷二百二十一有张大受撰《吴晟墓志铭》，清吴昺《博议书后》有《清故敕授文林郎原任福建汀州府宁化县知县候升主事先兄梅原吴大公行述》。

《周易心解》（佚）

清李桓《国朝耆献类征初编》卷二百二十一张大受《吴晟墓志铭》记载。吴昺《清故敕授文林郎原任福建汀州府宁化县知县候升主事先兄梅原吴大公行述》谓："所著有《洪范辩谬》《周易心解》《心远堂文集》《鹤柴诗集》《黄连畸史稿》《燕台词集》共若干卷。"

《洪范辩证》（佚）

清李桓《国朝耆献类征初编》卷二百二十一张大受《吴晟墓志铭》记载。吴昺撰《行述》称《洪范辩谬》。

---

① 浙江图书馆藏《三至轩吟草》，清吴晟撰，稿本。扉页题"吴晟，字瑞日，号秋圃，晚号耐翁，杭郡庠生。著《守愚小稿》。生于清乾隆三十一年，卒于道光十二年"。据张大受所撰《吴晟墓志铭》及储欣撰《吴晟墓表》，生卒、字号、籍贯等皆有未合，故非同一吴晟。《安徽文献总目》失考。
② 清储欣《吴主事墓表》谓："君生前朝乙亥，卒康熙乙亥，享年六十有一。"《安徽文献总目》定吴氏卒年为1694，误，

《心远堂文集》（佚）

清吴昺《博议书后》所收《清故敕授文林郎原任福建汀州府宁化县知县候升主事先兄梅原吴大公行述》记载。

《鹤柴诗集》（佚）

清吴昺《博议书后》所收《清故敕授文林郎原任福建汀州府宁化县知县候升主事先兄梅原吴大公行述》记载。

《黄连畸吏稿》（佚）

清吴昺《博议书后》所收《清故敕授文林郎原任福建汀州府宁化县知县候升主事先兄梅原吴大公行述》记载。

《燕台词集》（佚）

清吴昺《博议书后》所收《清故敕授文林郎原任福建汀州府宁化县知县候升主事先兄梅原吴大公行述》记载。

吴显

吴显（1657—1700）[①]，初名昂，字千里，后改名显，自号同甫，安徽全椒人。吴国龙之子。场屋困顿，益致力于六经。喜天文、水利、太乙、壬遁之书。为文有六朝三唐之风，诗不多作而雅好填词。清吴昺《博议书后》有《清故待赠儒林郎候选州同知先兄同甫吴十五公行状》。

《红近轩词》[②]（佚）

清吴昺《博议书后》所收《清故待赠儒林郎候选州同知先兄同甫吴十五公行状》谓："所著《红近轩词》久已问世，其余子霱函等方次第哀

---

① 据清吴昺《博议书后》所收《清故待赠儒林郎候选州同知先兄同甫吴十五公行状》："生于顺治十有四年七月十一日亥时，卒于康熙三十九年六月初七日亥时，年甫四十有四。"
② 《两浙辅轩录补遗》卷四载朱敦棣撰有《红近轩集》，非此集也。

辑梓行，以质天下后世之为杨子云者。"

汪训导

汪训导[①]，其名不详，安徽全椒人。与吴昺约同时，清康熙间任邳州训导。

《汪训导诗集》[②]（佚）

清吴昺《博议书后》所收《汪训导诗小引》著录。其文曰："诗人之多，至今日而极；论诗之多，至今日而穷。语升降则有汉、魏、六朝、三唐、宋、元之别，分途径则有声病、格律、气体、风致之殊。歧趋异指，甲可乙非。力分于备多，气索于学步。作者愈多，论者愈精，而诗益不振，则以先有诗之见横于胸中也。夫诗本性情，情动而意随，事值而呵答。岂有一人心手之间可以变易时代，限勤步趋者哉？若吾椒司训汪子之为诗，而可谓无诗之见横于胸中者已。汪子才敏而喜吟，手应其心，笔应其手，不为靡曼艰棘之辞。至椒无几何而抚景即事，赠答游览之作衮然成集，是岂得不谓之为诗哉？无作诗之见而有诗意，可谓加于人一等矣。汪子方以奏最高，擢秉铎于下邳。其地当淮泗之交，风涛壮阔而山川广衍，有非弹丸之椒所及者。计其作将益多且工，今兹之编殆未足以尽汪子也欤？"

吴昺

吴昺，生卒年不详，字永年，一字群山，安徽全椒人。吴敬梓叔祖。清康熙三十年（1691）榜眼，授翰林院编修，充满汉书教习。三十五年，吴昺出任广西乡试主考官。四十五年，任会试同考官，迁侍讲。历任湖广学政、湖南巡抚。四十九年，吴昺提督湖广通省院。年四十八卒于官。

---

① 考[咸丰]《邳州志》卷十二，汪庆升于清康熙三十九年任邳州训导，然其为嘉定人，疑非此人也。
② 集名失考，现名为编者所加。

［民国］《全椒县志》卷十有传。

《宝稼堂集》十六卷（佚）

［光绪］《重修安徽通志》卷三百四十六、［民国］《全椒县志》卷十五著录。

《卓望山房集》（佚）

［光绪］《重修安徽通志》卷三百四十六、［民国］《全椒县志》卷十五著录。

《玉堂应奉集》（佚）

［光绪］《重修安徽通志》卷三百四十六、［民国］《全椒县志》卷十五著录。

《博议书后》不分卷（存）

清抄本，上海图书馆藏。此书名为《博议书后》，实为吴旲文集之残卷也。

此本已收入《全椒古代典籍丛书·吴国缙集（外一种）》第六册。

金榘

金榘（1684—1761），字其旋，号絜斋，安徽全椒人。金兆燕之父，吴敬梓表兄兼连襟。应考举人近三十年，曾任休宁县训

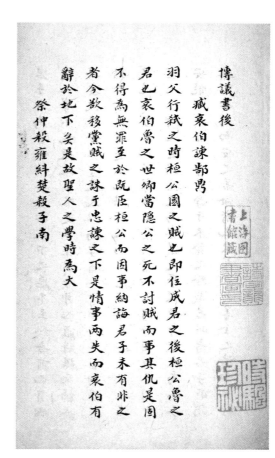

导。[民国]《全椒县志》卷十有传。

《泰然斋文集》二卷《诗集》四卷（存）

[民国]《全椒县志》卷十五著录。[光绪]《重修安徽通志》卷三百四十六作《泰然斋文集》。此书含《文集》二卷、《诗集》四卷。有清道光二十六年（1846）刻本，南京图书馆、重庆图书馆藏。

清道光二十六年刻本《泰然斋文集》卷首王文玮序曰："在昔唐宋名家，往往为人代草书疏。而樊南甲乙集，厥体遂居太半，称最工焉。若昌黎代张籍作书，东坡代滕甫作辩，此则徇友朋之请，亦与其人生平相习，故能畅所欲言。昔人谓东野自为，恐未必婉彻乃尔。岂虚美哉？全椒絜斋金先生，棕亭国博之父，璞生司马之曾大父也。诗文俱有遗稿，司马先刊《泰然斋诗》四卷，兹汇刻家集。复取文稿排成二卷，续付剞劂，余因得而读之。先生官休宁广文，为词坛斫

轮手。一时戚友凡有文字之役，率以先生为归。故集中代作居多，而今体又多于古体。其散文畅而不杂，祭悼之作尤沈挚悲凉，气格实近韩、苏两家。骈俪于工缛之中别饶情韵，所谓代人喜亦喜，代人哀亦哀，玉溪生之瓣香在是也。刻既成，司马属为弁语。不揣梼昧，述其大旨如右。司马学有端委，能诵扬先人之清芬。顾知交遍西江而独有所取，于区区之言，并可觇其雅抱已。道光丙午相月之望，后学会稽王文玮窗山拜序。"

清道光二十六年刻本《泰然斋诗集》吴宁序曰："先生司训海阳，宁以邻校弟子请业先生。尝教之诗曰：'诗之为道，古人不学而工，今人虽学不工。'知古今人之所以不相及而诗教尊，诗教尊而诗学之津塗始不至怅乎其若失。何言之云汉昭回，川岳渟峙，天地自然之文也。蕴酿而成声流衍，而为韵必天风爽籁。泠波激瀑，庶或方之。此不学而工之证也。今有人仰焉而规天，俯焉而矩地，冀所为云汉川岳者，而摹绘之，渲染皴渍，极冥搜孤诣之能，谓之曰昭回如是，渟峙如是，是乎否乎？而况其为天风爽籁，泠波激瀑者，谓可声音笑貌为之，而遂足以震眩夫人之耳目闻见乎？此则其虽学不工之说也。不宁唯是，古有一字不识而多诗意者。十五《国风》，劳人思妇具成至文。岂尝斤斤然执笔学为如此之诗哉？使其斤斤然执笔学为如此之诗，则诗学之津塗至于怅乎其若失者，已不自今始矣。虽然，骚雅而降，若建安、开宝、大历诸贤，非均不学而工也。盖知古人之所以立教之源，贞淫正变，厘然而杂陈者。已饷我兴、观、群、怨之先路，故温柔敦厚植其体，抑扬反覆尽其才，月露风云扩其智。夫然，诗学与诗教之心默契无郤，而始识古先哲人删诗垂教乃合《易》《书》《乐》《春秋》而并尊。语有之曰：'诗有别材，非关学也。'其然？岂其然哉？方今圣天子诏天下以诗校士，士之致功于声律比耦者，可无究古今人不相及之所以然哉？时宁唯而受命，且以语诸同侪，侪辈有起而言者曰：先生诗澹而腴，隽而远，丽而贞，复见之香山、苏州也。古今人未始不相及也，盍鸠先生之诗以为诗学的。时先生逊不敏，逾年归道山。哲嗣棕亭进士官扬州，乃缮录为四卷。其间纪年不必以次汇辑，不匜于体，盖遵循先生官海阳时所手订，故仍署之曰《泰然斋集》。宁瓠落无成，暴弃风雅，乃述畴昔之所闻于先生，以为读先生之诗者告，夸毋又以优孟唐突先生，而蹈夫虽学不工之一说也。乾隆三十九年岁在甲午六月望日，歙门生吴宁拜手谨书。"

南京图书馆藏清道光二十六年刻本，已收入《全椒古代典籍丛书·综合卷》第七册。

吴檠

吴檠（1696—1750），字青然，号岑华[①]，安徽全椒人。清乾隆二年（1737），应博学宏词科，未成，十年中进士，官吏部主事。与刘大櫆等人相友善。诗学晚唐，直入韦庄之堂奥。［民国］《全椒县志》卷十有传。

《诗说》（佚）

［光绪］《重修安徽通志》卷三百三十六著录。

《清耳珠谈》（佚）

［民国］《全椒县志》卷十五著录。

《衢谣集》（佚）

［民国］《全椒县志》卷十五著录。

《溪上草堂集》不分卷（存）

［民国］《全椒县志》卷十五著录为《溪山草堂集》十二卷。原为孙楷第先生藏本，后赠予中国社会科学院文学研究所。书为清乾隆时写刻本，共二十二页，不分卷，收各体诗九十七首。

---

① 《安徽文献总目》作"号苓华"，误。

清金兆燕《棕亭古文钞》卷九《跋吴岑华先生集后》曰："右《溪上草堂集》几卷，赋几首，古今体诗共若干首，诗余若干首，刻于乾隆丙子仲春，越三月工竣，于时距先生之归道山，已七年矣。兆燕自幼好为韵语，每侍家大人与先生谈，窃听不倦。后先生被荐入都，间隔数载。己未归里，独引余相唱酬。辛酉冬，计偕北上。乙丑登第，官西曹，余亦从宦新安，不复相聚。中间只戊辰春在都下，己巳春在里门，暂一合并，而先生遂于庚午夏捐馆舍。闻易箦时，持是编嘱其老仆，留以付余；余亟索而藏之，数年来入吴、入楚、入燕，无日不携之行箧，每于孤馆昏灯篷窗，明月之下，展诵一过，辄为失声。凡遇海内名流，与先生或相知或不相知，靡不取而共读，有为之长喟欷歔者。盖诚知先生之才而悲其命也。昔先生病中，余寄书促其哀订授梓，先生答以栖心白业，万念灰冷；副墨名山，无非泡幻。余甚惧吉光片羽，不能复留人间。乃撒手之余，犹以是为惓惓而托之小子，是知生天慧业，历劫不销，固有未能过眼烟云一齐放下者矣。是书处余箧凡数载，今其嗣子，克读父书，传之不朽，心灯未熄，先生于此，其凌云一笑也乎！先生古文及骈体，无一不工，而遗稿近多散佚，兹以余所藏得完。昔人云：'千秋万岁名，寂寞身后事。'洵可慨已！"

《咫闻斋诗钞》四卷（存）

清乾隆间刻本，北京大学图书馆、中国社会科学院文学研究所藏。

[民国]《全椒县志》卷十曰："（吴檠）著有《咫闻斋诗钞》，刘大櫆为之序。"清刘大櫆《海峰文集》卷四《吴青然诗集序》曰："雍正十一年，天子有意久道人文之化，肇开博学鸿词之科，命王公巨卿暨督抚、诸路州县群有司悉心延访。萃九州之众，积四年之久，内外臣工共所推荐，得二百人，而余与吴君青然幸与其选。青然世家滁之全椒，少即工诗。而居室人伦之间，独遭其变，其有无聊不适、悲愁愤叹，一托于诗。然哀而不伤，怨而不怒，中声清越，犁然其均当于人之心，而逌然其独惬

于己之志，以是进而列于天子之乐官，固宜。虽然，士固有终身草茅陋巷之中而不悔者，其习苦旧矣。彼其拔之于云霞之上，与其不幸而复坠于涂炭之中，岂于其人有加损哉？独忆青然与余同被征召于京师，相识也；既而同罹放黜，相怜因相善也。邸舍相近，旦暮相过从，每相与饮酒留连，愁思至夜分不寐。青然曰：'我生平精力单敝于诗，非子无以知我，子其为我序之。'余应之唯唯。一日，余与含山王君令梃、同里叶君书山、姚君南青同饮酒于合肥张君苍崖之寓。青然偶不在。中夜酒酣，相与语青然家庭之变，有人之所难为者。余为感愤，至泣涕交横不自禁。已各以事散去。青然与王君同入督学顺天刘公之幕，张君、姚君以计偕留京师，独余与书山共舟南返。去年，书山决策甲科，为翰林。刘公复督学江南。余偶过其署，则青然已归全椒，独王君犹在幕中。余与王君共处，一月之间，未尝不言及青然，而相为叹息者久之。既归家，家兄奉之自京师以书来，曰青然趣为其诗序甚亟。夫青然之诗，人皆共知其必传于后，何待余言？余于是盖有感也。古者太史氏采诗献之天子，天子受之藏于法宫。青然之名氏既达于天子矣，而终以不偶而返，岂非其命邪？然青然亦第为其可哀者而已。"

《阳曲词钞》一卷（佚）

〔民国〕《全椒县志》卷十五著录，〔民国〕《全椒县志》卷十作《阳局词钞》。清黄燮清《国朝词综续编》录其词三首。

清金兆燕《棕亭骈体文钞》卷八《吴岑华先生阳局词跋》曰："石岑华先生《阳局词》一卷，字字胎香，篇篇啄翠。筑脂刻玉，疑女莹之肌肤；生卉活禽，似边鸾之渲染。柔情旖旎，《花间》《兰畹》之编；绮思纷纶，石帚、梅溪之调。兆燕每当问字，辄获继声。谬许为座上冬郎，颇示以梦中秋驾。然而但吹氏厌，中节良难；挂指钩弦，成章匪易。每披斯卷，不禁神移。譬之烛龙顿耀，萤蚜自匿其辉；玉虎乍鸣，烨烊难争其响。庶几等床头之虬，解读阿房；比笼里之蜂，欲抄星子云尔。"

《迦陵词批注》（佚）

清陈维崧撰，清吴䭲批注。清金兆燕《棕亭骈体文钞》卷五著录。

清金兆燕《棕亭骈体文钞》卷五《谢吴岑华先生赠手批〈迦陵词〉启》曰："兆燕启：今晨小奚至，蒙赍手批《迦陵词》一帙，朱墨淋漓，丹黄稠叠。镂妍镂秘，剔字里之幽香；嚼征含宫，咀行间之秀韵。绮章绘句，标霞笺玉滴之奇；练爽研精，探裁月缝云之妙。固宜蔡邕书秘，独置帐中；何图尹儒术工，忽传梦里。千回讽诵，百遍摩挲。爱绝调之铿鎯，宁唯冠柳；切瓣香之痟瘵，曷任推袁。谨当穷厥宎宦，敢第绣其馨帨。纵李奇难托，自知其曲之非；而杨意如逢，或曰其文之似。讶今夜馋膏灯畔，鹅笼识阳羡书生。订来朝鹊尾炉前，蟺醅酹云郎小像。（云郎，迦陵歌童，小影藏先生家）"

孙绍祖

孙绍祖，生卒年不详，安徽全椒人。孙承祖之兄。

《两宋堂文稿》（佚）

［民国］《全椒县志》卷十五著录。

孙承祖

孙承祖，生卒年不详，字书烈，号武亭，安徽全椒人。与兄孙绍祖孪生。由拔贡中雍正间经魁，知湖北松滋县，代理荆州府事。罢归，耽心经史，工诗古文词。［民国］《全椒县志》卷十有传。

《余生草》（佚）

［光绪］《重修安徽通志》卷三百四十六、［民国］《全椒县志》卷

十五著录。

《丹岩文集》（佚）

［光绪］《重修安徽通志》卷三百四十六、［民国］《全椒县志》卷
十五著录。

吴敬梓

吴敬梓（1701—1754），字敏轩，号粒民、秦淮寓客，晚年自号文木
老人。安徽全椒人，祖籍浙江温州。十三岁丧母，十四岁随父至赣榆，
十八岁取秀才，二十二岁又随父返回家乡全椒。三十三岁始寓居江宁。此
后往来于真州、扬州、溧水等地，饱览壮美河山。清乾隆十九年（1754）
病逝于扬州。程晋芳撰《勉行堂文集》卷六有《文木先生传》。

《文木山房诗说》七卷（存）

抄本，又题《诗说》。上海图书馆藏。

清光绪七年（1881）《申报馆丛书》本《儒林外史》卷末金和跋谓：
"先生著作有《诗说》七卷，是书载有《溱洧》篇数语；他如'南有乔
木'为祀汉江神女之词；《凯风》为七子之母不能食贫居贱，与淫风无
涉；'爱采唐矣'为戴妫答庄姜'燕燕于飞'而作，皆前贤所未发。"

蒋宗海《蒋春农文集》卷一《吴文木〈诗说〉序》曰："吴舍人杉
亭前辈出其尊人文木先生所著《诗说》七卷，属余为之序，余受读既卒业
而叹焉。今世学者非不崇尚经学，然其弊在左右汉宋，各宗一家，几如门
户朋党之不可破。即以《诗》论，为汉学者，非《小序》毛、郑之言不敢
道；为宋学者，见有片言只字之异于朱子集传，即屏不复观。识者盖交讥
之。独先生不立己见，不拘成说，冥心默会，直与千百载以上诗人性情謦
咳相通，深得子舆氏以意逆志之旨。于意未安，虽汉儒在，所必辨；果有
当与，无论宋元儒者，即明之升庵杨氏、京山郝氏、复京冯氏、处义范氏

（按：疑应为王孙范氏），甚至丰氏父子，亦兼取其说，旁及山经地志、诸子百家，一言一事足相发者，无不收采。信乎先生于经，真能破门户朋党之习，卓然自成一家学也。程舍人鱼门言先生作《诗说》时，尝主其家，忽夜悟《凯风》诗旨，即援笔书之，亟呼鱼门共质，因与剧论达旦。其好学深思至此，并可为世之卤莽说经者告也。余既获观先生之书，又得借以自申其说，是则余之厚幸也夫。时乾隆乙酉七月既望。"

此本已收入《全椒古代典籍丛书·吴敬梓集》第五册。

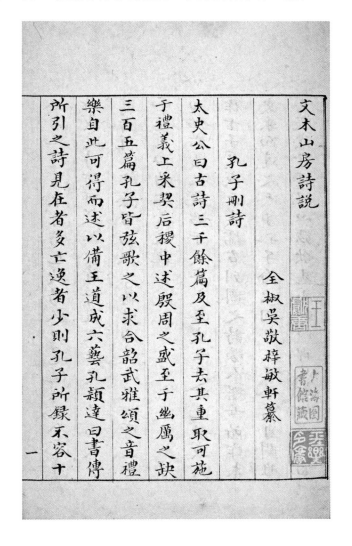

《史汉纪疑》（佚）

平步青《霞外捃屑》卷九谓"《史汉纪疑》未成书"。

《儒林外史》（存）

有五十六回本，清嘉庆八年（1803）卧闲草堂刻本，中国国家图书馆、北京大学图书馆、复旦大学图书馆藏。

清嘉庆二十一年（1816）艺古堂刻本，中国国家图书馆、南京图书馆、浙江图书馆、辽宁省图书馆、中国社会科学院文献情报中心藏。

清同治八年（1869）群玉斋活字印本，中国国家图书馆、上海图书馆、南京图书馆、辽宁省图书馆、吉林省图书馆、山东省图书馆、湖南图书馆、首都图书馆、北京大学图书馆、南开大学图书馆藏。

清刻本，中国国家图书馆藏。

清光绪七年（1881）铅印本，上海图书馆藏。

有《齐省堂增订儒林外史》五十六回，清同治十三年（1874）齐省堂刻本，中国国家图书馆、南京图书馆、北京大学图书馆藏。

有《增补齐省堂儒林外史》六卷六十回本，清光绪十四年（1888）鸿宝斋石印本，中国国家图书馆、上海图书馆、吉林大学图书馆藏。

清光绪二十五年（1899）慎记书庄石印本，北京大学图书馆藏。

《文恭公阅本儒林外史》五十六回，清抄本，上海图书馆藏。民国三年（1914）育文书局石印本，上海图书馆、锦州市图书馆、沈阳市图书馆藏。

《增补齐省堂全图儒林外史》六卷本，民国十三年（1924）石印本，上海图书馆藏。

《绣像绘图儒林外史》六十回，民国间上海进步书局石印本，中国国家图书馆藏。

又有《儒林外史评》二卷，清吴敬梓撰，天目山樵评，清光绪十一年（1885）刻本，上海图书馆藏。

清嘉庆八年卧闲草堂本《儒林外史》卷首闲斋老人序曰："古今稗官野史，不下数百千种，而《三国志》《西游记》《水浒传》及《金瓶梅演义》，世称四大奇书，人人乐得而观之，余窃有疑焉。稗官为史之支流，善读稗官者，可进于史，故其为书，亦必善善恶恶，俾读者有所观感戒惧，而风俗人心庶以维持不坏也。《西游》元虚荒渺，论者谓为谈道之书，所云'意马心猿''金公木母'，大抵'心即是佛'之旨，予弗敢知。《三国》不尽合正史，而就中魏晋代禅，依样葫芦，天道循环，可为篡弑者鉴；其他蜀与吴所以兴废存亡之故，亦具可发人深省，予何敢厚非？至《水浒》《金瓶梅》，诲盗诲淫，久干例禁，乃言者津津夸其章法之奇，用笔之妙，且谓其摹写人物事故，即家常日用米盐琐屑，皆各穷神尽相，画工化工，合为一手，从来稗官无有出其右者。呜乎！其未见《儒林外史》一书乎？夫曰'外史'，原不自居正史之列也；曰'儒林'，迥异元虚荒渺之谈也。其书以功名富贵为一篇之骨：有心艳功名富贵而媚人下人者；有倚仗功名富贵而骄人傲人者；有假托无意功名富贵，自以为

高，被人看破耻笑者；终乃以辞却功名富贵，品地最上一层，为中流砥柱。篇中所载之人，不可枚举，而其人之性情心术，一一活现纸上，读之者无论是何人品，无不可取以自镜。《传》云：'善者感发人之善心，恶者惩创人之逸志。'是书有焉。甚矣，有《水浒》《金瓶梅》之笔之才，而非若《水浒》《金瓶梅》之致为风俗人心之害也，则与其读《水浒》《金瓶梅》，无宁读《儒林外史》。世有善读稗官者，当不河汉予言也夫！乾隆元年春二月闲斋老人序。"

清光绪十一年刻本《儒林外史评》卷首黄安谨序曰："《儒林外史》一书，盖出雍乾之际，我皖南北人多好之。以其颇涉大江南北风俗事故，又所记大抵日用常情，无虚无缥缈之谈；所指之人，盖都可得之，似是而非，似非而或是，故爱之者几百读不厌。然亦有以为今古皆然，何须饶舌；又有以为形容刻薄，非忠厚之道；又有藏之枕中，为不龟手之药者；

此由受性不同，不必相訾相笑。其实作者之意为醒世计，非为骂世也。先君在日，尝有批本，极为详备，以卷帙多，未刊。迩来有劝者谓，作者之意醒世，批者之意何独不然，请公之世；同时天目山樵亦有旧评本，所批不同。家君多法语之言；山樵旁见侧出，杂以诙谐，然其意指所归，实亦相同，因合梓之。《外史》原文繁，不胜全载，节录其要大书，评语双行作注，以省费也。光绪十一年岁次乙酉午月，当涂黄安谨子旾甫序于沪上。"

复旦大学图书馆藏清嘉庆八年卧闲草堂刻本，已收入《全椒古代典籍丛书·吴敬梓集》第一至五册。中国国家图书馆藏清嘉庆二十一年艺古堂刻本，已收入《全椒古代典籍丛书·综合卷》第八至十三册。中国国家图书馆藏清同治八年群玉斋活字印本，已收入《全椒古代典籍丛书·综合卷》第十七至二十二册。中国国家图书馆藏清同治十三年齐省堂刻本，已收入《全椒古代典籍丛书·综合卷》第二十三至二十八册。上海图书馆藏清光绪七年铅印本，已收入《全椒古代典籍丛书·综合卷》第二十九至三十二册。上海图书馆藏清光绪十四年鸿宝斋石印本《增补齐省堂儒林外史》，已收入《全椒古代典籍丛书·综合卷》第三十三至三十四册。上海图书馆藏清抄本《文恭公阅本儒林外史》，已收入《全椒古代典籍丛书·综合卷》第十三至十七册。上海图书馆藏民国十三年石印本《增补齐省堂全图儒林外史》，已收入《全椒古代典籍丛书·综合卷》第三十五至三十六册。上海图书馆藏清光绪十一年刻本《儒林外史评》，已收入《全椒古代典籍丛书·综合卷》第三十八册。

《文木山房集》四卷（存）

〔民国〕《全椒县志》卷十五著录为《文木山房诗文集》十二卷。〔光绪〕《重修安徽通志》卷三百四十六作《文木集》八卷。八卷本与十二卷本皆散佚不见。另有四卷本，清乾隆间仪征方嶟刻本，北京大学图书馆藏。又有民国二十年（1931）铅印本，中国国家图书馆、上海图书馆藏。

清乾隆刻本《文木山房集》卷首吴湘皋序曰："敏轩以名家子，好学诗古文辞杂体以名于世。凡有所作，必曲折深入，横发截出，就于古人彀率规矩而始已；即于他人作，一览数行下，亦能以片语领作者意旨，以中其要害。江南北朋游中，余独畏其才大眼高而心细也。敏轩承家世文物声华烜赫之后，风流酝酿，力洗纨绮习气。生性豁达，急朋友之急，不琐琐于周闭藏积，至于今而家乏担石之储矣。大凡贫而乍富者，其志卑而琐；富而乍贫者，其志卑而馁；世富贵而乍贫者尤甚：皆不足与议学问之事。周旋之久，知敏轩之心眼

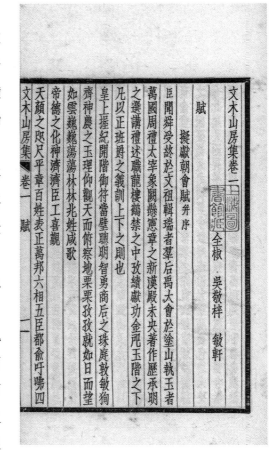

不为世俗所蒙翳，本于志气之清明振作，故可畏也。令子烺，年未弱冠，手钞十三经注疏，较订字义，精严不少懈疏。趋庭之下，相为唱和，今都为一集。韩愈曰：'莫为之前，虽美弗彰；莫为之后，虽盛弗传。'君子于此观世德矣。使敏轩以其攻诗古文之心思，效世人周闭藏积，亦何至如是？然敏轩以其攻诗古文之心思，效世之周闭藏积，必将有什伯无算者，大过其所为，而何止不至如是？虽然，丰于此者，必啬于彼，敏轩又何以能承文物声华之后，父子相师友，名于当世，而至于如是也哉！此其所以不以彼易此也。余两人有同姓之谊，故质言之以叙其端。"

清乾隆刻本《文木山房集》卷首方嶟序曰："全椒吴侍读公，以顺治

戊戌登一甲第三人进士及第。其所为制义，衣被海内，一时名公巨卿，多出其门，李文贞公其一也。诗古文辞，与新城王阮亭先生齐名，学者翕然宗师之。崒之先人，与吴氏称世讲好者，近百年矣。侍读之曾孙敏轩，流寓江宁，能以诗赋力追汉唐作者。既不遇于时，益专精殚志，久而不衰。今将薄游四方，余遂捐箧中金，梓其有韵之文数十纸，以质之当代诸贤。窃叹全椒吴氏，百年以来称极盛，今虽稍逊于前，上江犹比之乌衣、马粪，而敏轩之才名，尤其最著者也。余梓其所著，匪独爱其与余为同调，将与天下共之焉。"

清乾隆刻本《文木山房集》卷首李本宣序曰："近代作诗，多取燕游花月为咏，而体则七律居半，兼以分韵、限韵、次韵称奇：不知诗言志，歌永言，言之不足而长言之，长言之不足而咏叹之，如必燕游花月，分题角胜，将作者之精神，注于声律比偶之工，不几失诗之真面目哉！本宣流寓金陵二十年，诗筒唱和，积案盈箱，其中绝无敏轩之作，或疑其懒且傲。既见敏轩所存，大抵皆纪事言怀，登临吊古，述往思来，百端交集，苟无关系者不作焉，庶几步趋乎古人。毋怪乎见时贤之分题角胜，则惴惴乎谢不敏也。"

清乾隆三十六年刻本沈大成《学福斋集》卷五《全椒吴征君诗集序》曰："故征君全椒吴敏轩先生，自其乡移家白下，出游江淮间，留扬最久，以诗名东南，东南之人交口推先生，今犹然也。癸未之夏，先生没十年矣，长公舍人烺来广陵，出所编先生诗曰《文木山房集》者，属为序，逡巡未为。今舍人行有日矣，犹忆甲戌十月，余往先生所，泊先生来，俱不遇。未几，余去客运廨，而先生亦遂卒，自以不获御李君，居恒怅惘！今幸尽读其诗，且挂名于集中，希世之宝，迟之久而始得睹，方以为快，余曷敢辞哉？因系之曰：诗不由三百篇出者，不知六义之旨；不知六义之旨，则言情不深；言情不深，非诗之至也。先生少治毛诗，于郑氏、孔氏之笺疏，朱子之集传，以及宋元明诸儒之绪论，莫不抉其奥，解其症结，猎其菁英，著为《诗说》数万言，醇正可传，盖有得于三百篇者。故其自为诗，妙骋杼柚，随方合节，牢笼物态，风骨飞动；而忠厚悱恻缠绵无已之意，流溢于言表，使后之观者，油然而思，温然如即其人，盖非今世之诗，而古作者之诗也。岂区区稳切声病，俪青妃白，求工字句之末以相市哉？吾闻先生之为人，谦雅乐易，博学喜谈艺，接引后进恒恐不及。生平澹于名利，每闻佳山水，则褰裳从之。尝举鸿词，辞疾不至，优游诗酒，竟以韦布终，此可以想其风矣！夫以慕先生而阻于不一见；乃今辱交先生之子将三年之久，因得紬绎篇章，习闻行义，而效以文字之役，宜有深思巨制，称舍人之属者，顾余衰暗未能也。余唯与诵先生之诗者同矢窮寐而已矣。"

北京大学图书馆藏清乾隆刻本，已收入《全椒古代典籍丛书·吴敬梓集》第五册。上海图书馆藏民国二十年铅印本，已收入《全椒古代典籍丛书·综合卷》第三十七册。

《金陵景物图诗》一卷（存）

清樊明征手写本，北京大学图书馆藏。

此书首页题"乾隆丙辰荐举博学鸿词，癸酉敕封文林郎内阁中书，秦淮寓客吴敬梓撰"，钤有阳文正方形"吴敬梓印"和阴文正方形"中翰之章"。另钤有阳文长方形"赐书楼"。钤有阳文长方形"安化陶氏珍藏书画印"，盖原为道光时曾任江苏巡抚和两江总督的陶澍所珍藏。

是书现存二十三首，是由作者好友樊明征分别摹仿二十三种碑帖之字体写录下来。樊写录时间在1753年或次年，即吴敬梓去世前一年左右。吴敬梓作诗或在其前。此书乃研究吴敬梓晚年思想艺术的重要资料。

《文木山房词集》一卷（存）

民国抄本，安徽省图书馆藏。此集前后无序跋，与清乾隆刻本《文木山房集》同出一源。

清乾隆刻本《文木山房集》卷首沈宗淳序曰："秦青往矣，谁能缓节而歌？咸黑杳然，讵解曼声之奏？三唐以后，歌诗之法无存；五季而还，乐句之传尽失；是以金荃兰畹不入翠管红牙。然而写闺襜之韵，懊侬子夜之遗音；摅游览之情，读曲乌啼之旧制；青棠躅忿，消磨花月之愁；红豆记歌，细释虫鱼之注。是则龁毫三寸，可代绰板琵琶；隃麋一丸，足抵玉钗罗袖；窗前按拍，香流齿颊之间；月下微吟，沁入心脾之内。岂有伤于大雅？宁敢嗤为外编。吴子敏轩，凤擅文雄，尤工骈体；悦心研虑，久称词苑之宗；逸致闲情，复有诗余之癖。辟之蚕丝春半，能遇物而牵萦；蛩语秋清，只自传其辛苦；更阑烛跋，写就乌丝；酒暖香温，谱成黄绢。允矣才人之极致，爰其情思之缠绵。宗淳南国羁人，西湖逋客；僧楼匿影，正严霜苦雪之天；旅馆逢春，又宠柳骄花之候。属良朋之座上示我一编。置丽制于袖中，迟之三岁。长吟短咏，逢郭璞之彩毫；梦断魂劳，割邱迟之碎锦。喜今得付之剞劂，怅未能被以管弦。用赘琐言，恕余谰语。"

金启南

金启南[1]，生卒年不详，字轩来，安徽全椒人。吴烺表叔、金兆燕从叔。以记室从征缅甸，子孙寄籍云南[2]。清王鸣盛《西庄始存稿》卷十二载金启南清乾隆二十四年（1759）二月初二招王鸣盛、钱大昕诸人同游王氏园。

《应制体诗》一卷（存）

清金启南撰，清王鸣盛鉴定，清吴烺注。清刻本，徽州文化博物馆、辉县市博物馆、陕西省图书馆藏。

---

[1] 徽州文化博物馆所藏《应制体诗》卷首著录为"金椒仝启南撰"，《清人别集总目》袭之，误，实为"全椒金启南"之倒文也。

[2] 清金望欣编《清惠堂遗印诗》收录全椒郭嘉桂《高阳台》一阕，中有小注谓："公（金九陛）元孙名启南者善诗，远幕，流寓云南。乾隆间，先大夫督学滇省，公来孙寄籍游泮者数人。"

清刻本《应制体诗》卷首王鸣盛序曰："坊人刻《豳风》《月令》诗以行，予既序其端，一时学者争购之，为之纸贵。直省学使岁科两试，新例必以诗，其命题亦多不出是二篇者，坟此编尤为时所尚。第苦无评点启示铃键，坊人乃复请予加以评骘，略论作者运笔、布局、措词、命意之大凡，标揭于简端。继自今不胫而走，家置一编。金子金针普度之功，于是为不小矣！"

清刻本《应制体诗》卷首吴烺序曰："轩来表叔与余总角同笔砚，其于文章无所不能，而尤工韵语。每一篇出，为之手胝口沫，彷徨诧叹，而自愧不能至。十余年来，客沉湘巴蜀间，山川间隔，岁月侵寻，离别之感乌能已已。今春来京师下榻寓庐，欢言如续旧游，而著作益富。兹之应制体诗百首，吉光片羽也。方今功令易，表判为唐律八韵，此实艺林之嚆矢。余极怂恿付剞劂氏，其中使事近僻者，间为笺释一二，以公同好云。乾隆己卯仲夏，吴烺。"

辉县市博物馆藏清刻本，已收入《全椒古代典籍丛书·综合卷》第六十二册。

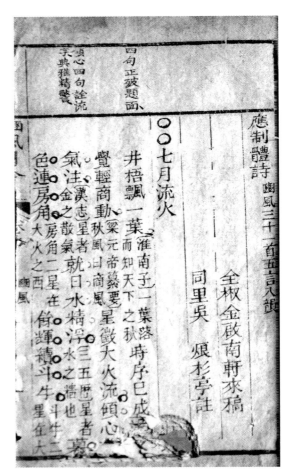

李燿

李燿，生卒年不详，字息斋，安徽全椒人。少磊落，以性情为诗文，唯弟兄迭相唱和。晚年以贡生署江宁训导，为南京文坛领袖。寻迁练川，告归。犹锐意古学，朝夕温经史数卷，累月不出，而诵读之声达户外。[民国]《全椒县志》卷十有传。

《诗词偶刻》（佚）

[民国]《全椒县志》卷十五著录。此书含《雨床泪草》《二酉秋吟》《长调四阕》。

清金兆燕《棕亭古文钞》卷四《李息斋先生〈诗词偶刻〉序》曰："吾椒杨道行先生，当有明隆万间以风雅播海内，与王、李齐名。距今二百年，无复诵其遗集者，里人亦罕道其姓氏。盖近日士大夫类皆操帖括，发策决科，而斯道废阁，不讲久矣。息斋李先生，余大父行也。少磊落拔俗，于书无所不窥。诗古文词务发抒性情，不屑绮章绘句，自卓然成一家言。且笃于孝友，弱冠偕伯兄寓园先生随父宰鳌江，多所赞佐。是不独其所学者邃，亦其才有不可及者也。性孤高，少许可，凡有所作，唯弟兄迭相唱。寓园没后，先生悲不自胜，益闭户不与人接。尝吊影独怜，凄然成咏，得数十章，曰《雨床泪草》。晚年司训会城，为白门骚坛领袖。寻迁练川，遽告归。年过六旬，犹锐意古人之学。屏迹小斋，朝夕温经史数卷，累月不出，而洛诵声达户外。尝一日邀余饮，谓余曰：'昨梦病革，呼君就床第，示君诗曰："千秋不朽事，相托意珍重。不为佳作传，定遣君腹痛。"此梦甚奇，君识之，勿负所托也。'余曰：'小子谫陋，胡能表章先生万一？然恐贻己疾，安敢辞？'相视大噱，引满举白，尽欢而退。今年春，将游天台，因检《泪草》与《二酉秋吟》及《长调四阕》，合梓入行笈，而命余为序，因缕述先生生平，使诵其诗词者想见其为人，无异乎读先生之传。且以知吾椒擅风雅者，前有道行，后有先生也。"

郭肇锽

郭肇锽（1714—1753）[1]，字韵清，一字奉墀，或作凤池，安徽全椒人。兄弟五人先后登甲乙榜，清乾隆二年（1737）进士，授检讨。乾隆六年典试福建，升榆林侍讲，充史馆纂修。乾隆十四年平定金川，进诗受上赏，选入方略全书，赐"凤池良彦"四字。闻兄病，中夜忧惶，卒于途中。[民国]《全椒县志》卷十有传。

《佛香阁诗存》五卷（存）

[民国]《全椒县志》卷十五著录为《佛香阁集》，[光绪]《重修安徽通志》卷三百四十六作《佛香阁诗》八卷。清乾隆三十二年（1767）吴门穆大展局刻本，中国国家图书馆藏。又有民国歙县吴保琳抄本，中国国家图书馆藏。清乾隆三十二年刻本后收入《清代诗文集珍本丛刊》。

清乾隆三十二年刻本《佛香阁诗存》卷首吴钺序曰："少陵云：'文章有神交有道'，盖以交游气谊联于文章，文章法度衷于性情。自其性情独往，而文章超忽以飞扬者，所谓有神；自其性情相契，而文章之缠绵悱恻者，所谓有道也。侍讲凤池先生，余以世戚敦世好，晨夕过从，赏奇析疑，复以素心商，素业生平，行配古人。亲殁之后，哀毁骨立。居恒设大榻，与昆仲寝卧其上。评榷古人，怡怡欢笑，数十年无间。盖孝友笃行君子，文章其末也，而诗又其末也。然而侍讲之诗，有卓乎自成一家、岁久不可磨灭者。初非规规然执一家、摹一代而仿而为之，偶尔得句，动于不自知而达于不容已。及夫篇成，心惬如师旷按乐，和平之韵以流；如公孙大娘舞剑器，激昂之态独出。则又极瑰奇排宕之观，而凡为诗者，不能达

---

① 清吴钺《佛香阁诗存》序谓："犹忆癸酉秋……越二日，季兄病方剧，而侍讲之凶耗先闻矣。"是知郭肇锽卒于清乾隆十八年癸酉（1753）。又言其"年四十而遽谢人世"，故郭氏当生于清康熙五十三年（1714）。

焉。侍讲自丁巳通籍后入直内廷，春容应制文章，侍从之臣推为冠冕。而只字流传，京都价倍，片牋赠答，琬琰思存。海内风雅儒欲窥全豹而读之者，非一日矣。余倩彦勋为侍讲犹子，庚辰造余二泉官舍，袖示遗稿，亡琴宿草之感，涕洟者久之。怆故人之不作，幸佳句之犹新。即欲付枣梨，公诸同好，卒以簿书鞅掌，逡巡未果。既而彦勋归，遂携去。检案头留存者，不过什之一二，怅怅若有所失。乙酉，余调任平江。其明年，侍讲甥祁君冠文见访。余亟索侍讲诗，则已手录成帙，即为锓版，计二百余首。诗归宏智，转还定生。亦不管举世人一日三复，瘦尽东阳否也。

侍讲风流蕴藉，珊珊仙骨，眉目如画而芝焚香销，年四十而遽谢人世。昔吕衡州卒年四十，柳子厚哭以诗，有'几回中夜惜元龙'之句。文章无命，是固然欤？犹忆癸酉秋，侍讲从其季兄北上补官。值季兄道疾，侍讲旅邸徬徨，焦迫万状。越二日，季兄病方剧，而侍讲之凶耗先闻矣。岂其至性至情，有欲化其兄而不能者。茫茫世宙，今复有其人哉？先是，侍讲别余诗有云：气谊古人前，又云：有梦与将迎，比之曙后一星。岂非诗谶？而要其自成一家，岁久不可磨灭者，少陵之所谓有道者也。余梦寐若或遇之，读是集者，应慨然想见其为人也。乾隆丙戌嘉平月，吴门门者爱堂吴钺书。"

中国国家图书馆藏清乾隆三十二年刻本，已收入《全椒古代典籍丛书·综合卷》第三十九册。

吴钺

吴钺（1718—1770）^①，字爱堂，一字震远，号二泉主人，安徽全椒人。贡生。清乾隆二十四年（1759）以知州借补无锡知县。三十年调任吴县知县，三十二年署邳州知州。三十三年，病逝于奉天官署。吴钺为官清正，惠声不绝。工古今体诗。与段玉裁等学人交好。[民国]《全椒县志》卷十有传。韩锡胙《滑疑集》卷五有《奉直大夫知州管常州府无锡县事今调苏州府吴县知县蔼塘吴侯去思碑记》。

《爱堂诗偶存》二卷（存）

[光绪]《重修安徽通志》卷三百四十六著录为《爱堂诗存》。清乾隆二十六年（1761）刻本，温州市图书馆藏。

清乾隆二十六年刻本《爱堂诗偶存》卷首吴钺自序曰："什之三四名之诗存。非存诗也，存吾不喜诗而学诗，学诗而不知诗，不可与言诗而谬托于诗之意也。若以诗论，则覆瓿之诮，虽质之五尺之童，皆以为不免矣。二泉主人吴钺贯□于新颜之平恕堂，时辛巳且月初伏日。"

此本已收入《全椒古代典籍丛书·吴钺集》。

---

① 吴钺之生卒年史料阙如，考清韩锡胙《滑疑集》卷四《豫祝吴爱堂刺史五十寿序》谓："乾隆三十年十二月之望……古之人年五十而知四十九之非，吾已四十九矣"，是知吴氏生于清康熙五十七年（1718）。[民国]《全椒县志》曰："（吴钺）迁奉天同知，卒于官。"据[民国]《奉天通志》卷一百三十三载，吴钺于乾隆三十三年任奉天治中，继任者勤善于乾隆三十五年到任，故知吴氏当卒于乾隆三十五年（1770）。《安徽文献总目》于吴钺生卒年失考。

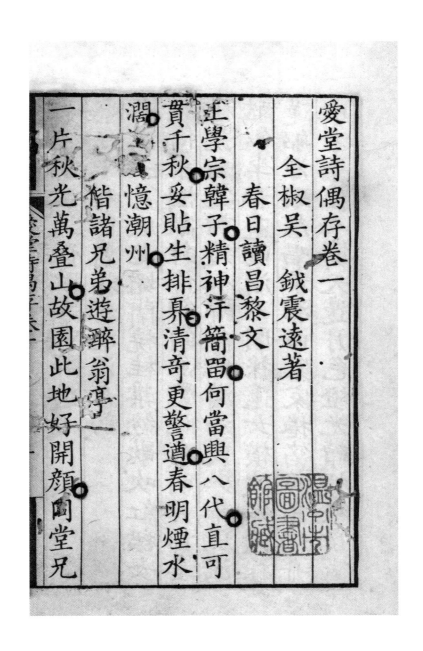

《惠山听松庵竹炉图咏》四卷（存）

清乾隆二十七年（1762）刻本，中国国家图书馆藏。又有民国十一年（1922）上海中华书局铅印本，见收于《锡山先哲丛刊》，中国国家图书馆、上海图书馆、辽宁省图书馆、甘肃省图书馆、湖北省图书馆、南京图书馆藏。中国国家图书馆藏本已收入《全椒古代典籍丛书·吴钺集》。

《惠泉纪略》一卷（存）

清乾隆二十七（1762）年刻本，中国国家图书馆藏。此本已收入《全椒古代典籍丛书·吴铖集》。

《驻跸惠山诗》一卷（存）

清乾隆二十七年（1762）刻本，中国国家图书馆藏。此本已收入《全椒古代典籍丛书·吴铖集》。

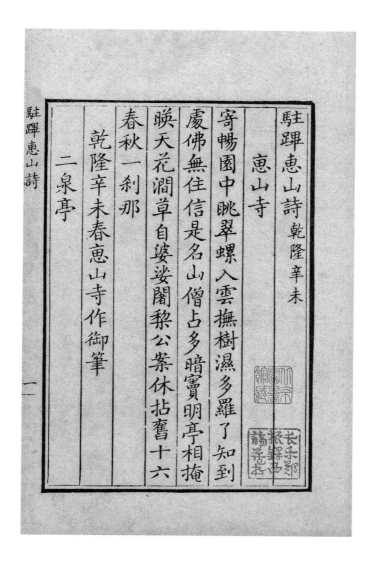

金兆燕

金兆燕（1719—1791），字锺越，号棕亭，棕亭子，别号全椒山中人、芜城外史、兰皋生，安徽全椒人。十三岁即随父读书，幼时常往来于吴檠溪上草堂。清乾隆十二年（1747）中举，十三年第一次参加会试未中，此后又七次赴京赶考，至三十一年方进士及第。三十三年任扬州府学教授，四十四年迁国子监博士，升监丞，分校《四库全书》。四十六年辞官客居扬州江春康山草堂。乾隆五十四年返乡，五十六年病逝于家乡。《扬州画舫录》中将金兆燕与其父金榘、其子金台骏、其孙金琎合称"金氏四才子"。《扬州画舫录》卷十、［民国］《全椒县志》卷十有传。

《国子先生全集》四十三卷首一卷（存）

清道光十六年（1836）初刻、道光二十四年重校并刻。首都图书馆、北京师范大学图书馆、西南大学图书馆、复旦大学图书馆藏，初刻本收入《续修四库全书》，重刻本收入《清代诗文集汇编》，其中包括《棕亭古文钞》十卷、《棕亭骈体文钞》八卷、《棕亭诗钞》十八卷、《棕亭词钞》七卷。

清道光十六年初刻、道光二十四年重刻本《国子先生全集》卷首沈德潜序曰："全椒，滁州首邑也。山有神山卧龙，水有迷沟鹯湖。唐韦左司为刺史，以诗化其邦人，宋王元之、欧阳永叔继之，故前人若张洎、乐韶凤、杨于庭并以文章名。国朝吴编修默崖与名流唱和，有声于时。其兄山人亦能诗，隐居学仙，王新城尚书和左司《寄全椒道人》诗赠之，至今风雅不绝。金子锺越，全椒名流也，天才惊逸。少岁即以韵语见长，人谓生长名区，若天使之为诗人者，其言固然。然吾谓锺越之成材，天与人兼焉，而不徒藉乎山川之钟秀已也。今年春，来游吴门，以《棕亭小草》见示，余亟取而读之。其凌空飞动，纵横变灭，如蛟龙之不可捕捉，此得之自天者也。若其使事典切，词有根据，而一归于刿心钚肝，艰苦诚壹，以之戛戛而独造，此得之于人者也。中间大半游黄山作，状峰峦之奇峻，肖云物之变幻。诗与境副，尤见得心应手之乐。昔张詹事南华诗才敏捷，游黄山一日成数十首。后以见知圣主，洊历卿贰。锺越少年领乡荐，方与计偕，诗才不让南华，他日成就岂出南华下哉？虽然，得之天者不待勉也，得之人者愈造愈深，而愈见其无穷。锺越深不自满，涵泳乎《风》《骚》《选》体，以浚其源；遍历乎子史百家，以老其识；旁及乎《山经》《地志》诸书，以尽其变。由是底乎诗学之成，岂徒为乡国善士较短长于张、乐诸人也耶？山川亦倍为生色已。乾隆乙亥秋日，长洲沈德潜题于蒪溪之归愚斋，时年八十有三。"

清道光十六年初刻、道光二十四年重刻本《国子先生全集》卷首王城跋曰："国子先生于城大母为兄弟行，城女弟又为先生仲孙妇。城生也晚，不获亲奉杖屦，而幸得侍个臣征君丈游，时出家藏尺幅片楮见示，想见文采风流，每以未睹全集为憾。城以贫故不

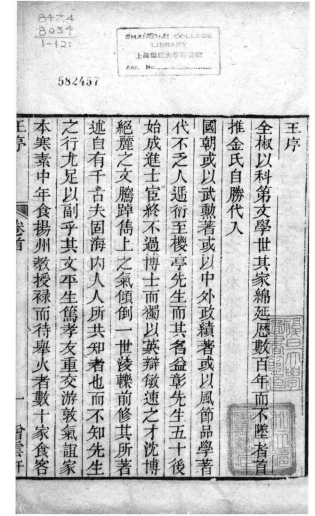

王序

全椒以科第文学世其家绵延历数百年而不坠者首推金氏自胜代入

国朝或以武勋著或以风节品学著代不乏人迤衍至楼亭先生而其名益彰先生五十后始成进士宦终不过博士而独以英辩敏速之才沈博絶丽之文腾踔上之气倾倒一世浅鞭前修其所著逖自有千古夫固海内人人所共知者也而不知先生之行尤足以副乎其文平生笃孝友重交游敦氣谊家本寒素中年食扬州教授禄而待举火者数十家食客

得居里闬，征君丈又遽即世，妹夫璞生亦远客江右，不相见者七阅岁。丙申三月，为武林之游，沿棹而西，访璞生于章门客舍。久别忽聚，乐极平生，间出先生遗稿，皆征君丈手录本。诗十八卷，征君丈丁卯刻于扬州，版旋毁，璞生又重锓之。兹将补刊古文、骈体及词凡二十五卷，属城为董其役。谨受而读之，茫然莫测其涯涘。时而骇，时而疑，时而可悲可喜，时而拍案叫绝，釂大白无算。其感人也如此，而终不能赞一词。且诸先达巨公各有论定，亦无俟管窥蠡测为也。先生以气谊才藻震海内，每对客挥毫，缅缅数万言，咳唾立就。生平作文多不属稿，今之所存皆征君丈搜辑裒录，然已不逮十之二三矣。上世以风节著者具载前史，溯自广文公以品学风雅著江左，遗有《泰然斋集》。广文公生国子先生，先生生个臣征君丈，醇愨粹雅，于小学尤精。嘉庆、道光初元，诏举孝廉方正，坚辞不就，遗有《筱村诗钞》。征君子二：长珽，十龄即以才名噪于江淮间，惜名诸生而以奇疾早逝。次珉，城妹夫也，有用世之才，而尚浮游诸生中。熟《春秋左氏》学，文法大苏，著有《金石楼诗词稿》。长甥酶，弱冠能诗。次醍，甫成童，间为韵语，不受束缚于畦町之中。两子他日所就不可知，然固已能承诗教矣。全椒蕞尔区，即通都大邑，巨阀世家能五世以风雅相沿袭者，指不数屈，亦云盛与！抑城更有感焉。乡先辈以文藻震耀一时，与先生相后先者，余沫未远，乃求其遗集，已邈不可得。而《国子先生集》，征君丈刻之于前，璞生继其志于后，遂蔼然成巨帙，以快当世争睹之耳目，岂亦有数存乎其间耶？噫！抱先人遗编而不能出以寿世，城亦无辞，其自愧于征君丈，暨璞生为何如哉？董役告竣，爰觊缕述之，附名不朽，抑又平生之至幸也夫？表侄孙王城敬跋。"

复旦大学图书馆藏清道光十六年初刻、道光二十四年重刻本，已收入《全椒古代典籍丛书·金兆燕集》第一至五册。

《棕亭诗钞》十八卷（存）

[光绪]《重修安徽通志》卷三百四十六作《金棕亭诗集》，又作《赠云轩诗集》。有清嘉庆十二年（1807）赠云轩刻本，中国国家图书馆、中国社会科学院文学研究所藏。中国国家图书馆藏清嘉庆十二年刻本，已收入《全椒古代典籍丛书·综合卷》第四十至四十二册。

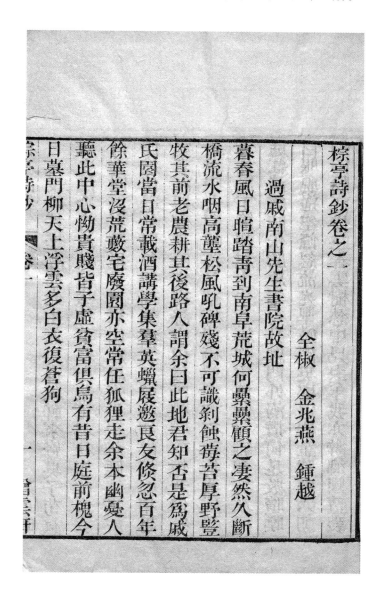

《棕亭词钞》七卷（存）

一作《赠云轩词钞》。［民国］《全椒县志》卷十五著录。清道光十六年（1830）全椒金氏赠云轩刻本，中国国家图书馆藏。此本已收入《全椒古代典籍丛书·综合卷》第四十二至四十三册。

棕亭詞鈔卷之一

全椒 金兆燕 鍾越

水龍吟

來薰堂觀雨同吳穀人賦

芙蓉塘外輕雷聲隱隱隨波去亂蟬乍歇絲楊漸瞑水雲低戶彩舫齊停珠簾競下風來淺渚恰繰衣解後筠欄共倚眞邃盡人間暑 一霎簷紳高泫沁冰壺畫樓深宇松林電激瓦溝煙暗危橋難度纔滌煩襟旋催冶思索箋題句又漁舟唱晩 蘺簑新月指來時路

月華清

《旗亭记》二卷三十六出（存）

清姚燮《今乐考证》著录，清黄文旸《曲海目》误以为该剧为卢见曾撰。清王昶《蒲褐山房诗话》谓金氏"又工院本，在扬州作《旗亭画壁记》"。清乾隆二十四年（1759）卢氏雅雨堂刻本，中国国家图书馆、天津图书馆、南京图书馆、扬州大学图书馆藏。

清道光二十年刻本《雅雨堂文集》卷二卢见曾序云："全椒兰皋生，衿尚风雅，假馆真州，问诗于余。分韵之余，论及唐《集异记》旗亭画壁一事，谓：'古今来贞奇侠烈，逸

旗亭記事蹟
集異記

開元中詩人王昌齡高適王之渙齊名時風塵未偶而
遊處略同一日天寒微雪三詩人共詣旗亭貰酒小飲
忽有梨園伶官十數人登樓會讌三詩人因避席隈映
擁爐火以觀焉俄有妙伎四輩尋續而至奢華艷曳都
冶頗極旋則奏樂皆當時之名部也昌齡等私相約曰
我輩各有詩名每不自定其甲乙今者可以密觀諸伶
所謳若詩入歌詞之多者則為優矣俄而一伶拊節而
唱乃曰寒雨連江夜入吳平明送客楚山孤洛陽親友

雅雨堂

于正史而收之说部者，不一而足，类皆谱入传奇。双鬟，信可儿，能令吾党生色，被之管弦，当不失雅奏，而惜乎元明以来，词人均未之及也。'兰皋唯唯去。经年，复游于扬，出所为《旗亭记》全本于箧中。余爱其词之清隽，而病其头绪之繁，按以宫商，亦有未尽协者。乃款之于西园，与共商略。又引梨园老教师，为点排场，稍变易其机轴，禅兼宜于俗雅。间

出醉笔，挥洒胸臆，虽素不谙工尺，而意到笔随，自然合拍，亦有不解其故者。"

中国国家图书馆藏乾隆二十四年卢氏雅雨堂刻本，已收入《全椒古代典籍丛书·金兆燕集》第五至六册。

《婴儿幻传奇》三卷三十出（存）

该剧作于清乾隆四十六年（1781）。清抄本，中国国家图书馆藏。

清抄本《婴儿幻传奇》卷首金兆燕自序曰："佛门以童真出家易修易证，《性命圭旨》亦谓：'童子学仙，事半功倍。'《老子》云：婴儿'终日号而不嗄'，婴儿'不知牝牡之合而朘作'。古今来能为婴儿者，方能为圣为贤，为忠为孝，为佛为仙。三教虽殊，保婴则一。《孟子》曰：'大人者，不失其赤子之心

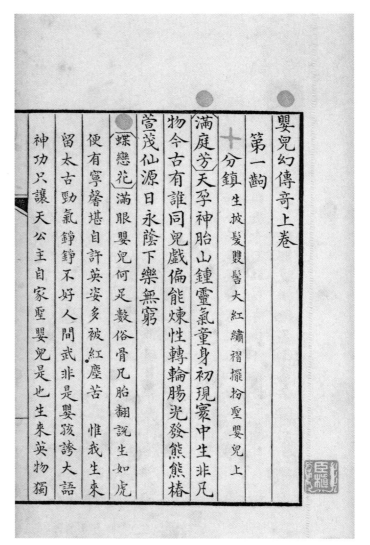

者也。'虽然处胎之时安，浮陀时异，歌罗逻时异，至于婴儿以非混沌无窍时比也。读《圣婴儿传奇》者，其勿以为泥车瓦狗之戏也可。"

此本已收入《全椒古代典籍丛书·金兆燕集》第六册。

吴烺

吴烺（1719—约1770），字荀叔，号杉亭，安徽全椒人。吴敬梓之子。十岁丧母，十三岁随父游历南京。十五岁正式定居南京，从天文历算学家刘著学习。清乾隆十六年（1751），吴烺在乾隆皇帝南巡时，因与王又曾、王鸣盛、钱大昕等六人迎銮献诗赋被召试行在，并赐举人身份，授内阁中书。十九年，其父吴敬梓仙逝，吴烺极为悲痛，于次年买舟南还，回到家乡全椒。三十四年，吴烺往甘肃任宁武府同知，一年后以疾辞归。《畴人传》卷四十二有传。

《五声反切正均》不分卷（存）

［光绪］《重修安徽通志》卷三百三十七、［民国］《全椒县志》卷十五著录。一作《五音反切正均》，不分卷，清乾隆三十五年（1770）刻本，中国国家图书馆藏。后收入清乾隆刻《杉亭集》，亦有《安徽丛书》本。

清乾隆三十五年刻本《五声反切正均》卷首程名世序曰："齐梁以来学者始言声韵，隋陆法言为《切韵》五卷，后郭知元辈从而增加之。《唐韵》撰自孙愐，宋陈彭年等重修。《广韵》盖即孙愐之书而刊益者也。昔开皇初有仪同刘臻、外史颜之推、著作郎魏渊、武阳太守卢思道、散骑常侍李若、国子博士萧该、蜀王咨议参军辛德源、吏部侍郎薛道衡同诣法言门宿，夜永酒阑论及音韵，以今声调既自有别，诸家取舍亦复不同，吴楚则时伤轻浅，燕赵则多伤重浊，秦陇则去声为入，梁益则平声似去。吕静《韵集》、夏侯该《韵略》、阳休之《韵略》、周思言《音韵》、李季节《音韵》、杜台卿《韵略》，各有乖舛，欲更捃选精切，除削疏缓，而成一编，然其书不传。今所传之书莫善于至元庚寅重刊改并五音《集韵》，顾其中仍用神珙三十六母排定先后，而不分阴阳平，且犹不知东有公穹，阳有罔姜光也。杉亭舍人渊雅绩学，撰者甚富，所辑《五声反切正均》六篇，言简而义精，证博而旨远，实能发前人未发之秘。余急捐囊金镌之，以公同好。斯世不乏赏音，应无待于桓谭之屡叹矣。乾隆昭阳协洽且月，江都程名世筠榭撰。"

此本已收入《全椒古代典籍丛书·吴烺集》第一册。

杉亭集

五聲反切正均

辨五聲第一

全椒吳烺荀叔著

反切之學出於五聲五聲者由人心生也平聲有二陰陽是也仄聲有三上去入是也方以智曰平上去入以一統三則曰平仄無餘聲聲皆平也平中自有陰陽張世南以聲輕清為陽重濁為陰周德清以喉清平為陰以喉濁平為陽郝京山以四聲後轉一聲為五西土謂之

《学宋斋词韵》一卷（存）

清丁仁《八千卷楼书目》卷二十、［民国］《全椒县志》卷十五著录。清吴烺、江昉、吴镗、程名世辑，清乾隆三十年（1765）刻本，中国国家图书馆藏，收入《续修四库全书》。抄本，安徽博物院藏。

金兆燕序曰："词之体，上不可以侵诗，下不可以侵曲，唯韵亦然。顾亭林撰《音学五书》谓：'今人所读之声，古人不知也。渐久渐伪，遂失其本音耳。'余心韪其言，尝怪词韵踳驳，苦无善本。其韵有半通者，辄注如某某字之类，学者将何所适从？词之有姜、张，犹诗之有杜、韩。填词用韵而不步趋姜、张，泛滥固失之放，拘守亦失之隘矣。今观四子所辑，考覆既精，删并更难。将见海内倚声之家，人挟一编，而词韵自是有定式，岂非艺林之快事乎？"

中国国家图书馆藏清乾隆三十年刻本，已收入《全椒古代典籍丛书·吴烺集》第一册。安徽博物院藏抄本，已收入《全椒古代典籍丛书·综合卷》第三十九册。

《周髀算经图注》一卷（存）

　　[光绪]《重修安徽通志》卷三百四十一、[民国]《全椒县志》卷十五著录。清乾隆三十三年（1768）刻本，中国国家图书馆藏。又有清抄本，复旦大学图书馆藏。民国二十四年（1935）据乾隆本影印本，上海图书馆藏。

　　清乾隆三十三年刻本《周髀算经图注》卷首沈大成序曰："客有问于余者：'西法何自昉乎？'曰：'周髀。''何以知其然也？'曰：'盾髀者，盖天也。盖天之学始立勾股。勾股者，西法所谓三角也。衡之以为勾，纵之以为股，表而引之以为弦，正而信之以为开方。是故并之则为矩，环之则为规，圆内容方，方内容圆，则为幂。积弧矢五寸之矩可以尽天下之方，一圆之规可以尽天下之圆。历家以盖天不同于浑天，即扬子云犹疑之。然吾以为，盖天者浑天之半，浑天者盖天之全。盖天者自内而观之，浑天者自外而观之。然观天必先于察地，以太阳之晷景在地也。树一表而勾股之数可得，勾股之数得而高深广远无遁形矣，是周髀之

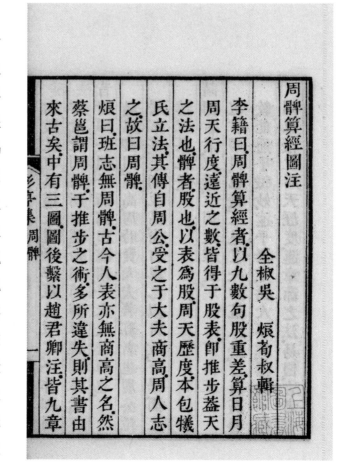

术也。盖尝稽诸《考工》，轮人之为盖弓也，冶氏之为戟也，磬氏之为磬也，匠人之置槷也，有一不出于是者哉？'商高之言曰：'智出于勾，勾出于矩。'其言可谓简而要矣。赵爽、甄鸾之徒从而疏解之，荣方、陈子又踵而述之，支离缪辕如鼷鼠食郊牛之角，愈入愈深而愈不可出，是故通人无取焉。全椒杉亭精于《九章》，以是经之难明也。写之以笔，算而绘以图，皎若列眉，劃若若画井，昭昭然若揭日月而行，举数千载之难明者一旦豁于目而洞于心，岂非愉快事哉？"

中国国家图书馆藏清乾隆三十三年刻本，已收入《全椒古代典籍丛书·吴烺集》第一册。上海图书馆藏民国二十四年据乾隆本影印本，已收入《全椒古代典籍丛书·综合卷》第三十九册。

《勾股算法》（佚）

〔光绪〕《重修安徽通志》卷三百四十一、〔民国〕《全椒县志》卷十五著录。

《试帖扶轮集》八卷（存）

《湖南省古籍善本书目》著录。清吴烺、程梦元辑注，馆阁诸公评定。清乾隆二十五年（1760）刻本，中国国家图书馆藏。此本已收入《全椒古代典籍丛书·吴烺集》第二册。

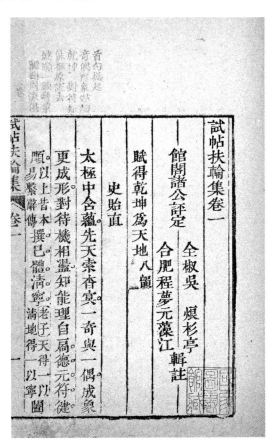

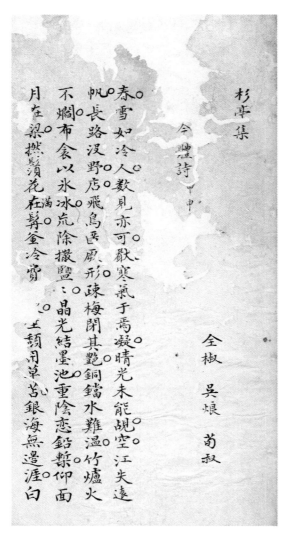

《杉亭集》十六卷（存）

［光绪］《重修安徽通志》卷三百四十六、［民国］《全椒县志》卷十五著录。清乾隆十九年（1754）刻本，二卷，中国国家图书馆藏。清抄本（残），安徽博物院藏。清抄本，十六卷，中国社会科学院文学研究所藏。

清乾隆十九年刻本《杉亭集》卷首姚鼐序曰："自蕲、黄而东，包潜、霍，带池、滁，其间皆山邑也。淮水绕其后，江水环其前，故安庆、庐州数府，名虽隶江南省，其实乃江北云。余家桐城，吴君荀叔家全椒，相去仅三百里，在家未尝识，至京师乃相知。然予尝论：江、淮间山川雄异，宜有伟人用世者出于时。予之庸暗无状，固不足比侪类。荀叔负俊才，而亦常颓然有离世之志。然则所云伟人用世，予与荀叔固皆非与？荀叔虽无意进取，而工于诗，又通历象、章算、音韵，所著书每古人意思所不到，是则余逊荀叔抑远矣。予尝譬今之工诗者，如贵介达官相对，盛衣冠，谨趋步，信美矣，而寡情实。若荀叔之诗，则第如荀叔而已。荀叔闻是甚喜。夫予虽不足比荀叔，然谓荀叔之学，余为不知也，其可乎？荀叔订所著诗文曰《杉亭集》成，请余序之，遂不辞而为之说。"

安徽博物院藏清抄本，已收入《全椒古代典籍丛书·吴烺集》第三册。

《杉亭词》一卷（存）

［民国］《全椒县志》卷十五未录卷数，有清乾隆四十三年（1778）《琴画楼词钞》本，中国国家图书馆藏。

中国社会科学院文学研究所藏十六卷清抄本《杉亭集》卷首江炎序曰："风雅之体，降而为词，穷极变化矣。本朝诸先辈如竹垞之雅艳，迦陵之豪宕，皆夸绝前代，直按宋元，词至今日乃为极盛。余寓居芜城，无可为欢，而独嗜填词，海内之作者太半相识，自厉孝廉樊榭、王比部榖原归道山，此间之坛坫日就冷落，诸君子或旅宦京华，或薄游吴会，倡酬之作间得之邮筒书尺中。然舟船偶来邗上，酒间花下一为倚声，未尝不互相倾倒。而杉亭舍人之词则于十余年前见之金孝廉棕亭寓庐，叹赏叫绝，恨不得识面。癸未春，杉亭来寓邗江，相见如平生欢，出词稿示余，且索余序。重良友之请为序。我两人投契之好，惜乎厉王之墓木供矣！回忆曩者凉月在牖，一灯青荧，

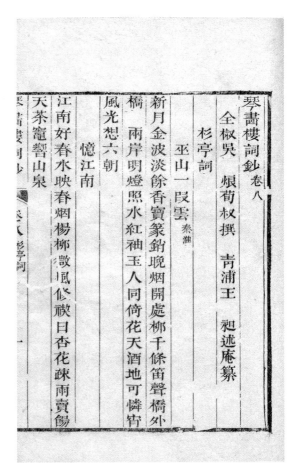

犹以吟安一二字为快，夫又安知今日复与杉亭共斯境也邪？乾隆昭阳协洽华月歙江炎撰。"

中国社会科学院文学研究所藏清抄本《杉亭集》卷首谢垣序曰："六朝佳丽，千古风流。雨花台边，香车宝马之会；桃叶渡口，歌板酒旗之场。会心不远，长言未足。杉亭先生按红牙以抽思，拈斑管而写韵。引商刻羽，偷声减字。研三危之瑞露，钞成新谱；擘五色之花笺，藏为副本。夫词非曲比，义是诗余，调虽涉乎绮靡，格不伤于风雅。小楼玉笙之句，远韵入微。油壁金牛之篇，繁华如睹。莫不香生字里，艳传音外。宋词斐然，作者略备。屯田之'杨柳晓风'，尚书之'杏枝春意'，举一二以例其余，词之能事毕矣。然或有铺锦列绣，颇具情文，恢笛挡筝，未调音律，使听者成周郎之顾，阅者起文侯之倦，未关至极，不无可讥。君诗律极细，韵学最精，填词擅场，固其余事。大约风韵得之三唐，格律归于两宋。悲歌慷慨，何妨铁拍铜琶；软语商量，亦爱搓酥滴粉。吉光凤羽，能燠质而益奇；勃律羊脂，绝点瑕而愈美。仆狂同阮籍，情类桓伊，听清啸而且可更作，闻悲歌而辄唤奈何。窃自比于知音，用附志于简末。古华亭谢垣。"

此本已收入《全椒古代典籍丛书·吴烺集》第三册。

《春华小草》一卷附《靓妆词钞》（存）

清乾隆间仪征方嶟刻本，附于《文木山房集》后，北京大学图书馆藏。又有民国二十年（1931）亚东书局铅印本，中国国家图书馆藏。

清金兆燕《棕亭骈体文钞》卷二《春华小草序》曰："金乌冉冉，谷何故而长悲；碧落惜惜，天虽高而善泣。庾开府终朝闭户，无术驱愁。江醴陵镇日濡毫，唯工赋恨。登楼王粲少即辞家，题柱相如贫兼逆旅。胭脂井畔，思渺渺于西风；白鹭洲边，客茫茫而南渡。当卫玠过江之日，正王乔游洛之年。群说子房何殊美女，竞传平叔即是神仙。文艳鱼油，斑管洒千篇之丽；气浮龙鲊，松滋成五色之奇。量曹植之才，宁唯八斗；分柳恽之技，何只十人。是以不乏越吟，因而尽成楚些。贾逵碑上，有字皆金。李贺囊中，无言不锦。应得江山之助，称才子以何惭；乃深云树之思，寄鄙人而作跋。深藏小箧，须薰迷迭之香。朗诵明窗，且浣蔷薇之露。嗟乎！玉杯制就，人嫉董相之才。金阙传来，诗写韩翃之句。衍波笺上，晓寒徒梦自深宫。库露真中，俗眼恐束之高阁。"

中国国家图书馆藏民国二十年亚东书局铅印本，已收入《全椒古代典籍丛书·吴烺集》第三册。

春華小草　　　　　　　詩

阜陵城　　　　　　　　全椒　吳烺　荀叔

曉上阜陵城，單衣浥清露。宮柳麴塵黃，栖鴉墮脩羽。周池水澂澈，美哉金湯固。回首見平岡，纍纍多古墓。先人舊宅荒，蒼煙沒老樹。誰家輕薄兒，騎馬逐狐兔。

雜詩二首

霜風墜庭柯，旅雁過高樓。離離菊坅黃花，倏忽又季秋。人生不得意，其如時節流。少年不可再，胡爲守窮愁。脩羽旣難振，何以爲營求。及時一杯酒，聊可以消憂。

寒日曉淒淒，冷光窺我扉。樀葉滿庭除，虚檐生伊威。遠水明高寢，巖巖霜何灌澄。傷彼芝蘭花，不能吐芳菲。時乎不可

春華小草　詩

二

吴鳌

吴鳌（？—1778）[1]，安徽全椒人。廪贡生。由玉田县丞，升良乡大兴令。清乾隆三十一年（1766）五月任博野县令。四十二年升任直隶遵化知州，四十三年卒于官。

[乾隆]《博野县志·艺文》一卷（存）

《清史稿·艺文志补编·史部》著录。清乾隆三十二年（1767）刻

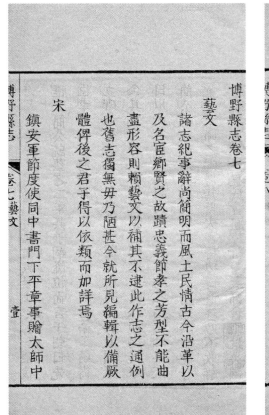
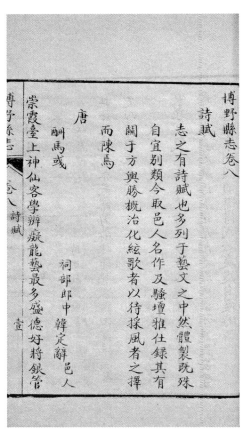

本，中国国家图书馆藏。此本已收入《全椒古代典籍丛书·综合卷》第四十三册。

[乾隆]《博野县志·诗赋》一卷（存）

《清史稿·艺文志补编·史部》著录。清乾隆三十二年（1767）刻本，中国国家图书馆藏。此本已收入《全椒古代典籍丛书·综合卷》第四十四册。

《吴氏家谱》三卷（存）

清嘉庆二年（1797）刻本，中国国家图书馆藏。此本已收入《全椒古代典籍丛书·综合卷》第四十四至四十五册。

王懋骧

王懋骧，生卒年不详，字云涛，安徽全椒人。增生。王肇奎之兄。文名与肇奎埒，而数奇不偶。［民国］《全椒县志》卷十有传。

《春灯闲语》二卷（佚）

［光绪］《重修安徽通志》卷三百四十二著录。［民国］《全椒县志》卷十《人物志》作《春灯闲话》。

《云涛诗钞》（佚）

［民国］《全椒县志》卷十五著录。［光绪］《重修安徽通志》卷三百四十六作二卷。

王肇奎

王肇奎（？—1808）[①]，字文叔，一字鹤屿，号广文，安徽全椒人。弱冠时为朱筠所知，并被补为廪膳生。朱筠赏其才华，招募其进入四库书局编书，王氏之学问日进。清乾隆五十五年（1790）因乾隆皇帝八旬奉诞，改为恩科。徐立纲推荐王肇奎至京城应试，乾隆皇帝对其诗大加赞赏，将其选为第一。乾隆五十六年选为青阳教谕。王氏少时学魏晋六朝之文，后一意为诗，终成名家。清薛时雨《椒陵赋钞》收录其赋两篇。有清金望欣撰《广文先生小传》。［民国］《全椒县志》卷十亦有传。

《小容膝楼诗文集》十二卷（佚）

［民国］《全椒县志》卷十五著录。

---

① 王肇奎之生卒年史志记载皆不详，清金望欣所撰《广文先生小传》谓："（王肇奎）嘉庆十一年疾益剧，坚辞得归，逾年卒。"又，清金珉《小容膝楼诗钞》跋语谓："戊辰，公与孺人俱先后下世。"因此推测王氏当卒于嘉庆十三年（1808）。金珉在《小容膝楼诗钞》跋语中谓："公与先君子为中表兄弟，居同里，生同庚。"金珉之父为金台骏，金台骏与王肇奎同庚，可惜生年皆已阙如。《安徽文献总目》定其卒年为1807，误。

《小容膝楼古文》（佚）

［光绪］《重修安徽通志》卷三百四十六著录。

《小容膝楼骈体文》四卷（佚）

［民国］《全椒县志》卷十五著录。

《小容膝楼诗钞》十一卷（存）

清道光二十二年（1842）刻本，南京图书馆藏。

清道光二十二年刻本《小容膝楼诗钞》卷首金镇蕃序曰："吾椒虽弹丸邑，然最诗人薮也。国初诸老不具论，往者若吴杉亭司马、郭晴湖学士与吾先族伯国博棕亭公，固皆著名海内，为风雅宗。其他硕士耆儒争长坛坫、卓卓可表者亦指不胜屈。惜近今未百年，求其遗稿，类皆湮没，什不获一，此固由后嗣之不振，抑亦鲜雅人深致者之乐为表章也，可胜叹哉？学博鹤屿先生，吾亡友小鹤王君尊甫也。先生博极群书，天才亮特，曩与滁竹轩张先生、邑山尊吴学士齐名，著有《小容膝楼诗》若干卷。其宗派之正，风格之高，绝去绮靡缘饰，摅写性灵。古淡则直逼陶、韦，超逸则居然太白。求之乡前辈中，殆仅有之作也。先生配张夫人名家闺秀，亦工古近体，著有《吟香阁草》。谢世后，小鹤皆珍逾拱璧，行箧时携，迫欲梓行传世。尝语人曰：'吾不获以此报先人，死不瞑。'矢此者非一日，徒以遇多抑塞，迄弗果。今年春，小鹤忽惨攖疾逝，综所著，述几等身已。虑久将散佚，先人手泽兹愈无幸矣。余时盖哭之恸，及余于孟夏秒将由里门之豫章。俶装之夕，小鹤倏见梦，恍欲附余舟同行者。迫溯大江，行千里，晚泊湖口之石钟山右，复梦与绪语。貌甚戚，既而色又若甚忻。余恍惚，殊弗解，旋惊寤，以为是积想所致，不为意。已抵会城，与吾阮璞生晤。璞生，小鹤女弟夫也。客南昌，历有年，谈次亟出两帙示余曰：'此小鹤所嘱，已为校刊，成厥志请，因而序之。'展视则先生与夫人合刻也。余不禁矍然叹悟，夫小鹤示梦之频，岂不以此乎？嘻！异矣。夫以先生为人，世所称醇笃君子。且如彼异才，仅以苜蓿一官老。小鹤尤生有至性，淹雅绝伦，而亦困踬名场，重艰一第，又其甚则使之抱中郎戚侘傺，以终天之报施善人，其理固难知矣。使非璞生力任表章，则二老所遗，亦将与吾乡诸前辈湮没无传者等耳。小鹤虽死，孝其奈之何？今而后，小鹤宜可以瞑目也已。璞生既刊先族伯棕亭公全集，又刊先族兄《篠村诗钞》，固为吾家之贤后嗣。今复集妻父母诗集合刊之，不亦雅人深致也哉？余既获序《篠村诗钞》，又序是集，亦厚幸也。夫第余更有

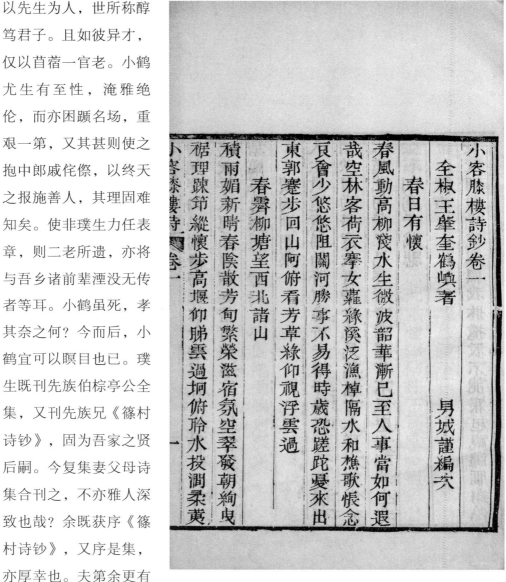

慨者，是集也成，良堪不朽。而小鹤青琅玕馆诸集，卷帙尤繁，付剞劂愈不易。是不得不有望于为君继嗣者之贤而有志矣。至余何敢僭序先生诗？重璞生义，又以小鹤冥感，故谨为述所悲惋于中者以识之。道光二十二年壬寅秋七月，乡后学金镇蕃顿首拜撰。"

清道光二十二年刻本《小容膝楼诗钞》卷首许颐跋曰："吾乡王鹤屿先生，醇笃君子也。颐少受学于封薇园先生，得读先生诗一章，今集中所登'蹇人梦登天，觉仍在枕席'者是也。是时先生远官青阳，未之见也。而吾乡之言诗者，必首推先生。后二十年，与小鹤同客于寿州，小鹤尽出先生遗诗属颐与六安徐镜溪启山校之，谨排次之如右。先生于学无所不窥，早有声于乾隆间。及以高才为卑官，天下惜之，而先生曾不屑意。少工为魏晋六朝徐、庾、四杰、燕、许之文，至是皆罢去，而一意于诗。青阳固佳山水，其地上通皖江，下临宣城，大江之流至此再折，每遇春秋佳日，得以闲探九华之幽。沿清溪之曲，浩乎渊乎，自然成咏。故其诗渊懿纯质，不求过人。而蔼然之辉，冲然之志，足以消人鄙吝之心而平其躁激之气，其得于天者然也。颐之智，不足以知先生。而镜溪当世之知言者也，请以质之徐君。乡后学许颐跋。"

清道光二十二年刻本《小容膝楼诗钞》卷首金珉跋曰："公与先君子为中表兄弟，居同里，生同庚，又同为德公风所赏拔，补弟子员。公有子一而无女，以妻舅张砚香先生之次女为女，髫年即聘为珉室。公官青阳学博十余年，珉未得亲聆训教。而小鹤兄每因试事归里，则必过从谈诗文艺。始知公有《小容膝楼诗》，孺人有《吟香阁诗》。岁丁卯，公乞病归，即已病绵笃。戊辰，公与孺人俱先后下世。己巳春，宜人始来归，故珉虽子婿，终未获一聆诗教也。嗣珉与小鹤均以饥驱出为东诸侯客，至壬午以后始同客广陵个园黄氏。小鹤每谈及先人著作不能付梓，未尝不呜咽唏嘘焉。迨己丑后，珉客江右，甲午夏，小鹤来游。时珉将补刊先祖国博公古文、骈体、诗余，因托为雠校刻。既竣工，小鹤复以公及孺人之集为念，珉因力为任剞劂役。至辛丑秋，小鹤始以《小容膝楼古今体诗》十一卷附《吟香阁诗》一卷编次邮寄。时珉正校刊先君子集，因以公之集先之。表弟陈星来为公年家子，同客于是，即嘱为校正讹字。五阅月而工始竣，而不意小鹤遽赴玉楼召，而不克见斯集之告成也。吁！其赍志以没，良可悲矣。小鹤无子，以族弟春卿大令之子悫为子。悫少从学于小鹤，弱冠即入邑庠，其必能绳武承家，而昌大世业可知也。小鹤著述等身，而诗尤富，书法能继公，世有二王之目。已卯以优行贡入成均，充镶蓝旗官学教习，名噪都中，旋以病乞归，所交游多海内知名士。其遗稿皆手自校录，行将付梓以继斯集之后。世之知小鹤者，尤必以争先睹为快也。道光二十二年壬寅夏，五子婿金珉顿首拜，谨识于南昌之寓斋。"

此本已收入《全椒古代典籍丛书·王肇奎集》第一册。

《小容膝楼词》二卷（佚）

［民国］《全椒县志》卷十五著录。［光绪］《重修安徽通志》卷三百四十六作《王肇奎词》。

《陈氏联珠集》十卷（存）

清嘉庆七年（1802）刻本，上海图书馆藏。已收入《清代家集丛刊》。

清洪亮吉《更生斋诗》卷六有《湛清园夜宿为陈明经蔚点定所辑联玠集》，诗云："不用屏风六曲遮，屋头了了见金霞。一门诗集追元祐，百里溪光似永嘉。墨雨醉看飞四座，水云凉欲罨千家。平生几两游山屐，到处争围问字车。"

清嘉庆七年刻本《陈氏联珠集》卷首洪亮吉序曰："一家之中，兄弟能诗，实始于五子之歌。其后至汉，而安平崔氏、安陵班氏又皆父子兄弟著声。降及三国、晋，而应氏、丁氏、陆氏、潘氏又继之。至江左六朝，而门阀之才愈盛，乌衣之王氏、谢氏，彭城之刘氏、到氏，无不人人有集，此又艺苑之美谈，而名家之艳事矣。青阳陈君豹章，少与余同师而学，自弱冠日，已知其能诗。别三十年，今岁四月访余于洋川讲院，因出所编《联珠集》见示，余受而读之，则皆其一门父子兄弟之诗也，猗与盛哉！陈君家九华之麓，其一门之诗，类皆清远卓荦，幽迥绵渺，盖实有得于山水之助者。夫《诗·小雅》言'伯氏吹埙，仲氏吹篪'，疑其为一家

陳氏聯珠集卷一

全椒王肇奎鶴嶼采錄

陳

芳　字郁庭青陽人諸生
　著有華溪草堂集

溪耕

溪水明如玉旁映幽人屋。春樵刈林青曉汲破溪。

綠水漲原上田歸驅花下犢繞樹聽綿蠻登隴隨。

布穀山妻餽粗糲野肴雜杞菊達哉齊顏歙晚食

以當肉。

趙畂北曰逸思
俊語欲追鮑謝

華溪草堂集

一

之合奏矣；然《世本》又著云'暴新公作埙，苏成公作篪'，则似一家而实非一家也。今《联珠》一编，宛如埙篪之叠奏，且闭门唱和，不数岁即成一集，工而且多，复至于此。他日连翩直上，吾知其歌咏太平有可以继西京班氏、崔氏之逸轨者，又非江左六朝偏安一隅之世王、谢、到、刘诸贤之可以同日语矣。集凡十二人，附录一人，共十有三人。嘉庆壬戌之秋七月既望，阳湖洪亮吉序。"

清嘉庆七年刻本《陈氏联珠集》卷首王肇奎序曰："岁癸巳，太上皇帝诏求遗书，安徽学使者朱笥河夫子设书局于使院之西，集诸生校录其中，余预焉。时青阳陈君豹章以优行举汇试姑孰，试毕留局共事数月，歌诗赠答，为莫逆交。越十九年，辛亥余来秉铎青邑，其侄曰坚、曰壤、曰坡，子曰塾，相继补博士弟子员，时时以诗文见质，率皆雅丽高华，清新俊逸，固知渊源所自，门内有师也。顷于役九华之南麓，过其书堂，见案头有其从兄郁庭诗文集，及族兄予闻、驭骅、族弟鲁滨诸诗稿，遂各摘若干首，并附其子侄之诗，厘为十卷，题曰《陈氏联珠集》。于以见陈氏多才，一门之内，分韵迭赓，联床递和，于于喁喁，乐何如耶？唯是其子若侄年俱少，才力方遒，他日学益进，诗益精，揿藻天廷，扬芳艺苑，各自著述等身，岂乏名公巨卿序而传之哉？若兹编，特管豹之一斑耳。嘉庆壬戌三月中浣，全椒王肇奎撰。"

此本已收入《全椒古代典籍丛书·王肇奎集》第二至三册。

张佩兰

张佩兰（？—1808）①，字纫芳，安徽滁州人。王肇奎之妻。工吟咏，明经史，贤名著乡里。[民国]《全椒县志》卷十有传。

《吟香阁诗存》一卷（存）

此书附于《小容膝楼诗钞》之后。[民国]《全椒县志》卷十五著录为《吟香阁诗钞》。清金镇藩《小容膝楼诗钞》序作《吟香阁草》。怀宁潘瑛采入《诗萃》。清道光二十二年（1842）刻本，南京图书馆藏。此本已收入《全椒古代典籍丛书·王肇奎集》第一册。

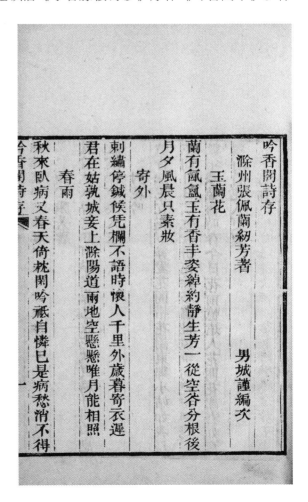

---

① 张佩兰卒年据清王肇奎《小容膝楼诗钞》金珉跋语考订。

朱瓒

朱瓒①，生卒年不详，字稿沾，安徽全椒人。贡生。刻苦好学，涉猎经史，尤好易学。举贤良方正，不赴。［民国］《全椒县志》卷十有传。

《周易辑要》②五卷（佚）

《四库全书总目》卷十、《清史稿·艺文志》、［民国］《全椒县志》卷十五著录。吕绍纲主编《周易辞典》著录曰："《周易辑要》，五卷，清朱瓒撰。此书成于乾隆五年（1740）。释经既不谈河洛图书，亦不用朱熹《本义》，辞义洁净，但未至精微。《四库全书总目提要》列在存目。"③

薛金台

薛金台（1755—1809）④，字燕筑，号近泉，安徽全椒人。廪膳生，清嘉庆六年（1801）举人，十三年授文林郎。文名藉藉，江淮间称为"作手"。深于经史，尤好三礼之学。晚年客居无为，卒于归省途中。薛时雨辑《椒陵赋钞》收录其《鸾翔凤翥众仙下赋》。［民国］《全椒县志》卷十及《福星薛氏家谱》有传。

《周官注疏撮要》（佚）

［民国］《全椒县志》卷十五著录。

《近泉诗稿》（佚）

［民国］《全椒县志》卷十五著录。［光绪］《重修安徽通志》卷三百四十六作《近泉诗集》。

---

① 非新淦人朱瓒。
② 据［乾隆］《信丰县志续编》卷十，谢肇清尝著《周易辑要》，非此书也。
③ 吕绍纲主编：《周易辞典》，吉林大学出版社 1992 年，第 937 页。
④ 薛金台生卒年据民国十六年《福星薛氏家谱》薛金台小传。《安徽文献总目》失考。

金台骏

金台骏，生卒年不详，字冀良，一字筱村，号个臣，安徽全椒人。金兆燕之子。增生，能诗。举孝廉方正，不就。金望欣撰有《和筱村家兄台骏〈七十老翁何所求〉自寿诗》。［民国］《全椒县志》卷十有传。

《筱村诗钞》（佚）

一作《小村诗钞》。［光绪］《重修安徽通志》卷三百四十六著录，［同治］《全椒县志》卷八《金台骏小传》载。金镇藩《小容膝楼诗钞序》谓尝序之。

汪履基

汪履基，生卒年不详，字存南，安徽全椒人。吴鼒表兄。清乾隆三十六年（1771）举人，工诗文。四十五年迎銮，召试，授内阁中书。同乡吴鼒尝从受骈体文法。吴烺《杉亭词》有《水龙吟·题汪存南〈翠筱山庄填词图〉》。［民国］《全椒县志》卷十有传。

《溯回草堂诗文集》（佚）

［民国］《全椒县志》卷十五著录。［光绪］《重修安徽通志》卷三百四十六作《溯回草堂集》。

《安徽诗赋》不分卷（存）

汪履基等安徽学子所撰试帖。安庆市图书馆藏。

郭芬

郭芬，字贻芳，又字芝田，安徽全椒人。汪履基妻。垂髫学吟咏，其诗饶有晚唐风味。［民国］《全椒县志》卷十有传。

《望云阁诗集》一卷（存）

《清史稿艺文志及补编》集部、［民国］《全椒县志》卷十五著录。一作《望云阁诗集》，收入清道光二十四年（1844）蔡殿齐琅嬛别馆所刻《国朝闺阁诗钞》第六册，《续修四库全书》据此影印。中国国家图书馆藏清道光二十四年刻本，已收入《全椒古代典籍丛书·综合卷》第六十册。

吴鼐

吴鼐（1755—1821），字及之，一字山尊，号抑庵，又号南禺山樵、西神山樵，晚号达园，安徽全椒人。七岁时即能诗文，年十二为诸生冠首，二十三岁获选拔贡入国子监。清嘉庆四年（1799）进士，选庶吉士。九年，任广西主考官。官至侍读学士。晚年退居襄河边，筑达园修养其间。工书画、擅为骈体文。清夏宝晋《冬生草堂文录》卷四有《翰林院侍读学士吴公墓志铭》。

《经疑余言》十卷（佚）

［民国］《全椒县志》卷十五著录。

《韩晏合编》二十八卷（存）

此书包括《韩非子》二十卷、《晏子春秋》八卷。清嘉庆二十一年

（1816）影宋刻本，中国国家图书馆、上海图书馆、浙江图书馆、辽宁省图书馆、吉林大学图书馆、山东大学图书馆藏。清道光二十五年（1845）扬州汪氏刻本，上海图书馆藏。

中国国家图书馆藏清嘉庆二十一年影宋刻本，已收入《全椒古代典籍丛书·吴鼐集》第一至三册。上海图书馆藏清道光二十五年扬州汪氏刻本，已收入《全椒古代典籍丛书·吴鼐集》第三至五册。

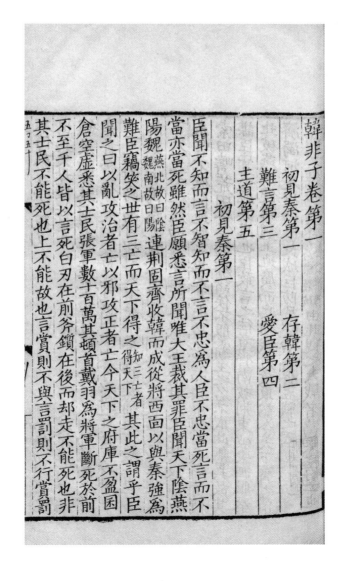

《宋元检验三录》八卷（存）

清嘉庆十七年（1812）刻本，中国国家图书馆、上海图书馆、浙江省博物馆藏。其中浙江省博物馆藏本有沈曾植校勘记并跋语。

沈曾植《海日楼题跋》所载《宋元检验三录跋》曰："光绪庚子六月，广陵嘉兴会馆南轩雨中，以纯常所得东瀛覆刻朝鲜本校一过。此刻本即徐午生所收抄本之祖，行款同，讹字亦同，而抄本多一誊迻，舛失滋甚。如前叙刻本是柳义孙，抄本讹义赟，其一端也。"

中国国家图书馆藏清嘉庆十七年刻本，已收入《全椒古代典籍丛书·吴鼒集》第六至七册。

《阳宅撮要》二卷（存）

清丁仁《八千卷楼书目》卷十一、清周中孚《郑堂读书记》卷四十七、清刘锦藻《皇朝续文献通考》卷二百七十三、赵尔巽等《清史稿》卷一百六十一著录。有清嘉庆十七年（1812）刻本，中国国家图书馆藏。又有清末抄本，中国国家图书馆藏。

清抄本《阳宅撮要》卷首吴鼒原序曰："相宅之法昉自殷周，迁卜相

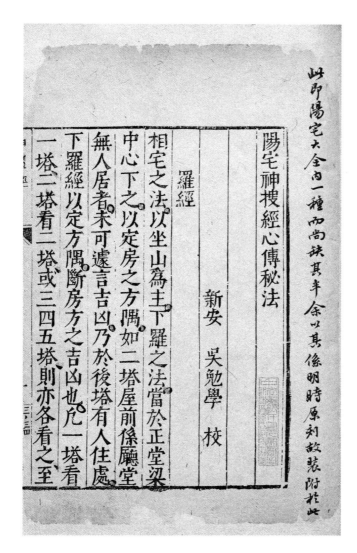

度载在诗书。厥后代有闻人，国初陕西黄时鸣、金陵僧月定俱名震一时。嗣后能者绝少，间有一二自号专家者，类皆立说诡秘，藏头露尾，以为专利之计，以致志远者厌斥而不道，庸庸者又莫识其径途。古人妙谛晦而不明，无惑乎蚩蚩造作，动辄得祸也。予家自丙寅、丁卯叠遭惨变，心疑造作失措所致，深憾平日未常究心，遂遍搜宅书。披阅之下，皆无头无尾，不胜异说，莫之适从。最后得《游年定宅》《阳宅》诸全书，滚盘珠斗灵经读之，始知宅法与年命无分轻重。彼详于宅法而不讲年命者，必罹东西异道之凶。止讲年命不详宅法者，难免扶一倒一之诮。更将从前造作方向、日期一一参考，尽得致惨之由。爰按法改易，祸乃已。壬申冬游日下，仲兄易堂命摘大略以备稽考。因按八门之次第，撮诸家之要旨，刊去一切邪说，并附修方诸法于后，俾有事于宅者咸知趋避云。西神山樵吴鼒序。"

中国国家图书馆藏清嘉庆十七年刻本、清末抄本，皆已收入《全椒古代典籍丛书·吴鼒集》第七册。

《抑庵遗诗》八卷（存）

清丁仁《八千卷楼书目》卷十八著录。清同治九年（1870）鲍康、方浚师刻本，中国国家图书馆、首都图书馆、北京大学图书馆、复旦大学图书馆、华东师范大学图书馆藏。

清同治九年刻本《抑庵遗诗》卷末鲍康跋曰："年丈吴山尊先生与先觉生世父称石交，同及朱文正公之门，当时艳称'吴鲍'。先生才力富健，文正公每承旨，撰拟文字多属先生起草，闻晚年悉检归先生云。固不欲乱我之真，亦不欲掠人之美也。先生著作等身，而诸子先逝遗编星散，唯诗集十数卷以付，女公子亦素有诗才，藏之奁具中。比归，薛淮生侍御每于灯下偕检

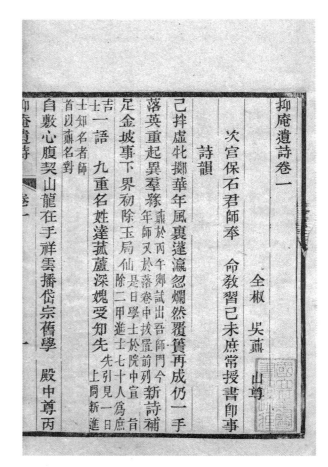

丛稿，密字涂乙，几不可辨识。侍御以意排次后先，共得如干卷。方子严侍读见而好之，借钞未竣，侍御旋典试江西，猝逝于棘闱。子严恐先生诗集终不果传也，因刻先世父诗续钞，商之夏伯音诸君，急谋寿枣梨，并属康校雠书后。康未及侍先生教，无足管窥，独念侍御于典试之前，以此稿假之子严，殆冥冥中有默相付托者耶？爰就原本详加删订。讹者正之，疑者阙之，录成八卷，付诸手民。不特藉以告慰先生于九京，亦庶不负侍御夫妇数年来校正心力，洵大快事！至诗之雄深雅健，海内诗人必共赏之，浅学如康固无容更赘一辞矣。同治五年四月，歙鲍康识。"

又曰："是编于同治五年夏缮成付梓。未几，子严观察肇罗匆匆之任，不及观厥成。今年秋，康亦出守夔州，惧无以告子严，爰偕恩绶侄灯下复加雠校。捐资鸠工，两月幸告竣。亟印以寄子严于粤东，并详志岁月如右。同治八年十月，康再识。"

中国国家图书馆藏清同治九年鲍康、方浚师刻本，已收入《全椒古代典籍丛书·吴鼒集》第七至八册。

《吴学士文集》四卷（存）

［民国］《全椒

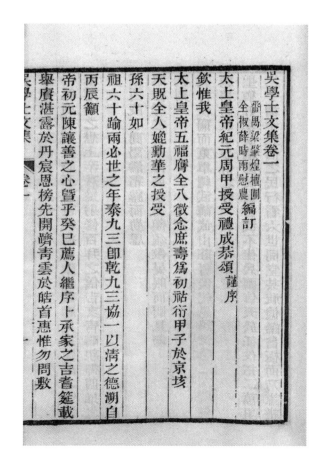

县志》卷十五著录。清薛春黎辑，清薛时雨、谭廷献编订，清光绪八年（1882）刻本，中国国家图书馆、中国科学院文献情报中心、复旦大学图书馆藏，后见收于《清代诗文集汇编》《清代稿钞本》。中国国家图书馆藏清光绪八年刻本，已收入《全椒古代典籍丛书·吴鼒集》第八至九册。

《吴学士诗集》五卷（存）

［民国］《全椒县志》卷十五著录。清薛春黎辑，清薛时雨、谭廷献编订，清光绪八年（1882）刻本，中国国家图书馆、中国科学院文献情报中心、复旦大学图书馆藏，后见收于《清代诗文集汇编》《清代稿钞本》。

清光绪八年刻本《吴学士诗集》卷首薛时雨序曰："嘉庆初，东南文学鼎盛，而吾全椒江皋小邑，赳然与大邦交盘敦之会，海内不以等邾莒，则吴山尊学士掉鞅词坛，以第一流负名世之誉也。唯时经学有先伯父近皋公、海门公及先大夫；词章有金棕亭、汪存南诸先生，皆学士所敛手推敬，尤前贤之虚已为不可及者。先大夫教授吴氏有年，学士说经之文，非先大夫审正不以示人。惜乎零落，鲜有存者。尝贻先大夫楹帖云：五代史才传旧学，一门经术负时名。又云：味经得隽如甘露，谈艺无欺见古风。盖纪实也。学士爱女归先侍御兄，申以昏姻，两家之谊益合。而学士既归道山，楹书散失殆尽。《骈文丛稿》，仲兄得之。《敝箧诗稿》数卷，则仲兄从学士日记中手自缮写。《夕葵书屋刻集》不可见，所以传学士者仅止此本。名山之藏，艺林叹想，虽以张南山太守搜罗之富，而诗人征略亦未见全集也。王兰泉侍郎曰：山尊胸藏二酉，力富五丁，诗以韩孟皮陆为宗，斗险盘空，句奇语重。张太守则曰：慷慨任气，磊落使才，仅于选本中得其一鳞片爪。盖自朱文正、孙伯渊诸巨公以次推服学士无异辞。昕雨生晚，不获奉手名贤，而庭闻有素，诵仲兄写本，于今四十年矣。仲兄以清宦十载，又丁戎马之间，元文之托侯芭，论衡之付伯喈。比兄殁，又

序

嘉慶初東南文學鼎盛而吾全椒江皋小邑翛然與大邦交綦
敦之會海內不以等邾莒則吳山尊學士掉鞅詞壇以第一流
貢名世之譽也惟時經學有先伯之父近泉公及先大夫
詞章有金樴亭汪存南諸先生皆學士所斂手推敬尤前賢之
盧已為不可及者先大夫教授吳氏有年學士說經之文非先
大夫審正不以示人惜乎零落鮮有存者嘗貽先大夫楹帖云
五代史才傳舊學一門經術頁時名又云味經得得雋如甘露談
藝無欺見古風盍紀實也學士愛女歸先侍御兄申以昏姻雨
家之誼益合而學士既歸道山楹書散失殆盡驪文叢橐仲兄
得之敝篋諿橐數卷則仲兄從學士日記中手自繕寫夕葵書

二十年而犹未显于世。南海梁檀圃方伯同年，景行先喆，索藏本付诸梨枣，以副学子争先快睹之心。而吾仲兄未竟之志亦以大慰，且可以补益方伯乡先达张先生之书，诚艺林盛事也。学士骈俪文尤瑰异，朱文正所谓合任昉、邱迟为一手者。去年，时雨门下士谭廷献宰全椒，就仲兄藏本审定，《叙录》凡四卷，其言足以识学士之真。今方伯并刻之，合之遗诗，虽未极学士撰著之富，而亦可以略观大概云。光绪七年龙集辛巳嘉平月朔，世姻后生薛时雨撰。"

中国国家图书馆藏清光绪八年刻本，已收入《全椒古代典籍丛书·吴鼒集》第九至十册。

《吴山尊先生手札》不分卷（存）

稿本，中国国家图书馆藏。此本已收入《全椒古代典籍丛书·吴鼒集》第十册。

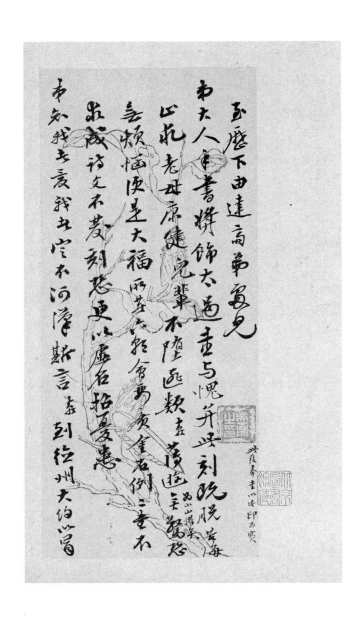

《古文词略》二十四卷（存）

清梅曾亮、吴鼒辑，清同治六年（1867）刻本，安徽博物院藏。此本已收入《全椒古代典籍丛书·吴鼒集》第十至十二册。

《国朝八家四六文钞》（存）

清嘉庆二十四年（1819）刻本，中国国家图书馆藏；清光绪五年（1879）刻本，中国国家图书馆藏。又有《八家四六文注》八卷《补注》一卷，清吴鼒辑，清许贞干注，清光绪十八年（1892）铅印本，上海图书馆藏。

此书包括袁枚《小仓山房外集》一卷、邵齐焘《玉芝堂文集》一卷、刘星炜《思补堂文集》一卷、孔广森《仪郑堂遗稿》一卷、吴锡麒《有正味斋续集》二卷、曾燠《西溪渔隐外集》一卷、孙星衍《问字堂外集》一卷、洪亮吉《卷施阁文乙集》一卷。［民国］《全椒县志》《汪履基小传》谓："同乡吴鼒尝从受骈体文法，今行世之八家四六选本，本有履基及汪中，合为十家，后佚去。"

清嘉庆二十四年刻本《国朝八家四六文钞》卷首吴鼒自序曰："国家化成万祀，道光八野；人握珠璧，文奋鸾龙。其以立言垂不朽者，不仅数公，兹就鼒师友之间，钻仰所逮。

或亲炙言论，或私淑诸人，所知在此也。即鼒卅年游学江湖，受知场屋，巨公名德辱收之者，亦不仅数公。众制分门，元音异器，兹集局于四六一体，道则共贯，艺有独工，所录在此也。此数公者，通儒上材。或修述朴学，传薪贾郑；或喝于乐府，嗣响雅骚。传世行远，不名一技。兹集发于生徒之请，综为骈俪之则。采片石于抵鹊之山，挂只鳞于游龙之渊，所业在此也。夫一奇一偶，数相生而相成；尚质尚文，道日衍而日盛。旸谷幽都之名，古史工于属对；觑闵受侮之句，葩经已有俪言，道其缘起，略见源流。盖琴无取乎偏弦之张，锦非倚乎独茧之剥。以多为贵，双词非骈拇也；沿饰得奇，偶语非重台也。要其捃扯虽富，不害性灵；开阖自如，善养吾气。敷陈士行，蔚宗以论史；钩抉文心，彦和以谈艺。而必左祖秦汉，右居韩欧，排齐梁为江河之下，指王杨为刀圭之误，不其过欤！然而，醇甘所以养生，或曰腐肠之药；笙簧所以悦听，或曰乱雅之音。是故言不居要，则藻丰而伤繁；文不师古，则思骛而近谬。铅黛饰容，夫岂盼倩之质；旌旗列仗，乃非节制之师。虽复硬语横空，巧思合绮；好驰骤而前规亡，贪掎摭而真精失。其有摆脱凡斤，规抚初祖；真宰不存，形似取具；屋下架屋，歧途又歧。又其下者，剪裁经文而边幅益俭，揣摩时好而气息愈嚣。启事则吏曹公言，数典则俳优小说。其不得仰配于古文词宜矣。鼒得友多闻，恭承大雅，伐柯之则不远，吹律之秘可睹。规之前贤，则异代接武；准之选理，则殊涂同归。用是合为一编，质诸百代。枚马并世而迟速不谋，卜颛一师而与拒相左。诸君语羞雷同，出则辙合，所以贵也。至于撰录矜慎，服膺有年。抄撮寡约，染指可饱。今之所集，多少不均；良以方朔万言，阮咸三语，酌理以为富，惬心不尚奢，各有当焉。名山之托，仆非其人，观者谅之，靡苛以例可耳。"

中国国家图书馆藏清嘉庆二十四年刻本，已收入《全椒古代典籍丛书·综合卷》第四十五至四十六册。中国国家图书馆藏清光绪五年刻本，已收入《全椒古代典籍丛书·吴鼒集》第十三至十四册。

《夕葵书屋诗文集》十六卷（佚）

［民国］《全椒县志》卷十五著录。清咸丰间为兵火所毁。

《吴山尊诗文集》十六卷（佚）

［光绪］《重修安徽通志》卷三百四十六著录。

《曾孙两家骈体文》二卷（存）

清刻本，南京图书馆藏。此本已收入《全椒古代典籍丛书·综合卷》第四十八册。

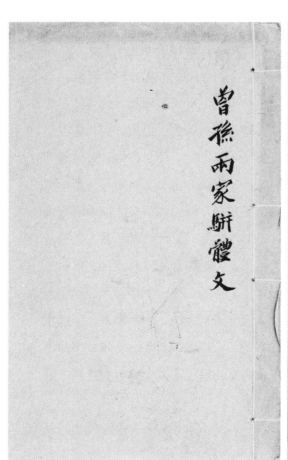

《夕葵书屋叠韵诗》一卷（佚）

清王昶《湖海诗传》卷四十一吴鼒小传谓其"有《夕葵书屋叠韵诗》"[1]。吴清云《华夏吴姓家族史》曰："《夕葵书屋叠韵诗》一卷，有嘉庆间刊本。"[2]今未见。

《百萼红词》二卷（存）

清嘉庆二十年（1815）刻本，上海图书馆藏。又有清光绪五年（1879）合肥张开敏刻本，中国国家图书馆、上海图书馆、南京图书馆、北京师范大学图书馆、中山大学图书馆藏。

清光绪五年刻本《百萼红词》卷首薛时雨序曰："山尊学士晚为词，有《百萼红》一卷，为倚声家所称，毁于兵。老友王宝斋藏有剩本，其原稿藏之予家，予欲广其传。未几，合肥张楚宝开敏嗜学，尤私淑学士，因就宝斋剩本重付剞劂。学士自序论《一萼红》

① （清）王昶辑：《湖海诗传》第二册，商务印书馆1958年，第1233页。
② 吴清云编著：《华夏吴姓家族史》下册，知识产权出版社2017年，第2194页。

声律异同甚核，而漫灭不复识，因截其半。又前载白石诸家词，初刻削之，今就予所藏本补于简端，以尽此阕之变。学士涉学该博，所为诗古文词闯然入古作者之室。而盈尺之稿，尽付一炬，子姓亦无世其学者，可悲孰甚。今此卷复出，宝斋护持于前，楚宝表章于后，并足弥予不逮，而见学士所学之百一也。光绪五年六月，同里眷世侄薛时雨谨志。"

清光绪五年刻本《百萼红词》卷首顾云《题词》曰："廿四桥曾系玉骢，新词谱出付玲珑。竹西歌吹今谁擅，记否当年百萼红。（学士居扬州最久）载手词坛老更狂，铜弦何似此宫商。一编宝得红牙拍，多谢琅琊大道王。（兵燹后，唯宝斋丈藏有稿本）徐庾文章温李诗，云烟变灭几何时。风流不遇张三影，黄绢同湮幼妇词。（学士诗文集无存者，独是编刻于楚宝）达园（学士别墅）裙屐剧堪愁，无复当年菊部头。酒绿灯红赓绝调，一声欸乃又江舟。（桑根薛师与学士同邑，著有《江舟欸乃词》一卷）上元顾云。"

中国国家图书馆藏清光绪五年刻本，已收入《全椒古代典籍丛书·吴鼐集》第十四册。

《吴山尊评本庚辰集》不分卷（存）

吴鼐所评试律，抄本，安徽博物院藏。此本已收入《全椒古代典籍丛书·吴鼐集》第十四册。

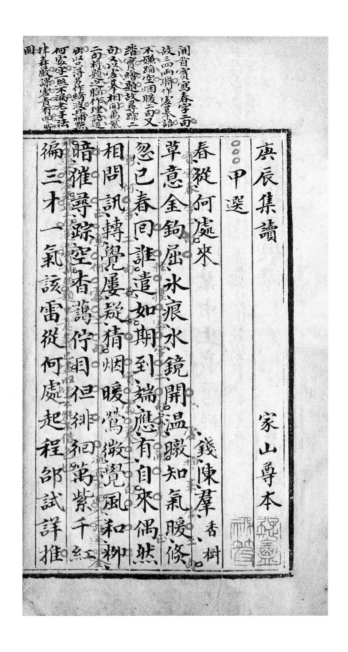

许如兰

许如兰①，生卒年不详，字谷芳，安徽全椒人。清乾隆三十年（1765）举人，知江西新建县。首捐廉二千金，倡修圩堤民以许公堤呼之。官至浮梁县事。生平究心历算，始习西法，通薛凤祚所译《天步真原》《天学会通》，时同邑吴烺受梅文鼎学于刘湘，如兰因并习梅氏历算全书。乾隆四年夏，谒戴震于京都，受《勾股割圆记》，四十四年谒董作星于常州。戴辑古算经十书，而董则专业薛氏者，由是兼通中西之学。其著述被选入张之洞《书目答问》。清诸可宝《畴人传三编》卷一有传。

《乾象拾遗》（佚）

［民国］《全椒县志》卷十五著录。

《选择拾遗》二卷（佚）

［光绪］《重修安徽通志》卷三百四十一著录。

《书梅氏月建非专言斗柄论后》一卷（佚）

［民国］《全椒县志》卷十著录。

《春晖楼集》（佚）

［民国］《全椒县志》卷十著录。

江舟

江舟，生卒年不详，安徽全椒人。善书画，尤工剪贴喜句。摹古名人真迹，剪成后着色，与书无异。清乾隆二十九年（1764），皇帝南巡，恭献册贡，赐缎二匹。［民国］《全椒县志》卷十一有传。

---

① ［光绪］《重修安徽通志》卷三百四十二、［民国］《全椒县志》卷十五著录《香雪庵集》十二卷。清王揖唐《今传是楼诗话》谓："中丞以万历进士官至桂抚，邑志载其《香雪庵全集》共十二卷，今只存一卷，且无序跋，皆中丞山居及知光州迁工部郎时作，而抚吴、抚桂所作均佚，知其散失者多矣。"今查南京图书馆藏铅印本，此书实则合肥许如兰所著也。

《艺圃碎金录》（佚）

[民国]《全椒县志》卷十五、[光绪]《重修安徽通志》卷三百四十一著录。[民国]《全椒县志》卷十一谓："江舟尝著有句、研、剪、揭、荡、贴六字诀，曰《艺圃碎金录》。今所传唯《醉翁亭记》前后《赤壁》、《天马赋》及《枯木寒鸦兰竹九狮图》藏之于赏鉴家。"

金梦麟

金梦麟，生卒年不详，字仁趾，安徽全椒人。诸生。

《洗墨轩诗钞》（佚）

[民国]《全椒县志》卷十五著录。清王昶辑《湖海诗传》卷三十四著录为《洗墨轩诗》，录其诗三首。

郭元灝

郭元灝，生卒年不详，字垩山，安徽全椒人。郭肇鐄之子。清乾隆间进士，乾隆二十七年（1762）皇帝南巡，召试取一等第三名，授内阁中书，晋侍读兵部郎中，充乙酉顺天同考官。戊子典试福建，督云南学政，按郡裁陋规，取士贵经术。清吴钺《爱堂诗偶存》卷一有《席上赠郭甥元灝》。[民国]《全椒县志》卷十有传。

《莲须阁集》（佚）

[民国]《全椒县志》卷十五著录。[民国]《全椒县志》卷十作《连须阁诗草》。

江临泰

江临泰（1763—1851），字棣旃，号云樵，安徽全椒人。清嘉庆间庠生。初学声韵学，后渐醉心于天文历算之学。与张作楠、齐彦槐时相往来，共研推步之学。与金望欣皆擅长天文历算，为忘年交。八十八岁时，重游泮水，以八十九岁高寿仙逝。清诸可宝《畴人传三编》卷一有传。

《仓田通法续编》三卷（存）

清张作楠撰，清俞俊编，清江临泰补图，清嘉庆二十五年（1820）

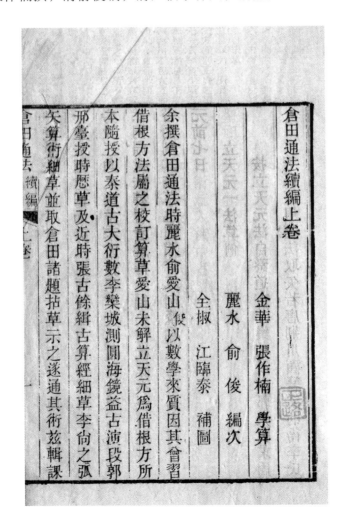

刻本，安徽博物院藏。此本已收入《全椒古代典籍丛书·江临泰集》第一册。

《弧角设如》三卷（存）

清张作楠撰，清江临泰补，清道光元年（1821）刻本，中国国家图书馆藏。此本已收入《全椒古代典籍丛书·江临泰集》第一至二册。

弧角設如卷上

金華張作楠撰算例
全椒江臨泰補對數

發源齊梅麓彦槐以弧三角比例錯綜變換不可端倪
御製稱象考成草野既未由仰窺而梅徵君弧三角舉要環中
黍尺塹堵測量及梅循齋江愼修戴東原焦里堂諸家
書或闡理精深或立術簡奧或舉例而未徵諸數讀者
目眩心迷無從入手屬仿算經設如之例各撰細草以
便初學因檢曩所衍正弧斜弧諸算草分門排纂質之

弧角設如卷上 序

一

《弧三角举隅》一卷（存）

清张作楠撰，清江临泰补。此书选入清张作楠《翠微山房数学》，清道光元年（1821）刻本，中国国家图书馆藏。此本已收入《全椒古代典籍丛书·江临泰集》第二册。

《高弧细草》一卷（存）

清张作楠、江临泰撰。此书选入清张作楠编《翠微山房数学》，清道光元年（1821）刻本，此书附于《弧三角举隅》之后，中国国家图书馆藏。

《中华大典·数学典·数学家与数学典籍分典》载江临泰自序曰："曩与齐梅麓谈弧三角术，辄成小帙，意在求简。第列用法，而未详立法之根。梅麓属补图说，久而未就。近得张丹村《弧角设如》，此帙直可覆瓿矣。顾丹村独爱之，以为历算之书难得，如此简明直捷，且以《弧角设如》中左弧右弧诸目，浅学或移步即迷，不如余书可按题得其比例，强索付梓。余重违其意，乃增补正弧三角形图一，斜弧三角形图十一付之。道光壬午，浴佛日，临泰识。"

此本已收入《全椒古代典籍丛书·江临泰集》第二册。

《浑盖通诠》（存）

清道光二十二年（1842）刻本，中国国家图书馆、南京图书馆藏。中国国家图书馆藏本已收入《全椒古代典籍丛书·江临泰集》第二至三册。

《中星仪说》一卷（存）

一名《新测中星图表》，清道光二十二年（1842）刻本，中国国家图书馆、南京图书馆藏。中国国家图书馆藏清道光二十二年刻本，已收入《全椒古代典籍丛书·江临泰集》第三册。

《新测恒星图表》一卷（存）

清张作楠衍表，清江临泰绘图，清道光二十三年（1843）刻本，中国国家图书馆藏。此本已收入《全椒古代典籍丛书·江临泰集》第三册。

《揣籥续录》三卷（存）

一名《揣籥小录续录》，清张作楠、江临泰撰，清光绪二十三年（1897）刻本，安徽博物院藏。此本已收入《全椒古代典籍丛书·江临泰集》第三册。

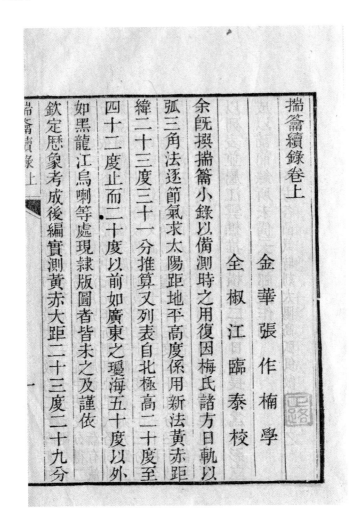

《煮石山房诗钞》[①]一卷（佚）

蒋元卿《皖人书录》卷四曰："清道光十九年同县金珉刊本，安徽通志馆抄本，安徽博物馆藏。"今未见。

《煮石山房词钞》一卷（存）

孙克强等《清人词话》著录。抄本，已收入《清词珍本丛刊》，安徽省图书馆藏。

抄本《煮石山房词钞》卷首汪甲序曰："词，诗之苗裔也。词之异于诗，人知之矣，而人不尽知也。诗本天籁以出之，以意为程，而辞之多寡赴焉。《记》曰：言之不足，则长言之，长言之不足，则嗟叹之、乐之，谓诗之谓也。至于词，则有律有

---

① 《安徽文献总目》以《煮石山房诗钞》附《妆台杂咏》及《鄹湖秋唱》，误，实为《煮石山房词钞》也。

调有谱，如穴斯在，投之而实，以臆见增损焉不能。而又必命意远，用字便，造语新，炼句响，清气溢乎其中，余味包乎其外，此词之所以难也。吾乡江云樵先生通经义，精算学，诸子百家之学，无不洞见其根柢。江南北多震其名。廿年前，与余为忘年交，隆冬盛暑必谋面。排日读韩文数篇，苏诗十数首，词未之及也。后云樵先后受巨公聘，如廖钟隐大令、齐梅麓、张丹村两太守，皆招致幕中。间岁归来，亦不过平原饮期而已。吟咏之事，益置而弗讲。余家居无聊，一日吴山尊学士谓余云：'里门中词学不振久矣，今日始吾以《一萼红》调填至百阕，为《百萼红》，力延其绪。'又值家父艾塘太史自京师归，弃诗弗吟，日填词为后辈倡。余侍二公侧，聆其绪论，日积月累，亦得数百阕。以寄云樵，云樵告余曰：'词尽美矣，未尽善也。'于是综其生平所为手钞一本示余。余读之而叹曰：'是真词人也。是真能深达奥旨者也。是合周之典丽、姜之骚雅、史之句法、吴之字面，而自成一家者也。'余因而请曰：'先先生为词者有杉亭、棕亭两先生，今皆散佚。王述庵少司寇虽载入《国朝词综》，然终不及十之一，又何怪生斯里、为斯学者致疑先民之不爱也？先生著作多，而此诣尤为心得，盍刻以寿世？'云樵辞以贫。噫！迩日能诗者有，能词者鲜，能词者有知词之不异乎诗而卒异乎诗者尤鲜。若云樵者，句锻日炼，竭历年心血，又从而汰其芜秽，删其质实，其全集竟不能流传海内，良可慨矣。然余方有意搜罗乡前辈遗稿之未入集内者，及近人之精粹者刊为一编，名曰《椒陵余绮》，他日其志克逮，当采其尤者录之，以报作者之心，以重故人之惠也云尔。道光乙酉花朝前二日，小山愚弟汪甲拜叙。"

抄本《煮石山房词钞》卷首金珉序曰："余幼侍先君子学为诗，即嗜长短句。取架上所藏各名家词读之间，亦依仿填数阕，以自遣兴。嗣读万红友先生《词律》，乃知词学大成在是。其论四声极为精确，而于用去声字辨之尤详，不惮博引各名家词以为证。至词内颇有拗句如昔人所云可平可仄者，须更易平仄字，以顺读者之口。不知读之觉其拗，而歌之则不觉其拗。此词律之细于诗律，而作者必规规于平仄而填之，乃为不失调也。吾邑乡先生之能为词者甚多，惜稿皆散佚，唯余外祖武宁司马吴杉亭先生有词两卷，已与《周髀算经》《五声反切》等书镂板行世。余先大父国博棕亭公有《赠云轩词》四百余首，皆先君子手录本。余得以悉心讽诵，而愈知填词之非易易也。及弱冠后，橐笔为东诸侯客，与吴门苏有山、番禺李二峨、毗陵史蕉邻间有唱和之作。岁戊子、已丑间，与吾乡王小鹤内兄、朱翰卿表弟、汪介庵甥、家禺谷叔同客扬州黄氏个园，联为销夏销寒之会，共有词数百阕。而黄芳谷弟、家子春叔客汉上，亦时寄到新声，互相质证，一时称极盛焉。庚寅后，余客鄱阳，甲午后，余客南昌，在前同客个园诸公，去留不常，所作亦鲜。而余撄尘俗，亦遂无暇倚声。丙申夏，小鹤来游南昌，余托校先大父全集付梓，始得将《赠云轩词》分为七卷，刻于古文骈体、古今体诗之后，以公诸世之同好者。戊戌夏，暂返里门，晤禺谷叔，持一编示余，题曰《淮海扁舟集》，则吾叔之词已于计偕时刻之都中。并告余曰：'吾乡今之词人唯云樵江先生，汝得读其《煮石山房词》否？'余唯唯。盖余客游几及三十年，而先生作客之日尤多，归里每不相值，故踪迹甚疏。暇日过访，欣然授读，惜遇知音者之晚。余读其词，知先生之造诣甚深，敷清丽之语，而饶澹远之神。于律尤竞竞不失尺寸，泂推作者。因力为任剞劂之役。时先生年近八十，欲一见其词之寿诸梨枣，诚窹寐不能忘。而余亦将裒集吾乡诸前辈及同社诸君子之词，次第刊之以问世，而以先生是集先之。至先生于天文地理靡不精究，皆著有成书。余视之，茫然不能得其旨趣。唯词则服习有年，亦从吾所好而已。道光十有九年十二月，同里姻愚侄金珉拜序。"

此本已收入《全椒古代典籍丛书·江临泰集》第三册。

《妆台杂咏》一卷（存）

此书附于《煮石山房词钞》之后。抄本，安徽省图书馆藏。此本已收入《全椒古代典籍丛书·江临泰集》第三册。

《鹫湖欸乃》一卷（存）

此书附于《煮石山房词钞》之后。抄本，安徽省图书馆藏。此本已收入《全椒古代典籍丛书·江临泰集》第三册。

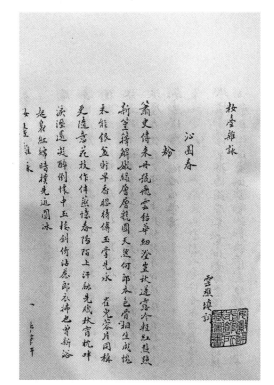

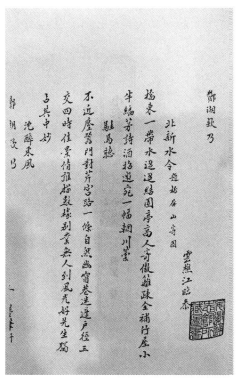

薛鑫

薛鑫（1775—1831）[①]，原名金兰，字纫秋，号任杭，安徽全椒人。薛时雨之父。增生，秉性端重，律身綦严。父卒后焚考具，不再应试。无长少皆敬惮之。尤绩学能文，手抄"三礼"，至老不倦。子暄黍等三人有高名，生徒亦多知名者。吴鼐尝延主其家塾，曾赠联云"味经得隽如甘露，谈艺无欺见古风"。《福星薛氏家谱》、［民国］《全椒县志》卷十有传。

《念鞠斋时文剩稿》一卷（存）

［民国］《全椒县志》卷十五著录为《念俱斋文稿》。清同治十一年（1872）藤香馆刻本，中国国家图书馆、上海图书馆、湖南图书馆、南京图书馆藏。

清同治十一年刻本《念鞠斋时文剩稿》卷首薛时雨序曰："寒家累世舌耕，先大父赤轩公课徒文稿，时雨髫龄时犹及见之。嗣为同学攫去，遂失底本。先大夫坐皋比三十年，课徒作不下数千艺，其手录存稿者，曰《念鞠斋时文》，皆课举业生徒所作；曰《思乐集》，皆课童试之文。岁庚戌，老屋灾，藏书尽毁，文稿亦散失。时雨兄弟三人，少年袭祖父业，皆以舌耕为事，课徒文亦不少数千艺，顾不自珍惜，无存稿，散见于生徒录本中。通籍以后，故乡迭经兵燹，生徒录本亦罕见者。先仲兄淮生侍御官京师，文名籍甚，仰之者如泰山北斗。岁壬戌，殁于江西差次。都中门下士刻其遗稿三十艺，今坊间盛行之，然未加校勘。多有生徒蓝本，且间将吾乡先达文窜入，非庐山真面也。时雨挂冠后，选主讲钱塘、金陵各书院。伯兄艺农时亦司铎皖江，老年兄弟，同坐青毡，执贽者辄索旧稿，愧无以应。今秋回里省墓，遍向旧日生徒采辑，不可得。适于楠侄案头得先大夫旧稿四十艺，为庚戌烬余，多小题文，盖《思乐集》中课童试作

[①] 薛鑫生卒年据《福星薛氏家谱》薛鑫小传。《安徽文献总目》失考。

也。敬谨缮录成帙。原拟采辑时雨兄弟三人文附后，题曰《薛氏课徒草合存》，诚恐此四十艺再有散失，则先人手泽无复存者，不孝之罪滋大。爰亟付梓人行世，以广流传，而书其崖略如此。同治己巳季冬之月，男时雨谨识于金陵龙蟠里惜阴书院。"

中国国家图书馆藏清同治十一年藤香馆刻本，已收入《全椒古代典籍丛书·综合卷》第五十九册。

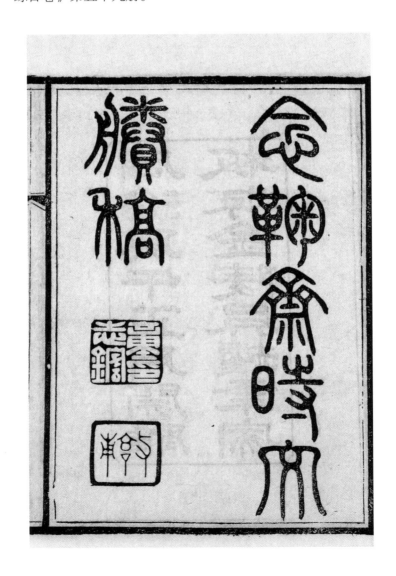

朱完县、朱武清

朱完县、朱武清，生平俱不详，安徽全椒人。二人乃朱恩绶先祖。

《鸿蜇合稿》（佚）

清朱恩绶《三珠阁诗存前集序》谓："吾家莅全二百余年，素以文章名世，自支祖完县公暨长君武清公刻《鸿蜇合稿》，诗文益彰。"

金善有

金善有，安徽全椒人。生平不详。金九陛五世孙。

《诵芬草》（佚）

清金望欣编《清惠堂遗印诗》著录。是书收录金九陛六世孙金葆元近体诗一首，有"诵芬旧草须重读"之句。下注曰："先伯祖善有公刻有《诵芬草》。"

王城

王城（1781—1842）[①]，原名厘，字伯坚，号小鹤，晚号雪髯，安徽全椒人。清嘉庆六年（1801）优贡生。王城客居皖地，梦见洪亮吉以绀玉小印授之，其上文曰"青霞洞天秘笈"，故以"青霞仙馆"名其书斋。王城以优行贡于朝，充正蓝旗教习，不久罢归。罢归后，王城一意山水。于书无所不窥，善书翰，工吟咏。诗宗少陵，融陶渊明、谢灵运、韩愈、苏轼而擅其胜。［民国］《全椒县志》卷十有传。

《青霞仙馆诗文集》（佚）

［民国］《全椒县志》卷十五、［光绪］《重修安徽通志》卷三百四

---

① 王城之生卒年各家所言不确。清金望欣《青霞仙馆诗录》序曰："（王城）拙于治生，癯而善病。壬寅溘逝，寿六十有二。"壬寅乃清道光二十二年（1842），故王氏当卒于是年，而生年应为清乾隆四十六年（1781）。《清人别集总目》定其生年为乾隆四十八年，误。

十六著录。［同治］《全椒县志》著录《青霞仙馆文集》四卷、《诗集》二十八卷、《词集》六卷，并谓："兵燹后俱散佚无存。"叶柏青《青霞仙馆遗集序》谓："先生全集三十卷，后厘定为十三卷。"

《青霞仙馆诗录》一卷（存）

清道光二十五年（1845）黄氏刻《清颂堂丛书》本，中国国家图书馆、浙江图书馆、暨南大学图书馆藏。

清道光二十五年刻本《青霞仙馆诗录》卷首金望欣序曰："吾邑王明经小鹤先生孝子也，少事其父广文鹤屿先生于青阳官舍。广文善书翰，工吟咏。明经少承家学，温恭尔雅，垂髫即以诗名，尤工楷法，同时奉为程式。侍疾刲股，居忧哀毁，几灭性，乡党称之。后随其舅诗人张竹轩先生居于滁中，年客寿春孙氏最久。晚客广陵黄氏，与余共晨夕者数年。以优行贡于朝，充正蓝旗教习官，非所乐，罢归青阳。九华之胜，太白所欣赏，滁人乐欧阳公之余风，山川清淑。寿阳有小山八公之遗迹，红桥白墙间，尤近代风雅薮

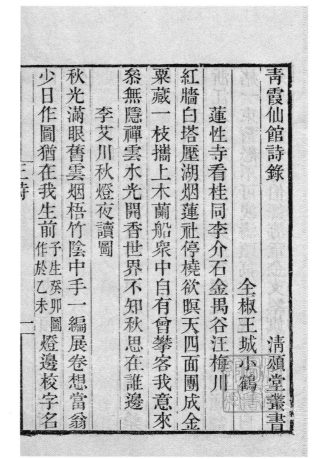

泽。明经翱翔其间，搜罗其金石，交游其贤豪，轻财好侠，声名籍甚。唯以数困场屋，一子早殇，媵频产女，居恒郁郁不乐，愁苦之音溢于楮墨。年逾知命，已颓然一老翁矣。拙于治生，癯而善病，壬寅溘逝，寿六十有二。贫无以葬，余族侄璞生司马，其妹夫也，时客南昌，命其子伯雅、仲和两茂材盛备敛具。仲和明经弟子，又其季婿。其长婿朱少崖孝廉，为延吊客。寿春孙氏为市墓地，立其族弟春卿大令之子为嗣。世之文人无命，未有若明经之甚者也。壬寅冬，余自湖州归，始闻其丧吊诸庐，已葬矣。璞生寄所刻广文夫妇诗集，以余旧作《广文传》弁首，并乞为明经作传，以将续刻其《青霞馆诗集》也。时江浙间夷氛甫息，余将有杭州之役，未暇作传。癸卯秋，于钱塘署中得明经广陵弟子黄右原比部书，并刻明经诗一卷见示，属余作叙。谓：'吾师少学温、李，晚爱杜、韩。客寿春以前之诗华实并茂，久已脍炙人口。唯此卷为客广陵十数年中所遗，大半刊华落实，卓尔不群。篇什无多，皆骊珠鲜鳞甲也。欲窥全豹者，俟璞生南昌之刻。此为《清颂堂丛书》之一种，犹古之《河岳英灵集》、今之《吴会英才集》也。'余以仆仆道路，贱奏多为人役，逾年未践此诺。今也晚得一官，远在甘肃，乞假修墓道，出广陵，比部责言，愧无以应。因即比部去取之意，略序其平生，使读者知诗为明经之余事，而此卷又编年之晚境也。夫立言列于三不朽多男子，不列于五福。古人不以后嗣之有无为荣枯，而以著作之存亡为忧乐。今为明经经纪其丧者，皆其弟子。而比部既刻楷书数种寿之乐石，又刻诗略于丛书中，使与古今著述并垂不朽，犹之五祖法嫡传于南北二宗，彼生前科第之名，身后血肉之嗣，曾何足以敌其万一哉？明经有灵，可以无憾矣。唯叙录遗文，兼访佚事作传，以待儒林文苑之采择，尚未暇践璞生之约耳。道光二十有四年岁在甲辰夏六月上弦日，全椒金望欣叙于广陵黄氏之小玲珑山馆。"

中国国家图书馆藏清道光二十五年黄氏刻《清颂堂丛书》本，已收入《全椒古代典籍丛书·综合卷》第五十九册。

《青霞仙馆遗稿》一卷（存）

民国二十三年（1934）刻本，南京图书馆藏。

民国二十三年刻本《青霞仙馆遗稿》卷首叶柏青序曰："吾邑当乾嘉间，前辈鹤屿王先生以拔萃应廷试，清高宗赏其诗，列为第一。其子小鹤先生世其学，更于书无所不窥，著述甚富。经粤乱后，散佚无存。吾家仙蕢曾过金陵书肆，得长卷一，题咏遍名流。中有小鹤先生墨迹，快睹一斑。癸酉春，予将北上，中表金君秀亭祖饯，奉其祖母王孺人遗诗督序，予披而叹曰：'此乃三珠阁之一也。小鹤先生才丰境啬，优行贡生，膺十三次乡荐不售。生女四，工吟咏者三，曰仲徽、叔慎、季钦。处闺阁时即锡名三珠，极珍之。顾安所更得彼二珠耶？盍访诸朱氏，伻去樽酒犹温。'朱君理真（仲徽女士曾孙）随携两诗卷至，一即《三珠阁集》，为其祖父石庵先生钞本，并为之序。一《青霞仙馆集》，仅诗一卷（先生合集三十卷，后厘定

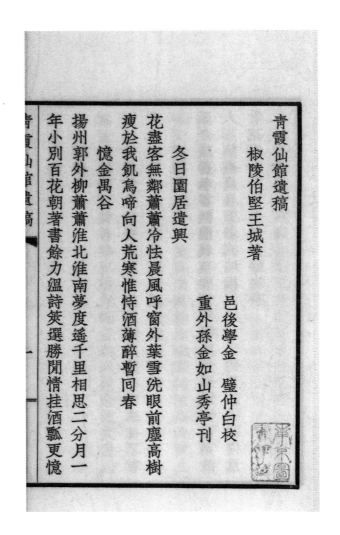

为十三卷），嘱小鹤先生自誊稿本，藏朱家久，蠹蚀斑斑，得之狂喜。先生诗派见仲、叔二珠集中甚详，注有梦洪北江授印轶事（谓先君客皖时梦洪先生北江授以绀玉小印，文曰：青霞洞天秘笈归，遂名其馆云）。自此藻思焕发，融贯诸家，自成隽雅，故名噪一时。唯自校先广文公集，感于梨枣难谋，乏孙传砚，深惧旧籍异日飘零，唏嘘欲绝，并自伤己。庸讵知心血所镂，精光灏气，断不长埋？予考夫父子合集，眉山三苏而外，嗣音盖希。至古今不栉女流，附名父传者，益不数觏。中郎有女，仅闻写遗书耳。若三珠者，仲、季二珠所嫁皆名广文（谓朱先生筠生金先生仲和），行谊见邑乘文苑。季珠极慧，清思婉约，若永其年，所造不止此，惜早逝。仲珠功候较深，律较精，长篇至三十韵，铿锵金石，声协宫商。独叔所著悉根至性流出，夫子金先生廉堂诸生，狷介笃孝，家贫，叔珠佐以色养。咸丰间避寇，负姑窜北，年荒艰难，得食，忍饥食姑。未几姑病殁，夫妇同绝粒殉，稿葬荒谷间。今读其《年凶叹绝命词》，无不潸然涕下，而况属其子孙也耶？灵爽式凭，得汇斯刊。不唯小鹤先生堪慰泉壤，金、朱孙曾克葆先泽，并彰于世，具见孝思，而邦之人士摩挲乡先达遗著，吉光片羽，倍当珍贵。乌得不乐而为之序？民国二十二年癸酉仲秋月，邑后学叶柏青谨撰。"

此本已收入《全椒古代典籍丛书·综合卷》第六十册。

《东游集》（佚）

清金望欣《清惠堂集》卷六《偕王小鹤登扬州镇海楼远眺和小鹤韵》曰："我爱此邦足啸傲，今年有集名《东游》。"此处金氏小注谓："小鹤丙戌年诗名《东游集》。"

《青琅玕馆集》（佚）

清道光二十二年（1842）刻本《小容膝楼诗钞》卷首金镇藩《小容膝楼诗钞序》谓："而小鹤青琅玕馆诸集，卷帙尤繁，付剞劂愈不易。"

《腹稿忆存》（佚）

《清人别集总目》《中国古籍总目》著录。《中国古籍总目》谓此书藏于上海图书馆，今未见。《安徽文献总目》著录为《腹稿遗存》，误。

《香无忝斋词》（佚）

［光绪］《重修安徽通志》卷三百四十六著录。

《鄦湖秋唱》二卷（存）

清道光十三年（1833）刻本，南京图书馆藏。据宋王象之《舆地纪胜》，鄦湖在全椒县西南三十里。是书封面为汪申所题，曰"鄦湖秋唱，道光癸巳仲冬，自庵书眉"，左下角为汪氏私印。卷首有张安保及王城序。卷首题"癸巳长至月刊于古广陵蟪蛄行过"，卷尾题"维扬砖街青莲巷柏华升刊刻"。王城序谓："癸巳八月，余自扬州病归里居七十余日，三五俦侣风雨过从……宴衍告极，申以咏酬。自秋徂冬，凡九人得唱和诗百余篇。"是故知此书乃王城返乡，全椒雅士唱和之诗作也。汪氏抵扬后，又有七人唱和，复得诗六十二首。全书凡十六人与作，一百六十二首诗。其中朱稻生乃六合人，陈守和为会稽人，黄石原为甘泉人，余皆全椒人也。

《酬红记》一卷《题词》一卷（存）

清野航填词，清王城正谱。民国三年（1914）扫叶山房石印本，南京图书馆藏。此本已收入《全椒古代典籍丛书·综合卷》第六十册。

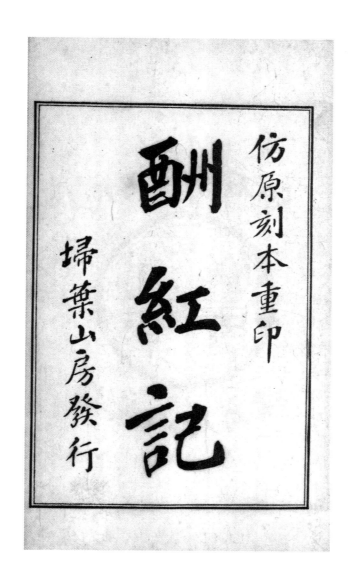

金望欣

金望欣（1789—？）[1]，字禺谷，一作隅谷，号秋士，安徽全椒人。清嘉庆二十一年（1816）举人。笃行嗜学，吴文镕极所倾倒。早年与江临泰成为忘年交，向其学习《梅氏丛书》以及《授时历》《时宪历》，遂精天文算学。生平工绘山水，其意境与董其昌相近，为世所珍。年将六十，犹手不释卷。以知县补古浪县，未任而卒。袁昶寓居全椒，尝语人曰："棕亭、山尊、桑根辈皆能以词章雄于时，而根柢经史学有得者，唯金某一人。"尝为宋宝祐四年（1256）《会天历》作跋[2]。清诸可宝《畴人传三编》卷三有传。

《周易汉唐古义》四十八卷（佚）

〔民国〕《全椒县志》卷十五著录为二十卷。〔同治〕《全椒县志》著录为四十八卷。以清金望欣自序观之，原书即为四十八卷，至于民国已散佚为二十卷。

清道光二十年（1840）刻本《清惠堂集》卷一《周易汉唐古义》曰："《易》之为书也，广大精微，天人道备。庖牺画卦，文王系辞，周公阐六爻之奥，宣圣发十翼之精。舍象数，无以见义理之源；舍义理，无以明象数之蕴。不有经师，岂能知道乎？两汉近古，京、孟、马、郑、荀、虞之徒，皆学有师承，同源异派。自魏王辅嗣之注出，直以象为蹄筌。至同于诗之比、兴，于是一扫而空。至唐孔颖达奉敕定《五经正义》，独主王注，故疏中摈弃旧闻，尽标新义，不复以汉儒古义与之证明，象数之亡自

---

[1] 金望欣之生卒年，文献记载皆不详。考金氏《清惠堂诗集》卷四《叔由以闰生日索诗赋长歌答之》曰："君年长我唯一年（戊申、己酉），君月早我亦一月。生日先我两日耳（四月初七、五月初九）。"是知金氏生于清乾隆五十四年己酉（1789）五月初九。〔民国〕《全椒县志》卷十传言金"以知县需次甘肃，题补古浪县，未任而卒"。又，考之〔民国〕《古浪县志》卷八，浙江举人沈泰来清道光十五年（1835）初任古浪知县，四月已升任抚边同知。嗣其后者乃浙江进士陈墉，清咸丰二年（1852）继任古浪知县。由此可知金氏当卒于清道光二十四年至咸丰二年之间。

[2] 此据清莫友芝《宋元旧本书经眼录》卷三。

此始也。李鼎祚《集解》起救其失，凡采《子夏易传》以下三十五家之说，自称刊辅嗣之野文，补康成之逸象，古义赖以留传者，此书而已。宋学日兴，两书并废，今之学者大抵墨守程、朱，无敢异议。谓康成杂以谶纬，辅嗣窜入老、庄，唯程、朱之书庶合乎絜静精微之旨耳。尝平情论之，宋儒扩清群说，实有功于圣经。但汉儒之谶纬可扫也，而所言象数之精者不可扫也。王弼之老、庄可废也，而所言义理之当者亦不可废也。兹合《正义》《集解》为一编，若陆元朗《释文》、王伯厚所辑《郑氏易注》、姚士麟所辑《陆氏易解》，皆与《集解》发明汉学者也。若《周易略例注》、郭京《举正》、史征《口诀义》，皆与《正义》发明王学者也，并全录之。《子夏易传》世有伪本，兹则去伪录真。外此凡汉唐人片言只句散见诸书者，亦采而录之以广见闻。计凡四十八卷，始汉迄堂，名曰《周易汉唐古义》。非敢妄窥《易》道，只以网罗放佚，聊便案头之检阅云尔。"

《春秋五纪》（佚）

一名《春秋五纪月日纪》。［光绪］《重修安徽通志》卷三百三十六、清诸可宝《畴人传三编》卷三著录。

清道光二十年（1840）刻本《清惠堂集》卷一《春秋五纪月日纪叙》曰："道光甲申，遵《时宪》法推勘春秋朔闰，成表三册，名曰《月日纪》。以杜氏长算及顾氏朔闰表皆各年直列，不著冬至日辰，故置闰可以任意后先。今表横列，月月相连，通二百余年为一线，而别为岁纪以冠其首。有时无月，有月无日，而蒐狩、城筑等政可以考时令之得失者。为时纪，龙见火伏，岁弃其次等说可以考岁差之疏密者。为星辰纪，遵《时宪》前后两法用数，上考隐公元年己未，躔离交会，各应列三十七日食之定朔实交度分，及三食既者之食分为算数纪，通名之曰《春秋五纪月日纪》。录稿甫毕，就正江丈云樵。云樵谓：'长算之失陈泗源，已订正于前。以《时宪》法推春秋，杭人范景福近有成书。子学虽勤，毋乃劳而无功乎？'嗣闻归安姚秋农尚书、崇明施朴斋大令、甘泉罗茗香文学，皆有春秋朔闰考此数。君子学术声名，著闻远近，余皆未识其人，未读其书，固陋之作，岂足问世？弃置敝簏久矣。丙戌入都谒秋农先生，先生书已梓行，讹误仍所未免。庚寅，陈君穆堂以朴斋书见赠。其书专宗徐圃臣《天元算理》，圃臣数学得自王寅旭，而远出其下。朴斋守私家之著述，偶有合于古，实无验于今，与姚书均无足观。甲午就馆都门，时与徐星伯中翰、陈东之孝廉、徐钧卿农部游，始闻泗源先生据段算以注长算，止于僖五年，五年以后，皆仍长算而加以辨论耳。己亥清明，始识茗香于广陵湖上。两月来，课读稍暇即阅茗香书。其书远考七算，与余书近宗一法固分道扬镳者也。（近有暨阳薛君名约字雯博者，取甄鸾五经算术，用周算推为表四卷，特罗书七术中之一术耳。）茗香于春秋朔闰专考异同，不辨是非，而是非自见。迁就之讥，诚余书所未免；而意见之合，又往往不约而同。且得尽读陈氏考订朔闰，各按语互相印证，鄙说益为不孤。夫词章之学，以雷同剿说为羞；而推步之功，以造车合辙为快。今虽未见范君景福之书，读《诂经精舍文集》中所载，古人用推步之法说庄十八年三月日食说，春秋闰月在岁终，解得其大略，其全书乖合，谅不出此。因复取十余年未竟之绪，重加雠校，就正茗香，以定体例。俟易稿后，归示云樵。当不复笑余学之固陋，而岁时诸纪因得以次第补编也已。"

《春秋以来日月食草》（佚）

一名《春秋经传月日纪》。［同治］《全椒县志》卷八、［民国］《全椒县志》卷十著录。

清道光二十年（1840）刻本《清惠堂集》卷一《春秋经传月日纪叙》曰："道光甲申夏，读顾氏《春秋大事表》。其书考地理最密，考天象最疏。朔闰一表，自谓可补杜元凯《长算》之阙。今略加考订，谬误已不胜举。即如置闰一事，虽古算之疏多在岁终有乖，举正而南，至为履端之中气，即有差忒，上下不出一月之间。否则寒暑易移，庸愚亦能觉悟，不待畴人矣。顾氏但顺经传干支逐月编排，遇不可通，即行置闰，至有南至迟至周四月者，岂非大谬乎？今取《洪范》五纪之说以释春秋岁纪，而外合月日为一纪。先推算数列朔闰之成法以定其经，后考经传编月日之长表以通其变。古今推步无过于本朝《时宪》法之精，而考成前编，步实朔之法，较后编简易。今依法步列平气朔闰，日食交周于卷端，则绳墨陈规矩设，而二千年以上之月日不能遁矣。至经传确有可凭者，唯日食一事。算家推日食三差，唯后编用平三角法得，三限之日月两心视相距最为精妙。故推食分，兼用后法。据日食为主，则凡前后月日之不合者，孰为当时司算之疏？孰为历代传写之误？皆可以一见了然。而杜注、孔疏之得失，亦不待辨而明矣。若经传自相牴牾，不可强通者，杜氏概行舍经从传，武断极矣。今则求之于鲁算、周算之异数，别之以夏正、周正之异名。经自归经，传自归传，纲举目张，丝分缕析，不揣固陋，窃欲为顾氏之诤友，并不为杜氏之佞臣也。乙酉仲秋，草稿粗具，俟就正通儒，重写定本。世有子云，急望教我。"

《清惠堂外集》三卷（存）

蒋元卿《皖人书录》卷九著录。清道光十五年（1835）刻本，上海图书馆藏。此集包含《隅谷制义文钞》一卷、《隅谷杂体赋钞》一卷、《隅谷试帖诗钞》一卷。

清道光十五年刻本《清惠堂外集》卷首吴文镕序曰："有考据之学，有词章之学，有义理之学，三者似趣相睽也。顾精考据者，以经为本；擅词章者，于史为近；而义理则必穷经奥，熟史事，融会儒先诸家之说，始足以识其归。不然，高谈性命而空疏不文，所谓义理者，亦句剽字窃焉耳。朱子大儒，其义理之粹，直窥孔孟，曷尝以考据见者？然读其书，知其于天文、地理，三代之制度、文章，无不洞澈于中，即词章亦南渡后卓然一大家。盖容有义理未深，而笺释虫鱼，吟弄风月，以一得鸣者，未有积学储理，而转苦名物之不知，文采之不赡者也。然则三者亦一以贯之而已。吾友金子嵋谷于书无所不读，好深湛之思，实事求是，尤长于算学。所著说经诸书及诗文集盈尺矣，将次第行世。先出其诗赋、时文若干首付之梓人，此特其绪余耳，奚足以尽嵋谷之学之富。然其辞则浏然清也，其气则沛然充也，其取材则泽于古而与道适也。非醖酿于经史者甚深，何以撷义之精、晰理之微若此？然则读是集者，不独词章已见一斑。即其考据之详审，亦无不可推类而知也。若嵋谷者，其庶几一以贯之者欤？真州吴文镕序。”

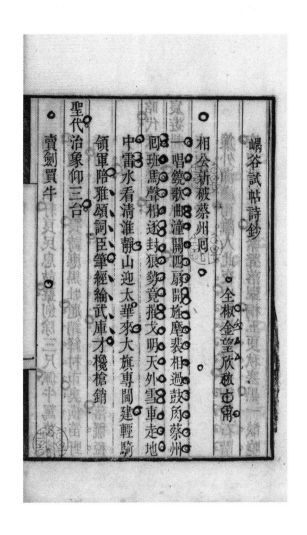

此本已收入《全椒古代典籍丛书·金望欣集（外一种）》第一册。

《金秋士诗钞》一卷（存）

清道光十六年（1836）清美堂刻《蔗根集》本，美国哈佛大学哈佛燕京图书馆藏。此本已收入《全椒古代典籍丛书·金望欣集（外一种）》第一册。

蔗根集卷四

全椒金塱欣秋士

農歌

杏花白初見麥見麥未能嘗日慮春糧缺棄花黃初插

秧插秧田無水日慮秋禾荒天公若惜老農苦來朝速

下一天雨徧種黃金入黃土

題秋山圖

林表立高峯蒼茫開遠曙木落溪水秋小橋低可渡橋

外野人家蕭蕭烏柏樹幽樓素懷客曳杖林深處笑看

山頭雲無心自來去

《清惠堂遗印诗》三卷（存）

清道光十九年（1839）刻本，中国国家图书馆藏。

清顾太清有《水调歌头·湘佩属题〈清惠堂遗印诗〉》曰："香火岁时祭，湖水似臣心。清流不断千年，姓字列东林。未了生前遗憾，岂是先生力薄，无计破群阴。固有浩然气，天地是知音。二百载，方寸石，竟难沈。人间万事忧喜，得失古犹今。天道好还之理，旧物完璞不损，四字抵千金。永锡子孙福，世守此规箴。"①

清道光十九年刻本《清惠堂遗印诗》卷首陈方海序曰："《清惠堂遗印诗》若干卷，咏明布政使司参议金公马脑名印之作也。公事见《东林列传》，而《明史》未立公传。公与兄子光辰同登崇祯戊辰进士，公改副榜为外吏，光辰用京秩，仕至金都御史，有直声。《明史》有光辰传，不知何为佚公也。公天启时尝诣公车，过魏珰祠不

清惠堂遺印詩首卷

先少參公馬腦遺印徵詩述畧

公諱九陛字允納號樊桐幼力學通天文兵法具文武才與兄子中丞公諱光辰先後捷萬歷間鄉舉公詣公車過魏璫祠不拜緣是黜崇禎改元起復副官宫授棄陽縣令值寇氛日熾以軍功晉階推陞贛南巡撫未泣任致仕旋以憂卒仕履宦績詳載　國朝江陰陳定九先生鼎所撰東林列傳公為郎榷北新關稅裕課恤商商民德之建祠曰清惠范像以祀乾隆已巳先世父

拜，为巡按劾去，故终熹宗世不复出。及为县令，值天下兵起，保城御寇，恒历阽危。位至少参，会推巡抚。公年已七十，以病乞休。逾年，值甲申之变，遂以忧卒。道光庚寅，公六世孙望华桐孙于市肆获公斯印，亟购以归。呜乎！公去今二百年，而印出有时，得印者适公孙也，有鬼神矣。桐孙遍征题咏，其兄望欣禹谷略为类次，曰'海内诸什'，曰'桑梓诸什'，曰'裔孙诸什'清惠堂者，公尝榷税杭州，杭人祠公，题榜志慕，金氏子孙即蒙是，以榜于家。而公在粤则祠名宦于邑，祠乡贤于州，

---

① （清）顾太清、奕绘著；张璋编校：《顾太清奕绘诗词合集》，上海古籍出版社1998年，第269页。

附祠四贤政迹德辉，至今如见也。禺谷故善方海，出示此编。方海窃思古物之见于今者，旋得旋失，无文字以留之耳。无文字，物虽为人所藏，而世莫之知。矧藏者不皆可恃乎？唯文字能使人讽诵想象，如见其物，如见其人。文信国之琴，谢皋羽之砚，今且无人不知，职是之故。若禺谷昆仲述祖德，悲手泽，又非好事可比。而作者之盛，自家门推暨海宇，万简光怪，公灵式凭，乃若尚论衰朝，追求时事，低回讽刺，不避思陵真觉。金瓯可缺，片石常存。其或仅谓怀璧盈尺，不如一握黄金。悬肘逊此数字，犹为所见之小耳。方海昔在广德丛祠中，有岳武穆兜鍪，又有魏珰锦袍，恶其薰莸并列，枭鸾不伦。其时吾友长洲周鹤立石台，海宁查揆梅史皆令皖中。石台藏其先忠毅玉印，征诗亦夥。梅史集中有咏客氏败刺，序称有人得于都市，当日奉圣。夫人游公卿间，势焰可想。方海尝与两君谈宴，举此二事，则庄敬笑谑一时互作，惜不早识。禺谷使两印并陈，不且谓反麟同出乎天，不没忠义之名，亦不没奸邪之名。在奸邪，不顾后世，即忠义天性勃发，亦何尝计及后世？而天必欲举存其名以为万世惩劝，则其理有不诬者也。与隅谷纵谈及此，因承命识于简端。道光己亥仲夏之月，鄱阳陈方海。"

此本已收入《全椒古代典籍丛书·金望欣集（外一种）》第一至二册。

《清惠堂集》十卷（存）

［光绪］《重修安徽通志》卷三百四十六作《清惠堂诗赋文集》。清道光二十年（1840）广陵黄锡庆刻本，陈穆堂编，《诗集》六卷，《词集》二卷，《文集》二卷，中国国家图书馆、天津图书馆、南京图书馆、苏州图书馆、北京大学图书馆、中国人民大学图书馆、中山大学图书馆藏。三卷残本，清华大学图书馆藏。十卷本后见收于《清代诗文集汇编》第五百八十四册。

清道光二十年刻本《清惠堂集》卷首黄锡庆序曰："右集十卷，吾师全椒金峒谷先生所著也。先生游学广陵，馆庆家时最久。作文多不存稿，诗有《写笠轩诗钞》，王绚斋大司成、冯玉溪广文为之序者，其初集也。词有《淮海扁舟集》，邓溥泉孝廉为之序者，其乡人马仙樵刻于京师。道光己亥，先生将归，庆写录其文三十余篇，诗四百余首。庚子春夏之交，与江都陈穆堂先生编次雠校，附以诗余，厘为十卷。先生旧有文赋、试帖诗为书贾梓行者，名

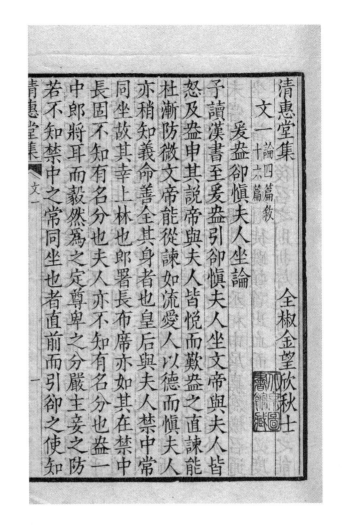

《清惠堂外集》，故兹集仍系之清惠堂云。至所著《周易汉唐古义》若干卷、《春秋五纪算术》若干卷，先生时增删修饰，未有定本，故仅录叙文耳。芒种日，受业黄锡庆敬识于小玲珑山馆。"

中国国家图书馆藏清道光二十年刻本，收入《全椒古代典籍丛书·金望欣集（外一种）》第二至三册。

《淮海扁舟集》一卷（佚）

清谢章铤《赌棋山庄词话续编》卷三云："《淮海扁舟集》一卷，全椒金秋士望欣撰。秋士词，清顺颇不耐人思。《巫山一段云》云：'柳弱摇春水，花娇倚暮烟。软风吹老嫩晴天。一带夕阳鲜。紫陌初调马，红楼半卷帘。山如出浴女儿妍。螺黛湿眉尖。'《临江仙·过露筋祠》云：'缓着吟鞭春水畔，东风帽影吹敧。长堤一带夕阳西。杏花开似雪，杨柳捻成丝。翠羽明珰神貌肃，湖云低护灵旗。楹书绝妙古人诗。江淮君子水，山木女郎祠。'《祝英台近·蛛网》云：'绣帘垂，芳树暮，网近画檐布。似织回文，宛转络烟缕。最怜颗颗明珠，何时穿就，倩梅子、黄时疏雨。问愁绪。却似将老春蚕，相思正难数。闲坐斜阳，尽日惹飞絮。有情惹住风花，仍无情处，并蝶使蜂媒留住。'《念奴娇·晚晴》云：'夕阳楼畔，有翩然晒羽、暂停仙鹤。点破蔚蓝天色嫩，泼黛山痕如削。云阵排空，虹梁跨水，断雨犹垂脚。晚妆眉样，一钩新月初学。好趁空馆微凉，簟纹如水，早睡原非错。对语帘前双燕子，似笑孤鸾栖泊。网湿蟏蛸，粉干蛱蝶，梦到凝妆阁。此时归去，个人犹怨情薄。'秋士曾及吴山尊之门，有《浣溪纱》云：'菊访荒村一径斜。叶公坟外野人家。此花开后便无花。夕照城阛归画鹢，秋风木末数归鸦。西园载酒有侯芭。'为山尊言也。山尊在扬，曾居西园。"

《写笠轩诗钞》（佚）

蒋元卿《皖人书录》卷九著录。袁行云《清人诗集叙录》谓其"初以《写笠轩诗钞》刻于京都，道光十九年归里"①。

---

① 袁行云：《清人诗集叙录》第三册，人民文学出版社 2016 年，第 2173 页。

金望华

金望华（1798—？）①，字子春，一字桐孙，安徽全椒人。金望欣之弟。家贫，出赘。清道光六年（1826）春，金望华出示已作请词家范锴校正，遂成忘年之交。至道光六年秋，金望华始居住于吴氏小听秋馆，与范锴毗邻，从此交往更加密切。三十岁因病归乡，有客抚其背，不药而愈，人皆以为神。［民国］《全椒县志》卷十有传。

《笔峰书屋诗集》②一卷（佚）

［民国］《全椒县志》卷十五著录。［光绪］《重修安徽通志》卷三百四十六作《笔山书屋诗稿》。

《金桐孙诗钞》一卷（存）

美国哈佛大学哈佛燕京图书馆藏清道光十六年（1836）清美堂刻《蔗根集》本。此本已收入《全椒古代典籍丛书·金望欣集（外一种）》第三册。

《邻鸥阁诗》（佚）

清唐树义《梦砚斋遗稿》卷六有诗赠金望华，诗前小序曰："全椒金桐孙望华，峒谷同年望欣之弟也。以所著《笔山吟屋》及《邻鸥阁诗》相质，为题二

---

① 清金望欣《寄子春四首》首句曰："兄长弟九龄，幼小课诵读"，金望欣生于清乾隆五十四年（1789），推知金望华约生于嘉庆三年（1798）。《安徽文献总目》失考。

② 清金望欣有《题子春〈笔山吟馆图〉》诗，是知金望华之堂号乃"笔山吟馆"，然其诗文集题曰"笔峰书屋"，与印廷琛之堂号绝类，或为《全椒县志》编者之舛误也。可备一说。

绝。其上忆甲辰、乙巳间与峒谷同官金城，更相迭和。曾不一晌，峒谷已下世，不禁人琴之感云。"

《笔山书屋词稿》（佚）

［光绪］《重修安徽通志》卷三百四十六著录。

《三家词合刻》四卷（存）

清金望华、范锴编，清道光二十二年（1842）刻本，首都图书馆藏。［同治］《全椒县志》卷八曰："尝谓姜白石、张玉田、王碧山三家为词苑正声，选有三家词合刻梓行。"

清道光二十二年刻本《三家词合刻》卷末金望华跋曰："余幼有倚声之癖，凡宋元名作，手钞成帙，名曰《诗余简编》。吟玩无少辍，暇或引纸挥笔，自鸣得意，而求其所谓四声、五音、重轻、清浊之故，茫乎未有得也。弱冠后游于楚，闻范丈白舫名。丈，吴兴老斫轮也。著有《苕溪渔隐词》二卷，脍炙人口久矣，时客蜀中。丙戌春自夔归汉，亟以芜词就正。过蒙奖誉，辱为忘年交。戊戌秋，余携湘姬赁居于吴氏之小听秋馆，与丈比邻，踪益密。恒一词脱手，丈必指示不逮，遂于词学源流、升降、得失，稍稍窥其门径焉。丈尝谓：词盛于宋元，而词之正宗以姜白石、张玉田、王碧山三家为断，久欲专刻三家为一集，俾操觚家得所依归，不致有歧涂之患。垂三十年，未克蒇事，余亦墨守姜、张。闻之忻然，乃互相参校，一二同好之士酿金开雕。适同邑吴君笏山来，亦得纠正讹落。越半年而告竣，名之曰《三家词合刻》云。凡三家之里居出处，范丈掇樊榭之《绝妙好词笺》，分载跋语，无可复赘。白石词，叔夏比之'野云孤飞，去留无迹'，二语已抉白石精蕴。窃以词家之有尧章，犹诗家之有太白，如天马行空，不可羁绁，皆仙才也。或云白石脱胎稼轩，岂笃论哉？玉田词篇什较诸家为最富，其中酬应之作，间或率意填之，用韵亦宽，此其病耳。然一种清空秀远之气，跃跃于纸上，亦自有不可磨灭者。范丈并详考玉田世系，余按《宋史》，张循王有五子：琦、厚、颜、正、仁，未知玉田出谁后。邓牧《伯牙琴》载，张枢循王后善词名，世子炎能传其家学。玉田《词源》亦言：'先人晓畅音律，有《寄闲集》行于世。'厉氏《绝妙好词笺》载，张桂循王从子恭简公四世孙桂与枢，名皆从木，于循王为五世，则玉田于循王为六世，无疑此又其一证也。碧山词运思运笔均臻妙境，曾见荆溪周止庵广文手选周邦彦、辛弃疾、吴文英、王沂孙四家词钞本，余若姜、张、秦、柳诸家之作，以类相从，附列四家卷后若干

首。唯论白石、玉田词率多指摘，然其所举瑕疵之处，亦未免持论过偏，不惬人意。而谓碧山故国之思甚深，托意高，故能自尊其体；胸次恬淡，故黍离麦秀之感，只以倡叹出之，无剑拔弩张习气。赋物能将人、景、情、事一齐融入，由其心细笔灵，取径曲，布势远也。洵可谓深知碧山者矣。刻既成，正篱菊初花，新霜著树，寓园群叶，红

绿相间。酌茗于纸窗下，展玩一过，几不知身在尘世。而白舫丈三十年之夙愿一旦偿之，当亦掀髯大笑也。附骥以传，又非余之厚幸也欤？时道光辛丑冬十月中浣，全椒金望华校讫并识。"

此本已收入《全椒古代典籍丛书·金望欣集（外一种）》第三册。

《诗余简编》（佚）

清范锴、金望华所编《三家词合刻跋》谓："余幼有倚声之癖，凡宋元名作，手钞成帙，名曰《诗余简编》。"

吴虞臣

吴虞臣，生卒年不详，安徽全椒人。吴廷望从叔。清雍正元年（1723）荐举鸿博，不应。主讲福建鳌峰书院，终其身奉母不仕。［民国］《全椒县志》卷十有传。

《息庐稿》（佚）

［民国］《全椒县志》卷十著录。

《泛海图歌五十韵》（佚）

［民国］《全椒县志》卷十著录。

吴廷望

吴廷望，生卒年不详，字叔崇，安徽全椒人。太仆寺卿吴克昌之孙。官正红旗教习，清乾隆十四年（1749）举经学，不应。为文喜仿魏晋间体，音旨渊渺。兼通天文历算之学。［民国］《全椒县志》卷十有传。

《伏氏尚书图注》四卷（佚）

［民国］《全椒县志》卷十五著录。

《虚直斋诗钞》四卷（佚）

［民国］《全椒县志》卷十五著录。

《虚直斋骈体文钞》六卷（佚）

［民国］《全椒县志》卷十五著录。

吴震潆

吴震潆，生卒年不详，字讷斋，安徽全椒人。习父吴廷望尚书学，父卒之后，同母弟九人友爱无间。由贡选授丹阳训导，不赴。奉母命隐居西郭外，读书崇尚先秦诸家。清嘉庆二年（1797）旌孝，据此建坊以为纪念。［民国］《全椒县志》卷十一有传。

《尚书本义》十卷（佚）

［民国］《全椒县志》卷十五著录。

《逸园诗文集》四卷①（佚）

［民国］《全椒县志》卷十五著录。

吴宣国

吴宣国，生卒年不详，字觐扬，安徽全椒人。吴震潆之子。学有异才，为文宏纯奥肆。清乾隆四十五年（1780）与叔吴震灏迎銮献颂，召试二等。朱筠尝称其诗格出入唐贤韦、孟间，延入《四库全书》馆参校，授吴县训导，后擢中书。［民国］《全椒县志》卷十有传。

《述本堂经说》（佚）

［民国］《全椒县志》卷十五著录。

---

① ［嘉庆］《萧县志》卷十三谓张彦琦著有《逸园诗文集》，非此书也。

《述本堂诗集》四卷^①（佚）

［民国］《全椒县志》卷十五著录。

江朝举

江朝举，生卒年不详，一作江潮举，字轩若，号鹤汀，安徽全椒人。清乾隆二十四年（1759）乡试第二名。二十五年会试未中，从此绝意仁进。以著述自娱，老而不倦。［民国］《全椒县志》卷十有传。

《鹤汀诗文全集》（佚）

［光绪］《重修安徽通志》卷三百四十六、［民国］《全椒县志》卷十五著录。

吴定国

吴定国，生卒年不详，字丙荐，号北谯，安徽全椒人。清乾隆五十一年（1786）举人，中会试乙榜，官内阁侍读。受知于朱珪最深，学术精博。［民国］《全椒县志》卷十有传。

《北谯诗文集》八卷（佚）

［光绪］《重修安徽通志》卷三百四十六、［民国］《全椒县志》卷十五著录。［民国］《全椒县志》卷十谓其"著有《北谯诗文集》，文正公（朱珪）尝为序以行世"。

吴懿

吴懿，生卒年不详，安徽全椒人，吴宣国之女。生平不详。

---

① 清方承观辑有《述本堂诗集》，非此书也。

《冰雪轩集》四卷（佚）

〔民国〕《全椒县志》卷十五著录。

吴秀良

吴秀良，生卒年不详，字进之，号肖生，安徽全椒人。清乾隆间举人，任实录馆誊录。分发四川，任邻水、岳池等县知县，署打箭炉同知。苗夷杂处，向称难治，秀良治理裕如。擢城口厅同知，署崇庆府知府。擢成都府知府，后任高廉兵备道，卒于任。〔民国〕《全椒县志》卷十有传。

《环青山馆诗钞》（佚）

〔民国〕《全椒县志》卷十五著录。

汪履成

汪履成，生卒年不详，字素之，安徽全椒人。由举人中清乾隆四十九年（1784）乙榜，官宿松教谕。〔民国〕《全椒县志》卷十有传。

《二芝轩诗文集》（佚）

〔民国〕《全椒县志》卷十五著录。

吴春藿

吴春藿，生卒年不详，字次葵，安徽全椒人。吴定国之子。志行峻洁，博综汉宋诸儒经说。长于融汇各家学说，尤熟研历朝掌故。陶澍特疏荐其才，由训导晋国子博士，固辞不就。〔民国〕《全椒县志》卷十有传。

《壮游记》二卷（佚）

〔民国〕《全椒县志》卷十五著录。

《通雅堂文集》四卷（佚）

［民国］《全椒县志》卷十五著录。

吴元铸

吴元铸，生卒年不详，字冶卿，安徽全椒人。吴春藿从弟。庠生。虞鉴主讲钟山，元铸尝执经门下。工诗，其奇纵整练，致功于苏轼、黄庭坚最深。［民国］《全椒县志》卷十有传。

《漱玉馆集》（佚）

［民国］《全椒县志》卷十五著录。

吴震昕

吴震昕，生卒年不详，字寅阶，安徽全椒人。训导，议叙太常博士。性至孝，母病重，一日夜行三百里祈药。生平尤好三礼，主芜湖荆山书院讲习六年。清嘉庆元年（1796），举孝廉方正，不赴。［民国］《全椒县志》卷十一有传。

《敦庸堂家仪》二卷（佚）

［民国］《全椒县志》卷十五著录。

《廉卉轩文集》四卷（佚）

［民国］《全椒县志》卷十五著录。

吴政庆

吴政庆，生卒年不详，字善甫，号良者，安徽全椒人。选授常州府训导，不仕。笃友恭，其兄吴政康好学，有目疾，吴政庆悉举先产让其兄。精训诂，明史学。武进张惠言曾聘以师礼，并赋长歌赠之。清道光元年

（1821）举孝廉方正，固辞不受。藏书数万卷，杜门讲诵，长于邹平马氏学。［民国］《全椒县志》卷十一有传。

《左氏传通论》六卷（佚）

［民国］《全椒县志》卷十五著录。

《经史补》二卷（佚）

［民国］《全椒县志》卷十五著录。

孙淳

孙淳，生卒年不详，原名在旂，字君朴，号芸楼，安徽全椒人。清嘉庆五年（1800）由举人大挑二等任溧阳训导。清道光二十二年（1842），授山西长治县知县，改授湖南常宁知县，兼理耒阳县事。创修清溪书院，化育人才。捐建薛公桥以利民，去任时民筑三所亭以为纪念。调署桂阳州，充己酉科同考官，加知州衔。以病乞休，卒年七十八。［民国］《全椒县志》卷十有传。

《四书句读析疑》（佚）

［民国］《全椒县志》卷十五著录。［同治］《全椒县志》卷七谓此书"待梓"。

汪烜

汪烜，生卒年不详，字东白，号小亭，又号谷阳外史，安徽全椒人。其父汪坛亭由江宁迁居全椒，子孙遂注籍全椒。幼喜李商隐诗，最擅香奁体。壮年专学苏东坡、元好问而得其神似。清嘉庆间由举人任灵璧训导，年五十余卒于官。薛时雨《椒陵赋钞》收录其赋六篇。［民国］《全椒县志》卷十有传。

《补种梅花书屋诗钞》四卷（佚）

[民国]《全椒县志》卷十五著录，一作《补种梅书屋诗钞》，[光绪]《重修安徽通志》卷三百四十六作《补种梅花书屋诗》。清汪烜之子汪煦春编，清金望欣审订。

清道光二十年（1840）刻本金望欣《清惠堂集》卷一《补种梅书屋诗钞叙》曰："《补种梅书屋诗钞》四卷，谷阳外史汪君小亭所作也。其先耘亭司马由白门迁全椒，居先少参公读书之尚友堂，种有梅花，后篠村先兄移去旧额，梅亦旋萎。小亭补种数株，遂易今名，并以名其集。小亭少孤，赘于吾宗，与予同岁入全椒县学，为诸生同教授童子五峰山中者数年。乡举后，同游京师及广陵者各有年。及选灵璧校官，遂终于其任。其子煦春子和孝廉缉其遗诗，属予雠校。予思小亭幼喜元、白、温、李之诗，香奁最工。及壮弃去，专学东坡、遗山两家。嗣又博涉古今，上逮汉魏，下迄元明，意在自成一家。今读其诗，大抵出入于白太傅、苏玉局之蹊径者为佳。以结习既深，不求似而自似也。惜乎一生潦倒名场，无名公卿为之延誉，徒以笔墨酬应寻常庸俗之人。中年稍饱儒官之饭，而又居荒僻之乡，不获接通都大邑之人士。郁郁久居，年逾五十，淹没以毕世也。哀哉！今所录别裁伪体，以存小亭之真。凡世故周旋之作芟汰最多，庶无负与故人数十年切磋之益耳。订为四卷，归之子和，俾与耘亭先生《敦仁堂诗钞》继梓行世。小亭有贤子，千秋不朽矣。哀小亭者，乌能不为小亭乐乎哉？"

王承序

王承序，生卒年不详，字振裘，安徽全椒人。清嘉庆间举人。善读书，《周礼》《尔雅》皆有评。[民国]《全椒县志》卷十有传。

《振裘诗文集》（佚）

［民国］《全椒县志》卷十五著录。［光绪］《重修安徽通志》卷三百四十六作《王承序诗文集》。

郭孚占

郭孚占，生卒年不详①，字伯寅，安徽全椒人。清嘉庆间举人。为文敏捷，诗宗东坡，与同里金望欣互为唱和。工书法，先世多藏古名人墨迹。后游泰岱，得遍读古碑碣，书法益进。清薛时雨辑《椒陵赋钞》收录其赋三篇。清金望欣撰《祭郭伯寅孝廉文》。［民国］《全椒县志》卷十有传。

《安受忍斋集》（佚）

［民国］《全椒县志》卷十五著录。清金望欣《清惠堂集》卷五《哭郭伯寅诗八十韵》小注谓："伯寅性急，署其室曰'安受忍斋'。"又曰："伯寅诗集客山东时烬于火。"

王晋槐

王晋槐，生卒年不详，字树三，一字春卿，号定庵，安徽全椒人。清嘉庆二十一年（1816）举人，历署浙江余杭、於潜等县，以慎勤著称。金望欣撰有《客中题王春卿晋槐同年〈襄水环清图〉》诗。清薛时雨《椒陵赋钞》收录其《冰壶先生赋》。［民国］《全椒县志》卷十有传。

《定庵诗钞》（佚）

［同治］《全椒县志》卷八、［光绪］《重修安徽通志》卷三百四十六、［民国］《全椒县志》卷十五著录。［民国］《全椒县志》卷十作

---

① 清金望欣《清惠堂集》卷五有《哭郭伯寅诗八十韵》，中有句谓"年方出四旬"，故郭孚占当终年四十余岁。

《定庵诗草》。

郭辂

郭辂，生卒年不详，字山民，安徽全椒人。以选贡举清道光间经魁，充官学教习。居京师，为潘世恩所称誉，延入幕府。丁艰归，主讲扬州书院，教化学子。一时唱酬多名士，后选广德学正。［民国］《全椒县志》卷十有传。

《五经辨讹》（佚）
［民国］《全椒县志》卷十五著录。

《通鉴提要》（佚）
［民国］《全椒县志》卷十五著录。

《自惜斋集》（佚）
［民国］《全椒县志》卷十五著录。

郭应辰

郭应辰，生卒年不详，安徽全椒人。翰林院庶吉士，清道光四年（1824）任漳浦知县，清道光九年任龙溪县丞。清薛时雨辑《椒陵赋钞》收录其《汉宫人诵〈洞箫赋〉赋》。［民国］《全椒县志》卷十有传。

《农务须知》（佚）
［民国］《全椒县志》卷十五著录。

《瀛海诗钞》（佚）
［民国］《全椒县志》卷十五著录。

江澍泉

江澍泉（？—1858），字汉槎，安徽全椒人。清道光间举人。博通经史，内行纯笃，事母以孝称。尤精医术。清咸丰六年（1856），叙功保知县。八年，全椒动乱，澍泉尤率众抵抗。城陷，骂贼死。［民国］《全椒县志》卷十一有传。

《脉理便览》（佚）

［同治］《全椒县志》卷八、［民国］《全椒县志》卷十五著录。

《道光二十九年己酉科江南乡试硃卷》一卷（存）

《中国古籍总目·史部》著录。清道光二十九年（1849）刻本，上海图书馆藏。

邱华

邱华，生卒年不详，字梓庭，安徽全椒人。庠生，保举霍山训导，幼有定识，不竞仕进。其行义著于皖、鄂间。胡林翼称其真义烈男子。曾国荃抚鄂，邀其任襄樊（今湖北襄阳）支应事。不久改团防局员。邱华主团防期间，除日常给用外，筹设义塾三十七所。晋豫省大荒饥，邱华首输巨资设厂赈粥，并力劝当道助款万数千金。邱华返乡后，日课孙读书。年七十七无病卒。［民国］《全椒县志》卷十有传。

《丧祭礼则》一卷（佚）

［民国］《全椒县志》卷十五著录。

汪鎏

汪鎏（？—1860），字金门，安徽全椒人。文章书法名重一时，所与游皆当世名流。清咸丰二年（1852）举人，曾任五河厘务，旋归里，倡枕襄吟社，开文酒之会。太平天国战乱，杭州城破，汪鋆绝食而死。［民国］《全椒县志》卷十有传。

《重订空谷传声》一卷（存）

［民国］《全椒县志》卷十五著录为《空谷传声》。清光绪八年（1882）刻本，中国国家图书馆藏。

清光绪八年刻本《重订空谷传声》卷首薛时雨序曰："宋赵与时《宾退录》载击鼓射字之技，其法全用《切韵》，该以两诗，诗皆七言，一篇六句四十二字以代三十六字母，一篇七句四十九字以该平声五十七韵而无侧声。如一字字母在第三句第四字，则鼓击先三后四，叶韵亦如之。又以一、二、三、四为平、上、去、入之别，明人《等音外集》附'传响射字法'即师其意。此《空谷传声》一卷，吾邑汪金门同年用乡先生吴杉亭、江云樵两君旧谱增损之，其省三十六字母为三十二，省平声五十七韵为阴阳平各二十音。不用歌

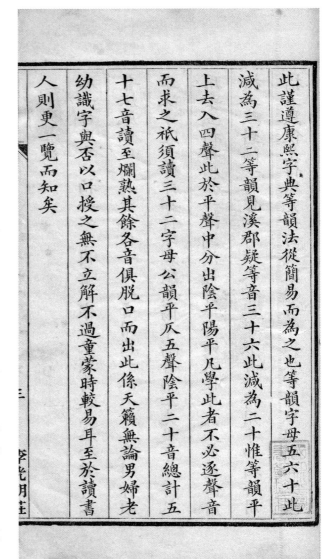

括，兼备仄声，视赵氏所述之法尤为简要。平声分阴阳者，用周氏《中原音韵》之例也。余少时见吾乡老辈金禺谷、许知白诸先生及家虞尊、煦堂两兄均好言《切韵》，为离经正读之助，知吴、江两先生之谱盖亦有所授矣。今得金门修述其法，吾愿党塾之师各置一编，诱迪童稚，以进于文字声偶之用。所裨非浅，岂仅艺术家言哉？金门殁逾二十载，哲嗣牖民孝廉重为校订，出以见示，因为述其大略如此。光绪七年岁次辛巳季夏之月，同邑薛时雨识于金陵惜阴书院之碧琅玕馆。"

此本已收入《全椒古代典籍丛书·综合卷》第六十二册。

《枕襄吟社诗稿》（佚）

［民国］《全椒县志》卷十五著录。

《卅春试草》（佚）

［民国］《全椒县志》卷十著录。

晋骐

晋骐，生卒年不详，字海澜，安徽全椒人。清咸丰三年（1853）进士，用为知县，改选颍州府教授。修己以诚，课士悉绳以法程。吴棠聘其主淮滨书院讲席，校阅课卷，随学者浅深指示门径。告归后，年七十八卒。［民国］《全椒县志》卷十有传。

《悟斋迩言三十则》（佚）

［民国］《全椒县志》卷十五著录。［民国］《全椒县志》卷十谓其"曾著《悟斋迩言三十则》，类宋儒语录。于理欲、义利之辨推阐精确，为后生楷式"。

王赐钰

王赐钰，生卒年不详，字宝斋，安徽全椒人。汪鎏弟子。增贡生，工隶法，少时之文为邑令孟烜所激赏。清咸丰六年（1856），全椒大饥，昆季议析产为减食计，赐钰独不受析。次年邑城陷，妻朱氏殉节，赐钰愤而走京师。应顺天乡闱，未中。后为辽阳山院长学，课以实践，文教大盛。乞假，归病卒。〔民国〕《全椒县志》卷十有传。

《春秋纪年表》（佚）

〔民国〕《全椒县志》卷十五著录。

《左国分编》（佚）

〔民国〕《全椒县志》卷十五著录。

《乐余诗稿》（佚）

〔民国〕《全椒县志》卷十五著录。

汪伯垠

汪伯垠，生卒年不详，字牖民，安徽全椒人。汪鎏长子。清同治三年（1864）举人。生有至性，言动不苟，明于义利之辨，生平以主敬为宗。湛深经术，于三礼多所考正。惜得咯血疾，稿未成帙。举同治初乡榜，孙家鼐慕其名，优礼聘主家塾。为文以清正为宗，简而有法。后养疴金陵，清政府延请襄办洋火药局，悉心规划。左宗棠赠有"守身自入独行传"之句。选授和州学正。〔民国〕《全椒县志》卷十有传。

《诂易》一卷（佚）

〔民国〕《全椒县志》卷十著录。

汪㶁

汪㶁，生卒年不详，字赤城，安徽全椒人。庠生，工诗，精篆隶。菜根香馆碑铭皆出其手。武进李兆洛、潞河白镕、梁溪顾皋等盛赞其有汉唐遗风。卒前命其子汪周曰："我无金，摹古数页，可作珍。"［民国］《全椒县志》卷十有传。

《钟鼎考异》（佚）

［民国］《全椒县志》卷十五著录。

《随舟诗话》（佚）

［民国］《全椒县志》卷十著录。

俞邦彦

俞邦彦，生卒年不详，字俊生，安徽全椒人。庠生，专治训诂。［民国］《全椒县志》卷十有传。

《小学识小录》（佚）

［民国］《全椒县志》卷十五著录。

薛冰阳

薛冰阳（1805—1859）[①]，字煦堂，安徽全椒人。增广生。于经史甚为稔熟，晚年失明，犹授徒讲学。［民国］《全椒县志》卷十、《福星薛氏家谱》有传。

《史记菁华》（佚）

《福星薛氏家谱》薛冰阳小传谓："今所存遗墨唯《史记菁华》一部。"

---

① 薛冰阳生卒年据《福星薛氏家谱》薛冰阳小传。《安徽文献总目》失考。

《煦堂文集》（佚）

［民国］《全椒县志》卷十五著录。［民国］《全椒县志》卷十作《煦堂文钞》。

薛暄黍

薛暄黍（1810—1870）[1]，字洪生，一字伯耕，号艺农，安徽全椒人。薛时雨长兄。清道光二十六年（1846）举人。清咸丰二年（1852）会试，挑取誊录，充国史馆誊录，议叙知县，分发云南、广西、湖南知县。三年大挑一等，选授英山县训导，兼署英山县教谕，升安庆府学教授。仁上奖掖后进，英山科名为之一振。精歧黄之术，延之必往，分文不取。为文雄浑高超，每一稿出，争相传写。［民国］《全椒县志》卷十、《福星薛氏家谱》有传。

《宦绩儒行》（佚）

据《福星薛氏家谱》薛暄黍小传著录。

《医经集解》（佚）

据《福星薛氏家谱》薛暄黍小传著录。

《龙桧山房集》（佚）

［民国］《全椒县志》卷十著录。

薛春黎

薛春黎（1813—1862）[2]，字淮生，一字仲耕，号稚农，安徽全椒人。清道光二十六年（1846）优贡，次年朝考二等。清咸丰二年

---

① 薛暄黍生卒年据《福星薛氏家谱》薛暄黍小传。《安徽文献总目》失考。
② 薛春黎生卒年据《福星薛氏家谱》薛春黎小传。《安徽文献总目》失考。

（1852），薛春黎高中江南解元，三年进士及第，钦点翰林院庶吉士。少承父教，治经有家法，尤精"三礼"之学。进入翰林院后，他更是锐意精进，自"四史""三通"乃至应用公文，无不潜心研讨。咸丰十年，英军兵犯天津，薛春黎奏请定战守策，以固国本。咸丰十一年，咸丰皇帝驾崩，发动政变的大臣皆被问罪，薛春黎因功晋四品卿衔。清同治元年（1862），薛春黎任江西乡试副考官，因积劳成疾，病逝于南昌贡院。谭复撰有《山东道监察御史薛先生墓表》。

《秦汉魏晋大事表》（佚）

〔民国〕《全椒县志》卷十五著录。

《薛御史奏稿》（佚）

〔民国〕《全椒县志》卷十五著录。

《淮生日记》不分卷（存）

抄本，清袁昶《毗邪台山散人日记》第二册癸酉年五月条下抄件，后收入中华书局《近代史资料》总34号。此本已收入《全椒古代典籍丛书·薛春黎集》第一册。

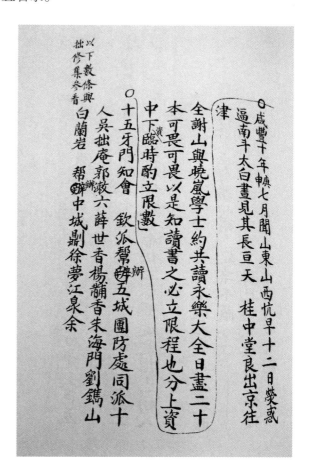

《己未庚申日记》（咸丰九年至咸丰十年）（存）

清稿本，故宫博物院藏。

《星轺日记》一卷（咸丰十一年）（存）

清咸丰十一年（1861）稿本，故宫博物院藏，《故宫珍本丛刊》第六十二册收录。此本已收入《全椒古代典籍丛书·薛春黎集》第一册。

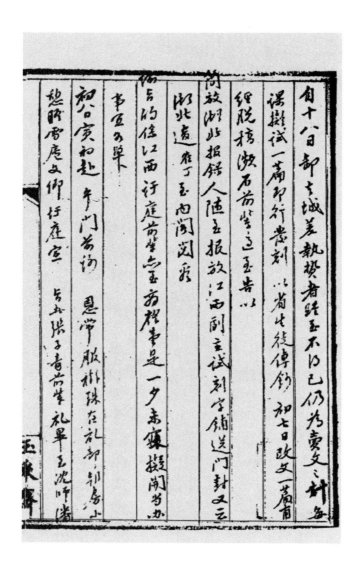

《味经得隽斋诗文集》（佚）

［民国］《全椒县志》卷十五著录。［光绪］《重修安徽通志》卷三百四十六作《味经得隽斋诗集》，［同治］《全椒县志》卷七作《味经得隽斋集》，谓其"待梓"。

《味经得隽斋课徒草》一卷（存）

清同治三年（1864）刻本，中国国家图书馆、绍兴图书馆藏。中国国家图书馆藏清同治三年刻本，已收入《全椒古代典籍丛书·薛春黎集》第一册。

《薛淮生文稿》一卷（存）

蒋元卿《皖人书录》卷五著录。有清光绪六年（1880）刻本，南京图书馆藏。又有清光绪四年（1878）刻本，首都图书馆藏。首都图书馆藏清光绪四年刻本，已收入《全椒古代典籍丛书·薛春黎集》第二册。

《味经得隽斋律赋》一卷（存）

清同治十一年（1872）刊《薛氏五种》本，中国国家图书馆、上海图书馆、湖南图书馆藏。

清同治十一年刻本《味经得隽斋律赋》卷首薛时雨序曰："呜呼！先仲兄淮生先生之殁，距今已十年矣。寒家以兄弟为师友，雨十五而孤，即随两兄讲艺。仲兄殁后，遗稿未及编辑。比岁庚午，伯兄又殁，雨痛定加痛，前无所承，不可言状，何衰宗之不幸也！雨少时习见仲兄攻苦刻励，昕夕无停晷，朋旧文字有可意者，辄手录之。昆季中稍获佳构，亦必代为收拾而已。所作旋得旋弃，稿或为友人及生徒取去，即有经意潭思之作，亦不复省视重缮，所性然也。癸丑通籍后，雨兄弟分曹中外，踪迹遂暌。少年握手讲艺之乐，渺不可得。丁、戊以后，时事多梗，通家问米盐外，不复能质辨经史疑义。视陆士衡兄弟东头西头，共宅读书，逊之多矣。岁壬戌，先生典试西江士林，喁喁延颈相属，以校阅过勤，遽捐馆舍。行义未大显，而赍志以殁。雨适避地西江，幸得亲视含殓。雨旋奉命从军沪上，直至乙丑杭州挂冠后，始亲至西江，扶仲兄榇归葬。料检箧衍所藏弃文字多丧佚，且涂乙漫漶，略可辨识者，十裁二三。而零缣断简中，丹黄璀璨，雠校殆遍。盖先生于十四经、廿二史之外，若丙部、丁部皆有是正讹字。于前贤王深宁、杨升庵诸人及我朝昆山顾氏、上海陆氏、余姚卢氏、高邮王氏校订之说，一一缮誊，字皆细瘦严密，势若风雨，而波磔不苟。先生之用心，亦已勤矣。昔先生在谏垣，于时政多所匡纠，而时时从质故侍郎王先生茂荫，与之上下其论议。故所陈严而不激，直而不磔。显皇帝热河之狩，累章谏止，皆庋中不下。又力讦三王之罪，欲伏阙拜疏，固诤不去。会乘舆北幸，已发疏，竟不得上。而众谊交口，憸人张目，先生夷然不为动。遂止留圻城，办理巡城团防事务。呜呼！充先生之志，岂仅欲以区区文字传哉？此册所编律赋，乃授徒时改诸生程作，从他处葺录者。又搜得岁科试及翰林馆课诸作，一并厘订成帙。其疏章论议之文，当续搜采开雕，摭拾畸剩，以表先生志节之所在。即以律赋论之，此体唐人颇严，近为之者，于理法多不能合。编中极有条理，体物浏如，援比皆典，亦可于细事验先生用心之勤也。雨师资不逮用，谨条其粗迹以为弁言。呜呼！后世子孙，尚其念之！同治辛未九月壬辰旦，弟时雨谨序。"

中国国家图书馆藏清同治十一年刻《薛氏五种》本，已收入《全椒古代典籍丛书·薛春黎集》第一至二册。

《后七家诗选》七卷（存）

一名《近七家试帖选辑注》，清许乃普等撰，清薛春黎辑，清光绪二年（1876）张兆兰铅印本，首都图书馆、宁波图书馆、苏州大学图书馆藏。

清光绪二年铅印本《后七家诗选》卷首陈彝序曰："国家设科取士，兼用试帖。士之怀铅握椠者，靡不钩心斗角，竞巧争妍。每拈一题，必经营惨淡，以尽其能事而后已。顾其中驱遣典籍，有熟事而生用者，有僻语而隐用者，更有合数事而连类以用者。盖取材宏富，学问渊深，一字一句，各有来历，必反覆引证，详加注释，使读者心领神会，怡然涣然，而后作者之精神与之俱出矣。王子砚耘以名孝廉观政水曹，品学纯粹，兼二吟咏。公暇以坊本《后七家诗》风行海内，几于家置一编。每苦注释缺如，不无遗憾。爰广搜册府，逐句笺解，寒暑一周，始克蒇事。书成，会受而读之。见其探源竟委，考据精详，或有意取于此，而词则见于彼者，必兼引之，以期明显。或有说见于前，而议则聚于后者，必分晰之，以正异同。训诂仿郑氏之笺，古事有仲舒之问。噫！何其盛也！且尊甫小秋观察曾注《养云山馆试帖》行世，流播坊间，不胫而走。今砚耘复成是编以津逮后学，于以知名父之子，必有传人。益征家学相承，渊源有自云。余因乐而为之序。光绪纪元岁在乙亥秋七月，同郡世愚弟陈彝顿首拜序。"

首都图书馆藏清光绪二年刻本，已收入《全椒古代典籍丛书·薛春黎集》第二至三册。

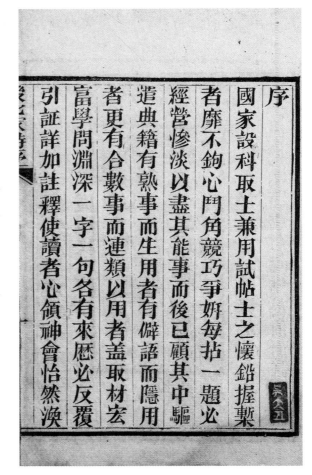

汪壬

汪壬，生卒年不详，字逸麟，一作益林，安徽全椒人。清道光十五年（1835）举人，官江西知县。［民国］《全椒县志》卷十有传。

《蜀游草》六卷（佚）

［民国］《全椒县志》卷十五著录。清金望欣《清惠堂集》卷七作《蜀道游草》，并有《题汪益林壬孝廉〈蜀道游草〉》曰："弟兄万里壮游同，驴背船唇咏最工。才调久传江左右，诗名新播蜀西东。行厨竹里逢严武，团扇花前画放翁。一卷归装争快睹，玉钩写遍薛笺红。"

印廷琛

印廷琛，生卒年不详，字小云，号笔峰砚农，安徽全椒人。尝锄地得石印篆文，其文曰"笔峰山下砚田农"，因自号笔峰砚农。年十五随父避寇东台，研究经史，自为札记。父为天长教官，应胡玉坦之聘，居幕僚二载。益纵力于学，后远游，遇山水名胜，辄发为诗歌。年五十乃为退老计，自作《笔峰砚农小传》，累千百言以标素志。母卒益困，年五十二遂卒。骈散文皆有意境，其咏史诸作与江西宗派为近。围棋称能品。［民国］《全椒县志》卷十一谓邑人邱景章为其撰《传》，今未见。

《同治中兴名臣轶事》一卷（佚）

［民国］《全椒县志》卷十五著录。［民国］《全椒县志》卷十一谓："所著《笔峰山房杂著》及《诗草》《中兴名臣轶事》若干卷，待刊。"

《笔峰山房文》六卷（佚）

［民国］《全椒县志》卷十五著录。

《笔峰山房诗》六卷（佚）

［民国］《全椒县志》卷十五著录。

《笔峰山房杂著》（佚）

［民国］《全椒县志》卷十著录。

金和

金和（1818—1885），字弓叔，一字亚匏，江苏上元（今南京）人，祖籍全椒。金和祖上由松江迁宛平。清顺治六年（1649）六世祖金抱因官迁居南京。金和之父因未中进士，四处行商，其母便寄居在全椒，金和即诞生此处，直至九岁才返回南京。清道光十八年（1838），金和入两江总督陶澍所建惜阴书院并肄业，期间受学于冯桂芬、胡培翚诸大家，学业大进。清咸丰四年（1854），金和出馆泰州陆府。六年，馆于松江刘氏。清同治二年（1863）入惠潮嘉分巡道凤安幕。六年，凤安病卒，太平天国兵败，遂举家北还。十二年金和又外出谋生，入唐廷枢上海招商局，境况不佳，晚景凄凉。清光绪十一年（1885）秋冬之际，金和因病去世。清金和《秋蟪吟馆诗钞》卷首有束允泰撰《金文学小传》。［民国］《全椒县志》卷十亦有传。

《来云阁诗稿》①六卷（存）

清光绪十八年（1892）刻本，中国国家图书馆、上海图书馆、南京图书馆藏。

清光绪十八年刻本《来云阁诗》卷首谭献序曰："闻之全椒薛先生曰：'亚匏振奇人也，至性人也，晚无所遇而托于诗。'光绪初元，乃与君相见于盍山。君时已倦游，少年抑塞磊落之气殆尽，而同气犹相求也。造访逆旅，密坐倾衿，予盖习闻金陵义士翻城之盟，微叩之，君蹙额不欲尽其辞。清言谈艺，逾晷而别，固未得读其诗也。献窃闻之，《诗》有

---

① 《祖香诗钞》乃华亭金和所撰，《仲安遗诗》乃江阴金和所撰，皆非全椒金和之作，公私目录多有著录舛误者。

《风》有《雅》，则有正有变。庙堂之制，雕容揄扬，箸后嗣者，正雅尚已。天人迁革，三事忧危，变雅之作，用等谏书，流而为《春秋》家者，非无位者之事。若夫形四方之风，长言永歌，政和安乐者有之。既不获作息承平之世，兵刃死亡，非徒闻见而已，盖身亲之。甚而《式微》之播迁，《兔爰》之伤败，《清人》之翱翔，《离黍》之颠覆，不自我先，不自我后，则夫悲歌慷慨，至于穷蹙酸嘶，有列国变风所未能尽者，亚匏之诗云尔。大凡君之沦陷，之鲜民，之乞食，一日茹哀，百年思痛，情动于中而形于言，于我皆同病也。《风》之变，变之极者，所谓不得已

而作也。君终焉放废，不复能以变雅当谏书，《春秋》纪衰，亦布衣者所窃取。君蕉萃老死，不再相见。今从束季符令君得读君诗，散佚而后，尚数百篇。跌荡尚气，所谓振奇者在是，缠绵婉笃，所谓至性者在是。昔者群盗窟穴金陵者十二年，贤人君子，出于坎窞。予所识如田君鼎臣、管君小异，皆尝雪涕嚼齿言当日情事，如君之诗。至若张义士炳垣，尤旷代之奇烈。献追哀以诗，差于君诗，为笙磬矣。今者南国江山，重秀再清，风

人涕泪，荡为烟埃，而君已死，不复歌舞为太平之民。然而君固达微之君子，尚在人间，犹将继《山枢》《蒹葭》之音，未能忘情于当世也。光绪十有八年岁在壬辰暮春之月既望，谭献撰。"

中国国家图书馆藏清光绪十八年刻本，已收入《全椒古代典籍丛书·金和集》第一至二册。

《秋蟪吟馆诗钞》七卷（存）

七卷本，民国五年（1916）刻本，梁启超作序，中国国家图书馆藏。

又有八卷稿本，冯桂芬题诗、梁启超题款，中国国家图书馆藏。

民国五年刻本《秋蟪吟馆诗钞》卷首梁启超序曰："昔元遗山有'诗到苏黄尽'之叹，诗果无尽乎。自《三百篇》而汉魏而唐而宋，途径则既尽开，国土则既尽辟，生千岁后而欲自树壁垒于古人范围以外，譬犹居今世而思求荒原于五大部洲中，以别建国族，夫安可得？诗果有尽乎？人类之识想若有限域，则其所发宜有限域，世法之对境若一成不变，则其所受宜一成不变。而不然者，则文章千古其运无涯，谓一切悉已函孕于古人。譬言今之新艺术新器可以无作，宁有是处。大抵文学之事，必经国家百数十年之平和发育，然后所积受者厚，而大家乃能出乎其间。而所谓大家者，必其天才之绝特，其性情之笃挚，其学力之深博，斯无论已。又必其身世所遭值有以异于群众，甚且为人生所莫能堪之境。其振奇磊落之气，百无所寄泄，而壹以迳集于此一途，其身所经历，心所接构，复有无量之异象以为之资，以此为诗，而诗乃千古矣。唐之李杜，宋之苏黄，欧西之莎士比亚、戛狄尔，皆其人也。余尝怪前清一代，历康雍乾嘉百余岁之承平，蕴蓄深厚，中更滔天大难，波诡云谲，一治一乱，皆极有史之大观。宜于其间有文学界之健者，异军特起，以与一时之事功相辉映。然求诸当时之作者，未敢或许也。及读金亚匏先生集，而所以移我情者，乃无涯畔。吾于诗所学至浅，岂敢妄有所论列。吾唯觉其格律无一不轨于

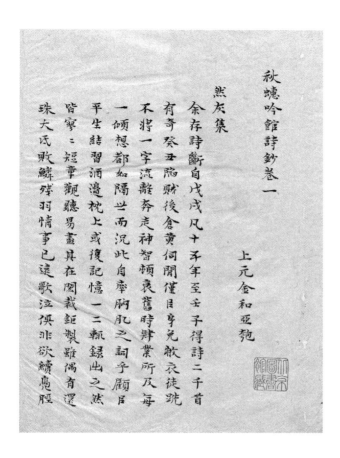

古，而意境气象魄力，求诸有清一代未睹其偶，比诸远古，不名一家，而亦非一家之境界所能域也。呜呼，得此而清之诗史为不寥寂也已。集初为排印本，余校读既竟，辄以意有所删选，既复从令子仍珠假得先生手写稿帙，增录如千首为今本，仍珠乃付精椠，以永其传。先生自序述其友束季符之言，谓其诗他日必有知者。夫启超则何足以知先生，然以李杜万丈光焰，韩公犹有群儿多毁之叹，岂文章真价必易世而始章也。噫嘻。乙卯十月新会梁启超。"

《叶景葵文集》所载《秋蟪吟馆诗钞跋》曰："亚匏先生生二子，长名遗，字是珠；次名还，字仍珠。仍珠与余交最密。光绪乙酉科举人，入河东运使幕，由佐贰保升知县，分山西补用，委办归化城教案，为晋抚岑春煊所赏，调充抚院文案。光绪壬寅秋，赵尚书由山西布政使护理巡抚，余就其聘为内书记，始与仍珠朝夕相见。癸卯，尚书调任湘抚，余与仍珠同案奏调，同充抚院文案：余司财政、商矿、教育；仍珠司吏治、刑律、军务、交涉。旋出署澧州知州，政声卓然。未半年，调回文案。桂事起，湘边吃紧，仍珠筹画防剿事宜，因应悉当。力保黄忠浩熟娴韬略，可以专任，尚书深韪其言。尚书奉召入都陛见，陆元鼎继任，仍珠仍留文案。陆过武昌时，张之洞痛诋黄忠浩与革党通，不可再予兵权，意欲以张彪代之。陆与仍珠疏，初颇疑金、黄句结，后黄军所向有功，仍珠善于料事，又长辞令，陆大信任之。时尚书已拜盛京将军之命，奏调仍珠赴奉。余本以文案总办兼财政局会办，仍珠至，以文案总办让之，仍令余会办，又令仍珠会办财政局。未几，又令会办农工商局。终尚书之任，仍珠未离文案。尤长于交涉案件，日俄战后，收回各项已失主权，皆其襄替之力。嗣因营口开埠，章程草案与直督幕府刘燕翼龃龉，大为袁世凯所恶。尚书内调，徐世昌继任，竟以财政案与余同时革职。实则仍珠仅会衔而不问事，乃同被其谤，冤矣！余二人既同去官，同回上海闲居，旋为端方招入两江幕府，又为锡良调至奉天，委办锦瑷铁路交涉，锡又委以奉天官银号会办。尚书二次出关，仍珠仍任文案总办，兼东三省官银号总办。武昌事起，清室动摇，尚书委署奉天度支司，辞不就任；且侦知奉省有潜谋革命者，张作霖势力渐张，力劝尚书归隐，尚书犹豫，同官亦设计阻挠，延至共和诏下，方得去位。然以袁世凯之雄猜，尚书之忠厚，竟能绝交不恶，从容入关，皆仍珠擘画之功也。人民国后，在京蒙古王公，组织蒙古实业公司，公举仍珠为协理，移家北京，入进步党为基金监。梁任公为财政总长，同党公举仍珠为次长，欲藉其深沈谙练之力，为任公补偏救弊，任公甚信赖之。民国十一年，中国银行股东会举为总裁，张嘉璈副之，仍珠能尽张之长而匡其短，维持之功颇大。十四年，在总裁任以积劳得中风疾辞职。由是右偏不仁，神思颠倒，如狂癫之症，逾年忽然清醒，自言如梦初觉，但仍偏废在床。十八年，卒于家，年仅七十三。仍珠少受业于冯蒿庵，为律赋甚工，未留稿。入政界后，长于公牍、章奏，周密而有断制，能弭患于未形，又深悉社会情伪，善为人谋，有疑难事，咸就商取决焉。余生平受益极多，仍珠亦引余为益友也。弱冠孤贫，笔耕不给，饥驱谋食，事畜增繁，操守甚谨严。虽屡近膏脒而积赀有限；病中以遗嘱付托，不过数万金，身后分给二子及诸孙，陆续耗用，未及一年，已艰窘不能支柱。读亚匏先生之诗，其命宫殆世世磨蜗也欤！是珠尤不善治生，沈于痼习，家居营口，为商人司笔札，潦倒终身，时仗仍珠周济。遗嘱内有分给是珠二子之学费，顷闻读书颇有成，差足喜也。仍珠殁，余方在南，事后凭棺一恸，怆感万端，有挽诗云：'平生益友唯君最，又到吞声死别时。病里笑谈仍隔阂，梦中魂气忽迷离。已无笔势铭贞曜，只有琴心殉子期。一恸倘随冥契逝，神州残命况如丝。卅年形影相追逐，君病而今四载强。平旦东方神已敝，浮云游子意何长。焚琴燕寝花无主（侍婢阿琴他适），啜茗公园树久荒（余至京，每日在公园老树下茗话）。遗著未编遗嘱在，含悲郑重付诸郎。庚辰十月初九日追记。'此书初刻成，仍珠以最精印本见赠，展诵数过，藏庋有年。庚辰十月，检书作记，距仍珠之死，已一星终矣。仍珠遗稿，百无一存，读者见余所记，可略悉其生平，盖非一人之私言也。景葵。"

中国国家图书馆藏民国五年刻本，已收入《全椒古代典籍丛书·金和集》第二至三册；中国国家图书馆藏稿本，已收入《全椒古代典籍丛书·金和集》第三至四册。

薛时雨

薛时雨（1818—1885），字慰农，一字澍生，晚号桑根老人，安徽全椒人。清咸丰三年（1853）进士，历任嘉兴知县、嘉善知县、杭州知府等。晚年主讲杭州崇文书院，南京尊经书院、惜阴书院，从事教育活动达二十年之久。与台湾首任巡抚刘铭传为姻亲，著名学者谭献、近代实业创始人之一张謇曾向其问学，晚清政坛三巨头曾国藩、左宗棠、李鸿章更与其共谋国事，来往密切。缪荃孙《续碑传集》卷八十载有谭献撰《薛先生墓志铭》及顾云《桑根先生行状》。

《书经集句文稿续编选本》二卷（存）

清戴槃撰，清薛时雨评选，清咸丰十一年（1861）刻本，中国国家图书馆藏。此本已收入《全椒古代典籍丛书·薛时雨集》第一册。

《五经鸿裁》二十二卷（存）

肄业诸生编，清薛时雨鉴定，清同治十二年（1873）刻本，莱阳市图书馆藏。又有《易经鸿裁》单行本，清同治间刻本，山东省图书馆藏。石印本，韩国首尔大学韩国学研究院藏。

莱阳市图书馆藏清同治十二年刻本，已收入《全椒古代典籍丛书·薛时雨集》第二至八册。

《皇朝水道略》不分卷（存）

稿本，南京图书馆藏。此本已收入《全椒古代典籍丛书·薛时雨集》第九册。

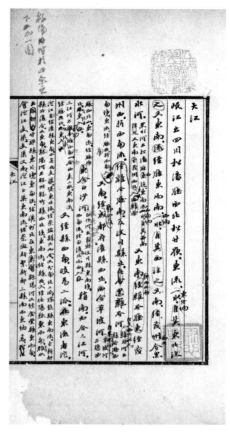

《薛时雨日记》一卷（存）

又题《同治癸亥薛慰农太史日记》，一九五四年抄本，中国社会科学院近代史研究所藏。已收入《近代史研究所藏稿抄本日记丛刊》。此本已收入《全椒古代典籍丛书·综合卷》第六十一册。

《疏通知远》不分卷（存）

清稿本，南京图书馆藏。此本已收入《全椒古代典籍丛书·薛时雨集》第十七册。

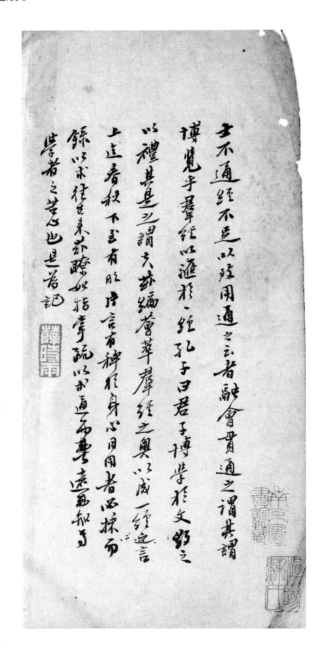

《烟云过眼图录》（佚）

［民国］《全椒县志》卷十五著录。

《藤香馆小品》二卷（存）

清光绪刻本，南京图书馆、苏州图书馆、南开大学图书馆藏。清末抄本，有《续》二卷，复旦大学图书馆藏。南京图书馆藏光绪三年（1877）刻本，已收入《全椒古代典籍丛书·薛时雨集》第十三册。

《藤香馆诗删存》四卷（存）

清光绪五年（1879）刻本，中国国家图书馆藏。

清徐世昌《晚晴簃诗汇》卷一百五十四"藤香馆诗删存"条谓："慰农居杭最久，其诗亦如西湖山水，清而华，秀而苍，往往引人入胜。至伤时感事，沉郁顿挫，骎骎入少陵之室。六十以后不复作诗，属其门人谭献删订全集。献为仿山谷诗例，编《桑根老人精华录》二卷行世。"此《桑根老人精华录》即《删存》之原本也。

此本已收入《全椒古代典籍丛书·薛时雨集》第九至十册。

《藤香馆词删存》二卷（存）

《中国古籍总目》著录为四卷，清同治五年（1866）刻本。

又孙殿起《贩书偶记》卷十八著录为二卷。清光绪五年刻本，中国国家图书馆藏。此本已收入《全椒古代典籍丛书·薛时雨集》第十一册。

《藤香馆诗钞》四卷（存）

清抄本，南京图书馆藏。清同治七年（1868）全椒藤香馆刻《薛氏五种》本，中国国家图书馆、北京大学图书馆藏。

序

诗之为道通於政事盖得温柔敦厚之旨者其人必慈祥恺悌以之从政有不爱民恤物而为良二千石者乎熟漢之龚黄召杜不闻善诗後若大谢之守永嘉小谢之守宣城文采风流足以称其山水矣而政蹟无得而述惟唐之白文公宋之苏文忠公以诗鸣一代而皆官於杭皆兴西湖水利遗爱至今在民观於二公而诗与政通之说益信全椒薛君慰农为白苏之诗官白苏之地而即行白苏之政非所谓诗人而循吏者欤余初未识慰农咸豐丙辰客浙抚署君方为嘉兴令岁大早以不善催科去官余固已

清同治七年刻本《薛氏五种》本《藤香馆诗钞》卷首有薛时雨自赞曰："谓尔储用世才耶？尔胡不与中兴郭、李为徒？谓尔裕寿世学耶？尔胡不研训诂，阐性理，窃附于汉宋大儒？谓尔真能遁世无闷耶？尔又胡不友深山之麋鹿，狎故土之樵渔？而乃弃官于强仕之岁，托迹在都会之区，缟纻之交，卿相下顾，宫亲之禄，馈粥差敷。偶逍遥乎风月，时往来于江湖。酒户推臣，诗材颇粗。是殆自适其情之所适，而不争仕途之得失荣枯。"

藤香馆诗钞卷一

全椒 薛时雨 慰农

甲寅

出山四首

少小甘貧賤不羞短後衣鄉居三十年悠然吟采薇蓬蓽羅生徒舌耕療我飢花木有供奉林泉無是非四度頁春風乞巳丁未庚戌壬願言守荊扉淡泊足自養泯此得失機中歲忽改轍萬言試京畿一第偶廚名志與生平違小草耐枯槁爝火輝煌策蹇登長途未行先思歸古人奉檄喜端為親在堂樹靜風不停策名無輝光弱齡

卷一 一

清同治七年刻本《薛氏五种》本《藤香馆诗钞》卷首秦缃业序曰："诗之为道通于政事，盖得温柔敦厚之旨者，其人必慈祥恺悌。以之从政，有不爱民恤物而为良二千石者乎？然汉之龚、黄、召、杜不闻善诗，后若大谢之守永嘉、小谢之守宣城，文采风流足以称其山水矣，而政迹无得而述。唯唐之白文公、宋之苏文忠公以诗鸣一代，而皆官于杭，皆兴西湖水利，遗爱至今在民。观于二公，而诗与政通之说益信。全椒薛君慰农为白、苏之诗，官白、苏之地，而即行白、苏之政，非所谓诗人而循吏者与？余初

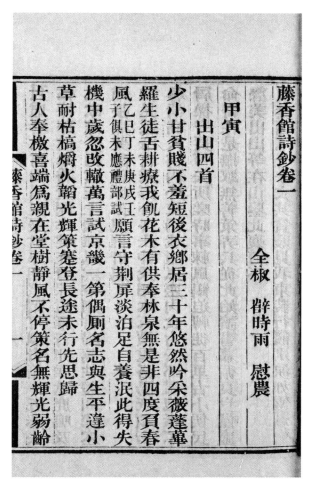

未识慰农，咸丰丙辰客浙抚署，君方为嘉兴令，岁大旱，以不善催科去官。余固已心知为循吏矣。庚申二月，君及朱太守述之、江二尹殻叔同校敷文课卷，余亦与焉。三人者不过日披百余卷，而君则倍之。评点甲乙，不爽锱黍。余乃大叹服，始与订交，并得读其《秋闱纪事诗》。然终以时文家目君，尚未知其诗之多且工如是也。同治癸亥，余从军沪上，君亦继至。军书之暇，间出其诗示余，余始知君为诗人矣。

及乙丑来浙，君已擢杭州守有年，政声藉藉。虽其治好以诗书化民，而自为诗盖寡，余亦未读其全集也。既而挂冠去浙，越二年，复来主崇文讲席，余适居忧无事，遂相与为诗会，半月一集湖上。君诗辄先成，同人皆三舍避。君又自编其集为四卷，卷得诗二百余首，使余订定而序之。君居杭久，其诗如西湖山水，清而华，秀而苍，往往引人入胜，趋向固不外白、苏二家。而伤时感事之作，沉郁顿挫，且骎骎乎入杜陵之室。然后知白、苏不足以尽其诗，而诗亦不足以尽其生平也。方君守杭当大乱后，经营草创，安缉抚循，其事固有难于二公者。虽幸际圣明，万不至如坡老之忧谗畏讥，而一旦谢政而归，囊橐萧然，田园芜秽，又何有乎杖履优游之乐，似又难自比香山矣。然为诗人为循吏，二公同，即君亦同；而论三人之遇，同之中又有不同焉。君年始五十，度未能终老东山，他日复出而大用于世，则吾读其清庙明堂之篇，尤乐得而为之序已。同治丁卯秋，无锡秦缃业。"

清同治七年刻本《薛氏五种》本《藤香馆诗钞》卷首赵铭序曰："夫射旸谷之曦，若木启其秀；汇璇源之水，明珠濯其辉。灵凤蟠霄，自吐奇响；潜虬在壑，亦媚幽姿。良以神观内莹，则惊采外绚；渊量静挹，则瑰情动摅。自非胚孕六代，陶冶三唐，而能臻此胜乎？吾师桑根夫子，儒雅宗匠，神仙宰官。希心夷惠之间，抗迹白苏之亚。清谈偃麈，不祖元风，大道犹龙，足母群物。故以澂怀复迈，天藻艳发，笼挫万有，卷舒一心。古称长卿赋非人间来，世传摩诘诗作天外想。今年夏，裒集付雕，编成四卷。标圭臬于词场，树敦槃于艺苑。原其雅诣，无间风骚；乃若芳规，有资谱述。夫子始登上第，出典专城。尚方赐其凫舄，明湖涤其鱼釜。黄花古戍，筹笔霜飞。携李名都，下车风动。种花一县，艺兰百畹。衙参初罢，引儒席而披珍；原稼乍巡，听农歌而命酌。麟湖泛艓，月话题襟；鸳渚归艎，烟心入画。斯宣城之逸轨，鲁山之新乐也。已而转蓬澈水，晞发章门。揖孺子之亭，参涪翁之社。时则长淮方斗，钱塘再墟。余皇夜呼，湛卢夕啸。览古吊昆明之劫，升高雪清流之涕。大泽风起，苍虬独吟；空山雷詟，黑鹄几裂。重以涉洹声伯，梦琼瑰而戒途（谓侍御淮生先生）；渡江献之，忆桃叶而增楚。星轺蜕茀，怆乎崇朝；珠泪玉烟，长此终古。斯灞岸之喟叹，同谷之悲歌也。郁林轻装，时复泛海；山松故垒，起而从戎。方赞平吴之功，旋有武林之拜。江山故国，铜狄可摩；父老遗民，辽鹤斯在。拯之涂炭，春台俨其华胥；例以珪璋，才薮融其墨海。文藻所濡，弦歌与答。居士六一，宜画舫之题斋；汲僧两三，熟冷泉之判事。斯始平之清咏，道州之仁言也。南峰北峰之地，一丘一壑之志。华绂才解，嚣尘不撄。跌宕林峦，江水证其归橐；提举宫观，祠禄代其儒餐。辟槐市谈经之廛，倾元亭问字之酒。时曳竹杖，往来白云。或披萝阴，俯仰丹岫。桂树小山之隐，非灵鹫而可招；梅花明月之锄，无癯鹤而亦剧。溪阁吟晚，松风转清，山楼眷晴，箓露弥润。斯又鼓泽之憺词，襄阳之高韵也。盖夫子之诗，趣缘骨隽，理以神超。其覃思也，幼眇而靓深；其振音也，锵洋而激壮。清新之作，弥见老成；雄丽之词，不掩逋峭。所谓宏长风流，增益标胜者与？铭识愧蠡莛，业惭陶铸。援琴海上，能移我情，奏乐钧天，恍接于梦。恭承绪论，命缀璨言，授简以来，罔知所应。譬则鸿翔辽廓，视数泽而已，非鱼游溿溟，窥汀营而滋陋。虽复僭为嚆引，未能得其仿佛。若夫东山再起，曾闻安石；《会昌一品》，亦序卫公。后之继者，将在斯乎？则亦唯赞叹俱穷，胝沫不厌而已。"

叶景葵《叶景葵文集》所载《藤香馆诗钞跋》曰："桑根山人于同治间为吾杭贤太守，与光绪间之林太守后先辉映，均能扶掖后进，振兴文教。桑根辞官后，又来主崇文讲席，及门甚众。家刊五种，板毁印稀，求之不获。陈仲恕丈汉第检得旧藏，移赠合众图书馆，志在永久保存，其意可佩。仲恕尊人蓝洲先生为桑根翁门下士，师承有自，此亦楷书之一种也。庚辰十月，景葵记。"

南京图书馆藏清抄本，已收入《全椒古代典籍丛书·薛时雨集》第十一至十二册。中国国家图书馆藏清同治七年全椒薛氏藤香馆刻《薛氏五种》本已收入《全椒古代典籍丛书·薛时雨集》第十三至十四册。

《藤香草堂诗稿》不分卷（存）

清咸丰十一年（1861）刻本，中国国家图书馆藏。

《藤香馆诗续钞》二卷（存）

清同治七年（1868）全椒藤香馆刻《薛氏五种》本，中国国家图书馆、北京大学图书馆藏。中国国家图书馆藏本已收入《全椒古代典籍丛书·薛时雨集》第十五册。

《藤香馆词钞》一卷（存）

包括《西湖櫓唱》《江舟欸乃词》两种。《西湖櫓唱》亦有单行本，一作《西湖櫓唱词》，一卷，咸丰刻《同人词》选本。《藤香馆诗钞》及《藤香馆词钞》均收入《清代诗文集汇编》第六百七十一册。

有《藤香馆词钞》一卷，清同治七年（1868）《薛氏五种》本，中国国家图书馆、北京大学图书馆藏。

清咸丰十一年刻本《藤香草堂词稿》卷首薛时雨《西湖櫓唱序》曰："余以甲寅抵浙，需次几两载，其间听鼓省垣，从公外郡，每有暇暑，辄以长短句自娱。积成一卷，题曰《西湖櫓唱》。秀水孙次公外史瀜曾刊入《同人词选》，宝山蒋剑人司马摘入《芬陀利室词话》。嗣是两任剧邑，又奔走南北，间有所作，亦附入焉。庚申遭浙变，播越经年，藏书散佚。辛、壬之交流寓江西，寇警日逼，心摇摇如悬旗。贼退，稍事摭拾，而生平长物，遗弃略尽。偶于敝箧检得《櫓唱》初稿，十存四五。适亡侄葆樟随侍，为抄录之。癸、甲以后，重膺民社，时会垣新复，事事草创，日不暇给。直至乙丑闰后挂冠，始得重亲翰墨。既订诗稿，遂兼及词。取樟侄所录，并近作都为一卷，仍其旧名。噫！余俗吏，非词人也。顾十年游迹，强半寄此。姑编存之，以志春梦。若云搓酥滴粉，咀宫含商，于律法不差铢黍，则词人之能事，俗吏谢不敏矣。同治丙寅冬十月。"

清咸丰十一年刻本《藤香草堂词稿》卷首薛时雨《江舟欸乃序》曰："蘧伯玉行年五十，而知四十九年之非。余四十有九矣，生平之非在直，居官涉世，获戾不少，思有以变化之。计文字中最曲者莫如词，簿书鞅掌，久弗托于音矣。乙丑闰后挂冠，由之江买棹，出吴门，陟金焦，渡扬子江返里。复西上至皖江，过彭蠡湖，达章江度岁。丙寅自章江归，再经里门，泛秦淮，涉黄浦，重入钱塘。往返七千里，舟中壹意倚声，积成一册，题曰《江舟欸乃》。自取读之，律疏而语率，无柔肠冶态以荡其思，无远韵深情以媚其格。病根仍是犯一'直'字。噫！言者，心之声；几者，动之微。词翰小道，无足比数，顾能直不能曲，倘所谓习与性成耶？游迹所寄，姑录存之，以志吾过。欲寡未能，吾其私淑蘧大夫乎！桑根山农自记。"

中国国家图书馆藏清同治七年全椒藤香馆刻《薛氏五种》本《藤香馆词钞》，已收入《全椒古代典籍丛书·薛时雨集》第十五册。

《藤香草堂词稿》一卷（存）

清咸丰十一年（1861）刻本，浙江图书馆藏。此本已收入《全椒古代典籍丛书·薛时雨集》第十二册。

《中锋集初编》不分卷（存）

肄业诸生撰，清蔡鼎昌、吴乃斌校编，清薛时雨鉴定，清同治九年（1870）刻本，中国国家图书馆藏。此本已收入《全椒古代典籍丛书·薛时雨集》第十六册。

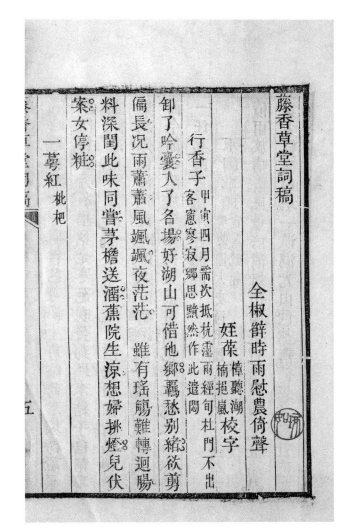

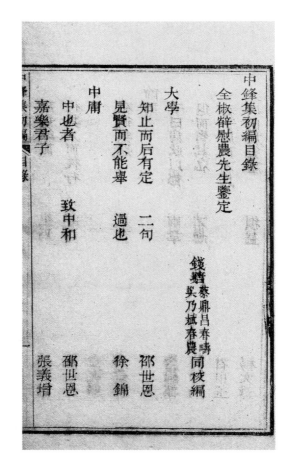

《藤香馆启蒙草》一卷（存）

清同治七年（1868）梧竹山房刻本，上海图书馆、苏州大学图书馆藏。

清同治七年刻本《藤香馆启蒙草》卷首薛时雨自序曰："余不作时艺者十五年于兹矣。通籍后出而为宰，雅好谈艺而实未构一艺。挂冠后主讲湖上，院课之外，诸生结文社者争以括帖就正。社中半成材间，为厘订其章法，点窜其字句，亦从未改一全篇，作一拟程也。是年夏，挈樨侄、楹儿归里应童子试。樨侄年十五，楹儿年十二，余颇姑息，又衰退，不乐训蒙，故儿侄之蒙昧也特甚。舟中始亲督课之，日构一艺，令其模仿。往返两阅月，得文六十首。里中老友陈秀千、俞俊生两明经见之，谓'其神骨非凡，尺幅中有纵横之势，名家小品亦不是过。故乡兵燹后，文字将失传，子何不付手民而惠后学乎？'余曰：'嘻！是游戏笔墨也。留覆酱瓿可耳，乌足以问世？'秋初至杭州，适坊友拟刻小题文，属余选定。余不耐搜集，因忆陈、俞两君言，径以己作付之。工既竣，重加校勘，觉其文虽甚浅近，而矩法一本先民，尚无庸滥习气，不足言问世，启蒙焉可矣。因颜之曰《启蒙草》，纪实也。噫！余老矣，文章政绩一无表见今者。祠禄滥叨，湖山小住，又不能壹意著作，成一家言。回忆弱冠补博士弟子员后即为村学究，坐青毡十六年，课徒作不下千余首，悉皆散失。老年引退，万虑皆空，顾孜孜焉以启蒙为事。且又似欲藉启蒙草传者，是仍村学究之面目而已，可愧也。夫同治七年岁次戊辰孟秋之月，全椒薛时雨自识。"

上海图书馆藏清

同治七年梧竹山房刻本，已收入《全椒古代典籍丛书·薛时雨集》第十六册。

《湖舫文会课艺》不分卷（存）

肄业诸生编，清薛时雨评定，清同治六年（1867）刻本，上海图书馆、苏州大学图书馆藏。上海图书馆藏清同治六年刻本，已收入《全椒古代典籍丛书·薛时雨集》第十七册。

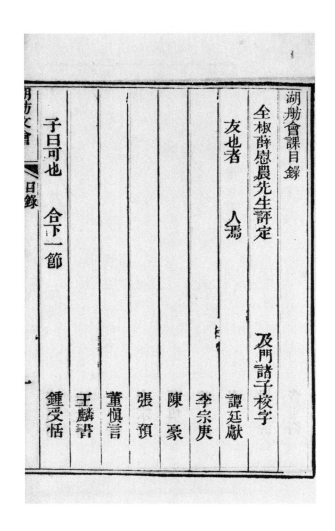

《崇文书院课艺初编》不分卷（存）

清徐恩绶、高人骥、孙诒绅编，清薛时雨鉴定，清同治六年（1867）刻本，浙江图书馆、宁波市天一阁博物院藏。

清同治六年刻本《崇文书院课艺》卷首薛时雨序曰："杭州三书院课艺，向择其尤雅者锓板，为院士程式。丁卯时雨主崇文讲席，既袭其文镌之，乃为序其简曰……窃谓制艺一道，著作家辄鄙薄之，然实有根柢之学焉。外无所得于经史，内无所得于身心，其文必不能工。即工矣，或貌为先正，不古不今，则其道亦不能一轨于正。独好学深思之士，为能陶镕斟酌出之。其法度必宗乎古，其体裁必合乎今，其为学也平实而正当，其

为志也洁净而精微，其为言也光明而俊伟。持是以试于有司，宜无不得当者。今集中持择之文，虽不能一格，然亦庶几乎此意……是编起乙丑，至丁卯，凡三年官师月课之作，悉采择之。其从前三书院合刻，兵燹后久经散失云。同治戊辰春正月，全椒薛时雨序。"

宁波市天一阁博物院藏本已收入《全椒古代典籍丛书·薛时雨集》第十八至二十册。

《崇文书院课艺续编》不分卷（存）

清徐恩绶、高人骥、孙诒绅编，清薛时雨鉴定，清同治七年（1868）刻本，宁波市天一阁博物院藏，已收入《全椒古代典籍丛书·薛时雨集》第二十至二十一册。

《尊经书院课艺初刻》不分卷（存）

肄业诸生编，清薛时雨鉴定，清同治九年（1870）刻本，中国国家图书馆、南京图书馆藏。

清同治九年刻本《尊经书院课艺》卷首薛时雨自序曰："昔欧阳永叔有言，都会物盛人众，而又能兼有山水之美者，唯金陵、钱塘。览其人物之盛，丽则文采，可想见焉。时雨宦游钱塘久，颇习其山水。挂冠后，忝主崇文书院讲席，与此邦多文字交。而金陵，则又乡者应举地也。大江南北，人文所聚，魁奇辈出，名卿硕儒，所以陶冶而成就之者。时雨少时皆所饫闻而习见，今且将及四十年矣，洊经寇乱，凋谢殆尽。当粤逆戡定之初，天子俞疆臣请，特举科场，修学校，中兴文教，穆然有投戈讲艺之风。然后书院以次复，都人士稍稍来集，争自濯磨。曾未五年，而金陵文物，称重东南，复隐与钱塘埒。岁在己巳，时雨以谷山制府聘，承乏尊经书院。院中士肄业者二百人有奇，视承平时已减。然朔望官师课文，多可存者，制府因属为选刊，以谂多士。起乙丑二月，迄己巳十二月，积一百余课，存文若干首。时雨学殖荒落，愧无以为诸生益。至论举业之要，则曩刻崇文院课，已备言之矣。夫文章行世，若舟车然，不必尽沿古式也。而其为输为辕为楫为柂之用，则终古而不易。又必其材良而质坚，工精而制巧者，始适用焉。以是为经涂之轨，通津之筏，而无所碍。今诸生所诣，虽未遽底于大成，所幸居都会之地，得山水之助，群材辐凑，观感有资，虽耆宿凋残，而后进之登胶庠者，如云而起。由是磨砻砥厉，日新月盛。上以承天子作人之化，下以副大吏培材之意，则是编也，又时雨之所乐观其成，而愿与益进于无疆也。时同治八年季冬之月，全椒薛时雨序。"

中国国家图书馆藏清同治九年刻本，已收入《全椒古代典籍丛书·薛时雨集》第二十二至二十四册。

尊經書院課藝目錄

山長薛慰農先生鑒定　　　　肄業諸生編次

康誥曰作新民　二節　　　　麗觀察課　姚兆頤 友梅　　盧益雲谷

爲人父　四句　　　　　　　麗觀察課　姚兆頤 壬生

有斐君子　忘也　　　　　　周山長課　劉汝霖 雨生　　朱期保佑之

富潤屋　三句　　　　　　　薛山長課　盧鑒　　朱紹亭

引詩書以釋新民　姚兆頤

康誥曰作新民詩曰周雖舊邦其命維新

《尊经书院课艺二刻》不分卷（存）

肄业诸生编，清薛时雨鉴定，清同治九年（1870）刻本，中国国家图书馆藏。此本已收入《全椒古代典籍丛书·薛时雨集》第二十四册。

《尊经书院课艺三刻》不分卷（存）

肄业诸生编，清薛时雨鉴定，清同治十二年（1873）刻本，中国国家图书馆、苏州大学图书馆藏。清同治十二年刻本，中国国家图书馆藏，已收入《全椒古代典籍丛书·薛时雨集》第二十五至二十六册。

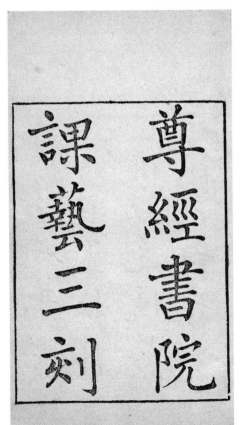

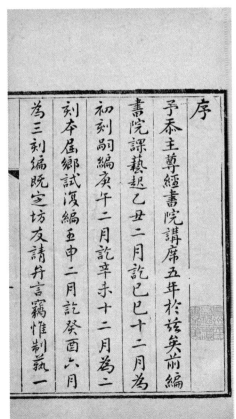

《尊经书院课艺四刻》六卷（存）

肄业诸生编，清薛时雨鉴定，清光绪五年（1879）刻本，中国国家图书馆、苏州大学图书馆藏。中国国家图书馆藏本已收入《全椒古代典籍丛书·薛时雨集》第二十六至三十册。

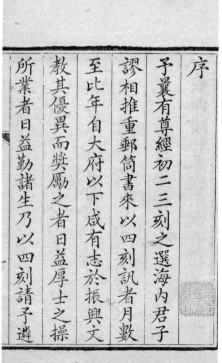

序

予襄有尊經初二三刻之選海內君子

謬相推重郵筒書來以四刻訊者月數

至比年自大府以下咸有志於振興文

教其優異而獎勵之者日益厚士之操

所業者日益勤諸生乃以四刻請予遴

《尊经书院课艺五刻》（存）

肄业诸生编，清薛时雨鉴定，清光绪九年（1883）刻本，中国国家图书馆藏。

清光绪九年刻本《尊经书院课艺五刻》卷首薛时雨序曰："辛巳之岁，予构庐乌龙潭之阳，诸生亦筑永今堂息予。其地面山俯潭，景物明瑟。潭久不治，茭葑纵横，水浅盈寸。明年，始集畚捐，荡涤而疏浚焉。又一年，建诸葛忠武、陶靖节祠于潭西之蛇山，杂莳梅竹松柏之属，扶筇探幽，苍翠四合，予顾而乐之。春秋佳日，载酒从游者踵接也。会太守鄞县赵公嘉惠多士，以己卯迄癸未课艺续刊为请。予乃召诸生而告之曰：今夫蹄涔之水，不足以资灌溉也。必去其障，通其流，然后原泉混混，渣滓

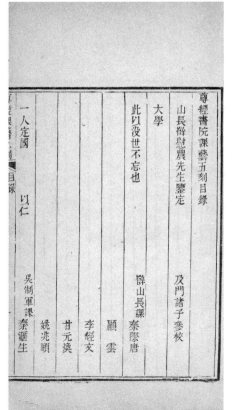

去而清光来。文之洁净犹是也。今夫濯濯之山，不足以快登眺也，必葱茏而绿缛，幽秀而深邃，然后明靓淡冶之态，顷刻万变。文之藻采犹是也。诸生能知山水之乐，则文境当日进。由是而黄河泰岱，蔚为宇宙之大观，吾乌能测其所至哉？课艺之刻，将传世而行远，诸生其勉旃。癸未孟冬，全椒薛时雨序于薛庐之蛰斋。"

中国国家图书馆藏清光绪九年刻本，已收入《全椒古代典籍丛书·薛时雨集》第三十至三十三册。

《尊经书院课艺六刻》不分卷（存）

肄业诸生编，清薛时雨鉴定，清光绪刻本，中国国家图书馆藏。此本已收入《全椒古代典籍丛书·薛时雨集》第三十三至三十四册。

《惜阴书院西斋课艺》八卷（存）

肄业诸生编，清薛时雨鉴定，清光绪四年（1878）刻本，南京图书馆藏。

清光绪四年刻本《惜阴书院西斋课艺》卷首薛时雨序曰："金陵文物望海内，凡书院四：曰凤池，课童子之有文者；曰钟山、曰尊经，课举子业；曰惜阴，课诂经之作与诗古文词，经始于陶文毅，癸丑毁于兵，曾文正与合肥伯相复之。主钟山者为临川李大理，瑞安孙学士继之；主尊经者为乌程周侍御，而继之者予。惜阴无主之者，以钟山、尊经两院长分校其卷。予己巳来金陵，尊经书院未落成，马端敏馆予于惜阴，今且十年矣。当伯相规复时，大难甫夷，扫地赤立，而独书院之是务，不唯制艺之在功令也，又汲汲以词章训诂为诸生导，一若非当世之亟者。然国之元气与士气相消长，士气不振，则桀猾者无所放效以几于善；且豺虎所窟宅，其凶鸷痛毒之气，非鼓歌弦诵，不足渝袚而更新之。然一于科举速化之术，而不知通经学古，士亦日汨于禄利，无以广己而造于大。嗟乎！此文毅、伯相所以汲汲于惜阴也。今年诸生请刻惜阴课艺，予与学士各遴其尤者。钟山书院在城东偏，而予居清凉山麓，因以东西斋别之。既卒业，诸生乞予一言，予之衰钝，何足益诸生？然为一日之长，又殿最诸卷久，愿诸生益扩其器识，酌古今之通，待用于世。上之匡时弼教，郁为右文之治；次亦出其所业，待诏阙下，备天子之顾问。国有大典礼，研京炼都，润色鸿业，亦足张相如、子云之风。不幸而不遇，犹得键户述作，比烈雅颂，垂不朽于后世。使天下知儒者之业有其远者大者，不同于刀笔筐箧之士。若穷年尽性汩没于词章训诂，无当于用，岂予所望于诸生与文毅、伯相创之、复之之意耶？光绪四年岁次戊寅孟冬之月，全椒薛时雨。"

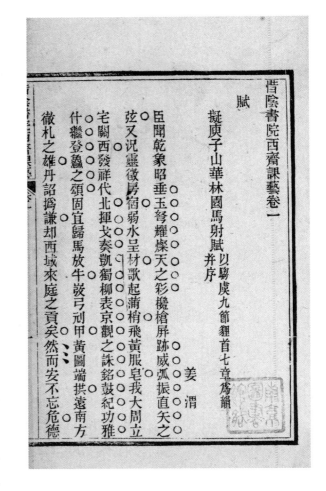

此本已收入《全椒古代典籍丛书·薛时雨集》第三十五至三十八册。

《桂杏联芳》不分卷（存）

清薛时雨评选，清光绪五年（1879）刻本，南京图书馆、苏州大学图书馆藏。

清光绪五年刻本《桂杏联芳》卷首薛时雨序云："有明一代以文章取士，自归熙甫以下，如陶庵、卧子诸公率皆振采扬声，雄长坛坫。洵韩子所谓终古常见而光景常新者也！国家沿明旧制，名公巨卿肩背相望行文之旨，大都以清真雅正为归。施之既久，习是业者，撦浮词，剿陈说，仅以揣摩风气为事。否则枯槁诡诞，貌似高古，藉欺衡文者之耳目。吁！文体所以日坏也。余解组后，主讲崇文。越二年，移席尊经两院。文选后先接踵，一主清真雅正，颇为谈艺者所称道。今年又届大比，坊友复以时艺求选于余。余择其尤精者，得若干首，名曰《桂杏联芳》。是编诸作，切理厌心，经经纬史，上不背古，下不违时，果能由斯道而进求之，取青紫如拾芥矣。选既定，因书数语于简端，区区苦衷，观者应默鉴焉。光绪五年孟春下浣，全椒薛时雨序。"

南京图书馆藏清光绪五年刻本，已收入《全椒古代典籍丛书·薛时雨集》第三十九至四十册。

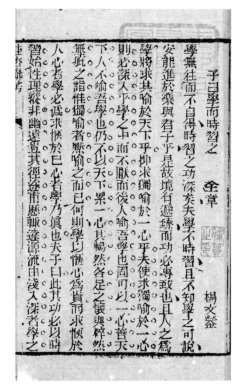
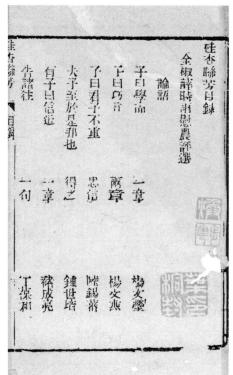

《东城讲舍课艺》（存）

清同治八年（1869）刻本，上海图书馆藏。

清薛时雨有《东城讲舍记》曰："昔元至正十八年，江浙廉访丑的等重葺西湖书院，贡师泰记之。谓其在崎岖戎马之中不忘诗书礼乐之事，以为深知治本。明弘治十年，巡按吴一贯革杭城尼寺，改建社学二十二所，士习为之丕变。然则兴贤育才不特为振起人文，发扬科目之本。凡主持风化、培民俗，而杜乱萌于是乎击，不可谓非长吏之责也。杭郡山川钟秀，人文科目甲天下，会粤寇扰，衣冠涂炭，皇上御极之三年，宫保左公暨各大宪统率大军，靖寇苏民，百废俱举。方伯蒋公倡修书院，作养二林。余承乏兹土，思辟讲舍，与长才秀民以时讲贯，踵美于阮相国西湖诂经精舍，而上副今大宪鼓舞作新之意。因得孝义庵故基于庆春桥西，庵旧名无碍，为明释袾宏，号莲池，及其室汤号太素者梵修地。劫后钟鱼虽具在，住持者颇失梵修本旨。余深病之，见地虽近市，尚不至湫隘而嚣，且礼殿、堂庑、门宇、垣墉，阶碱、领之属，规模矗备，易于集事，爰属杭郡生丁丙经理厥役。朽者易之，缺者补之，漫漶者饰之。后楼三楹设位祀许、郑两经师，中三楹为讲堂，上构庋阁，仍庵莲池太素栗主，示不忘故也。前有门塾，傍有廊舍，敞书楼以待来学之士。拓厅事，为晏息之所。又割西偏余屋为赁肆，取租入以供閹庖之费。然后讲习有庐，升降有堂，膳馐有厨，舍中人得以相与陶冶而有合于古社学之遗意。既成，颜曰'东城讲舍'。举诸生中有文行者与焉，课举业经艺外，兼课诗赋杂文，月凡再举，择尤定额，月给膏火笔札以奖励之。思夫古人讲学之方原不专诵章句，与夫绨缋雕琢鞶龙虎之文，以博声薪荣，必将以为孝弟忠信可讲，行道德仁义可讲，而明兵农刑政、天地民物之大原可讲，而得如是，入则为名臣，出则为良吏，即伏处里閈亦可砥砺，各节仪型后进而不失为纯儒。士之登斯堂者，庶几知原本经术。诵法先儒，因文见道，日镞而月厉之，卓然为明体达用之学，勉为全浙人文之冠冕，上以报朝廷科目取士之盛典，而下不负兴贤育才者之心。俾兹舍之设，得与贡师泰所记之西湖书院、吴一贯所改之社学并辉志乘焉。是则所厚望于多士者也。同治四年岁次乙丑八月。"

清同治八年刻本《东城讲舍课艺》卷首又有薛时雨《东城讲舍课艺序》曰："予守杭州日，废浮屠之宫以为东城讲舍。时兵气初定，文学未昌。人士皆仳离蕉萃，敝衣冠来揖庭下，犹喘喙茧足也。然而校其文章，乃昌昌愉愉而不失规矩，于以觇风教焉。百度初举，物力有不及，月试之日，无以为膏火之资，薄俸所分者有限。此邦人士，修饬学行，乐与砥厉，不懈益亲，文艺日进，每课辄改观。予方昕夕簿书，草创群政，而亦乐此不为疲也。复于其间进贤者，与之说经，兼及辞赋，皆彬彬有则矣。是岁始举乡试，补行二科，讲舍肄业者获隽至三四十人。学使者贡拔萃之士，尽出于讲舍，而予即以是秋谢病去官。刘君笏堂、谭公文卿、陈君子中、陈君伯敏相继治杭，皆有教养之志。所以讲舍谋久远者无不至，师儒有奉也，生徒有廪也，规制益密，文艺益盛。秀水高孝靖先生主讲三载，然后诸生之说经有家法，辞赋不为华词，取材落实，将在于是。予去官后乃主崇文书院，往时群士羔雁相见，讲舍之知名者居多。高先生以己巳夏捐馆舍，山木之感，衣冠奔走。予时已来江宁，讲舍之士举乙丑至戊辰四年课艺邮寄选定，曰高先生志也。予在杭州已两刻《崇文课艺》，江宁亦刻《尊经书院课艺》，纵衡铅椠，结习未忘，乐与编辑之役，乃为著录若干篇，大都媕雅而闳远，无喔咿呫嗶之习，可以观矣。高先生名均儒，字伯平，种学纯厚，经术尤粹。今刻说经之言，皆出先生手定。其卒也，讲舍生私谥孝靖云。同治八年十二月，全椒薛时雨撰。"

《盘亭记》一卷（存）

清同治十二年（1873）刻邗江《盘亭小录》本，浙江图书馆藏。

清同治十二年刻本《盘亭记》卷首薛时雨序曰："古之人有大勋劳于国，拜弓矢斧钺之宠，以铭其器，庸无忘天子之灵命。三代以来，桓碑彝器，瑰奇伟丽之物大较然也。然而霾蚀摧剥于庸夫竖子之手，穷崖幽壑所湮蔽，兵火所消铄，其存者十不二三。幸而一出于世，则又转徙迁革，不得嗜古者之一顾，其光气郁塞，得失乃不旋踵。西周宣王距今二千余年，物之瑰奇伟丽而不彰者，抑又凡几？而虢季子白之盘，独再出再没，而卒归于大潜山人。夫冠高履厚而坐致天下之物者，轩冕者之乐也；校奇字、搜异闻，钩沉弋幽而得其所嗜，泉石者之乐也。冠高履厚者，可以无所不得，而其艺与力独绌，于奇字异闻，盖不可兼也。山人有大勋于国，成而不居轩冕而泉石，而天亦不惜瑰奇伟丽之物，举以畀之，岂非其嗜古之笃之有以召之哉？或曰猃狁之役，仲山甫为帅，方叔佐之，子白实为先行。今伯相李公南定吴越，北清齐、鲁、宋、卫、晋、郑之疆，山人亦所在为先行。子白孔显又光，用锡乘马弓矢并铭盘，山人亦拜土田附庸之赐。子白用钺用政蛮方，山人亦秉律专征。二千余年，若一符节。盘故在常州伪府中，山人以同治甲子复常州得盘。辛未罢军归合肥，乃置亭庋之。癸酉二月来建康，余获睹其所拓盘铭，遂为之记，使知斯盘之瑰奇伟丽，幸而一出而不霾蚀摧剥于庸夫竖子之手者，自山人始也。山人角巾野服，翛然物外，旧时部曲罕识其面，几不知其为故将军者。余犹将一过是亭，与山人鸣铉赋诗，扣盘而歌之。富贵浮尘，何足为山人一映哉！"

《椒陵赋钞》一卷（存）

清薛时雨辑，清吴棠校，清同治十三年（1874）刻本，与《滁泗赋存》合刊，上海图书馆、辽宁省图书馆、蚌埠市图书馆藏。

清同治十三年刻本《椒陵赋钞》卷首吴棠序曰："癸酉夏，思为《滁泗赋存》之刻。念全椒为才士渊薮,致书薛蔚农观察搜辑耆宿诸作。蔚农时主讲金陵书院,汇《椒陵赋钞》七十六艺,交族侄敦甫。敦甫另录寄川,原本寄归蔚农,仍其名为《椒陵赋钞》。以蔚农作殿其后,各赋均堪津逮后学,虽其人之专集不止于是,而有传有不传,则有数存焉。愿同乡后起共宝贵而矜式之。同治十三年甲戌三月,盱眙吴棠叙。”

上海图书馆藏清同治十三年刻本,已收入《全椒古代典籍丛书·综合卷》第六十一册。

孙森

孙森，安徽全椒人，生平不详。

《地理醒世》（佚）

［民国］《全椒县志》卷十五著录。

江敬宗

江敬宗（？—1897），字吉人，安徽全椒人。秉资颖异，髫年作诗赋，为薛春黎、金峘所嘉许，举业屡试不应。印嵩龄、杨攀龙从之游，解释经典宗许、郑一脉。以贡生官贵池训导，每月课士，亲论优劣，尤以躬行实践为归。清光绪二十三年（1897），送诸生赴江南应试，病卒。［民国］《全椒县志》卷十有传。

《梦花轩尺牍》六卷（佚）

［民国］《全椒县志》卷十五著录。

《研精室文稿》二卷（佚）

［民国］《全椒县志》卷十五著录。

印士锜

印士锜，生卒年不详，字铁华，安徽全椒人。廪贡。读书敏慧，清同治初以《芦花赋》受学使赏识，擢为第一。诗笔隽拔，尤长于咏史。初游湖北，有《荆州怀古》诸作，浑浩中立论坚卓。文善骈俪，虽书牍无不雅宕，名闻于时。后巡抚文某延聘其主讲德州书院。［民国］《全椒县志》卷十有传。

《铁砚山房尺牍》六卷（佚）

［民国］《全椒县志》卷十五著录。

《铁砚山房诗》四卷（佚）

［民国］《全椒县志》卷十五著录。

朱藜照

朱藜照，生卒年不详，字筠生，一字筠孙、汉卿，安徽全椒人。清道光十七年（1837）举人，由举人任合肥训导。时合肥失陷，随大营办寿州营粮台，授凤阳府教授。未抵，任以军功叙用知县，赏蓝翎五品卫。工书法，能诗。清金望欣撰有《题朱汉卿藜照孝廉〈意园图〉》诗。［民国］《全椒县志》卷十有传。

《丛云精舍诗集》（佚）

［民国］《全椒县志》卷十五著录。［光绪］《重修安徽通志》卷三百四十六作《丛云精舍诗》。《安徽文献总目》以《筠孙诗钞》为《丛云精舍诗集》别名，误也。

《筠孙诗钞》一卷（存）

清道光十六年（1836）清美堂《蔗根集》本，美国哈佛大学哈佛燕京图书馆藏。此本已收入《全椒古代典籍丛书·综合卷》第六十册。

245

《丛云精舍词》（佚）

[光绪]《重修安徽通志》卷三百四十六著录。

《冰玉词》（佚）

[光绪]《重修安徽通志》卷三百四十六、[民国]《全椒县志》卷十五著录。

金醒

金醒，生卒年不详，字仲和，安徽全椒人。庠贡。博学多能，所为骈体文，得六朝之遗韵。诗词多作于乱离中，其风沉雄凄婉。清同治间纂修县志，尤有功于桑梓。官怀远、铜陵、石埭教谕，所至皆知名。[民国]《全椒县志》卷十有传。

[同治]《全椒县志》（佚）

[民国]《全椒县志》卷十谓："纂修县志，尤有功于桑梓。"

《白荷吟榭文钞》一卷（佚）

[民国]《全椒县志》卷十五著录。

《萍梗集》一卷（佚）

[民国]《全椒县志》卷十五著录。

《饳饤集》一卷（佚）

[民国]《全椒县志》卷十五著录。

《邗江压线集》一卷（佚）

[民国]《全椒县志》卷十五著录。

《吟窝小草》一卷（佚）

[民国]《全椒县志》卷十五著录。

《仲和诗集》（佚）

〔民国〕《全椒县志》卷十著录。

《词钞》（佚）

〔民国〕《全椒县志》卷十著录。

王仲徽、王叔慎、王季钦

王仲徽，生卒年不详，朱藜照妻，王城长女。幼承父训，习针黹外，兼事吟咏。年六十余犹亲课诸孙读。《三珠阁诗存》附其传。

王叔慎（？—1859），字子偕，金鉎妻，王城次女。夫以舌耕为业，其境甚穷，其守愈笃，而其诗益工。乡党中无有出其右者。太平天国战乱，奉姑命避乱于邑之北乡。未几，姑殁，夫妇俱绝粒殉。《三珠阁诗存》附其传。

王季钦（？—1857），金醍妻，王城幼女。幼聪慧，习诗书，以针黹之余闲，寻讴吟之逸兴。《三珠阁诗存》附其传。

《三珠阁诗存》一卷（存）

〔民国〕《全椒县志》卷十五著录。王仲徽、王叔慎、王季钦合著，三人为王城女。附清王城《青霞仙馆遗稿》后，民国二十三年（1934）铅印本，南京图书馆藏。

《三珠阁诗存前集》，清王仲徽撰。民国二十三年铅印本《三珠阁诗存前集》卷首朱恩绥序曰："先外祖王小鹤公以著作材困于场屋，贫而无子，生四女，习诗教者三。吾母其长也，年十八归家君。越八年，二姨母归同里金君鉎。又十年，姨表叔父金君醍娶三姨母。本同宗茂才，以姊妹为叔伯妯娌，踪迹尤密。二姨夫品学纯笃，尝馆于三姨夫家十数年，束修不计值，四壁萧条，日无忧色，性介于取与，里人钦其节概，举征君，辞，壹志奉母，终不乐仕进。二姨母安焉，境益穷，故其诗益工。丁巳，

三姨母殁，濒危之日，目焚其稿曰：'言者，心之声也。身将死，焉用文为？'二姨母搜辑残缺，仅得二十余首。吾母尝阅之，而告绶曰：'吾少时，嗜吟咏，每因累女红，脱稿后多被汝姨表兄索去，久辄健忘，汝时犹未生也。嗣家道中落，祖母继殂，汝父客江淮楚汉间无停岁，家中事唯予一人持。汝同居兄弟七人，日渐长，悉以课读为心，诗事遂废。唯汝二姨母肆力勿衰。'平居幽闲端静，父母姑嫜奉侍唯谨，持家勤，励己约，御众恭，教子毅，则三母如一焉。戊午之乱，绶奉母避北山，与二姨母比邻居，朝夕相聚，困惫无聊，唱酬以自遣。二姨母尝嘱为之序，以志苦况。未半月，寇深入村落，无定居。绶得家君书，遂奉母往庐阳。二姨父母往来山中，贫病不自给，又笃于节义，有招聘者，宁饿死不肯就。己未秋，食尽同毙。乡里哀之，具稿葬，卷帙遂亡。去年秋九月，家君任满，挈眷归，绶与宾朋谈往事，两姨母遗稿复得焉，散佚者已廉半。归告吾母，悲喜交集，亟谋合梓。遂裒订三稿为一卷，颜其眉曰《三珠阁》，从母志，仍其旧也。此阁系先外祖命名，平时爱女如珠，稍出绪余，三母便领会若此，抽妍骋秘，各成一家言。秉鲤庭之懿训，附骥尾以流传，外祖有知，应亦无憾。嗟乎！吾家菉全二百余年，素以文章名世，自支祖完县公暨长君武清公刻《鸿蜚合稿》，诗文益彰；高曾祖父，代有传集。其刻本，予尝检置行箧中，动必相随，时虞残失。迨贼烽犯顺，兵燹频仍，浚井之余，百物灰烬。加之年少性钝，辄不能忆只字，仅得吾母辈闺阁之作，厘而付之剞劂氏，良足悲已。同治七年岁在戊辰季春月，长男恩绶谨识。"

《三珠阁诗存中集》，一名《萱荫兰荪室稿》，清王叔慎撰。民国二十三年铅印本《三珠阁诗存中集》卷首王叔慎《自序》曰："予自于归后，不吟咏者二十年矣。丙辰丁巳间，兵疫凶荒，累人实甚。昼则嗷嗷待哺，夜则奄奄不眠，似此焦劳，几无生理。偶检昔年与鹤孙三妹闺中所作，得若干首，蜂腰鹤膝绝不经心，蝉噪蚓吟只须信口，弃之可也，存何为乎？然见猎心喜，旧态复萌，拈韵情怡，沉疴顿减，未始非疗贫医病之一助也。爰赘数言以博一粲。子偕女史叔慎氏志。"

民国二十三年铅印本《三珠阁诗存中集》卷首周世德序曰："余寄居南屏山下，友人过从，多称三珠阁者。闻之，惜未之见。今春金君秀亭招饮，出其祖姊王叔慎女士《萱荫兰荪室稿》一册，即《三珠阁》之次编也，属为之序。亟受读之，乃叹人世之遭际幸与不幸，文字传与不传，皆有命焉，兹于女士证之矣。女士椒陵世家，父为名宿，无子，以所学授三女。悉工诗，各成一集，合而订之，以'三珠阁'名。女士居次，夫子亦风雅士也。因思其仙露明珠之品，偕吟风啸月之才。果庆遇升平，一室焚香，双棲拈韵，温柔终老，忧患无闻，则人生之幸事，孰有逾于是者？不料粤寇发难，波及椒城，女士随夫奉姑，流离奔走，极艰苦不堪之境，一一发之于诗，卒之槁饿山中，始为绝笔。故音多凄咽，读之者不忍终篇，斯亦不幸也已。然不幸之中所可幸者，当时素学老儒，避乱乡关，终填沟壑；鸿文巨制，荡为灰烬，只字不传，何可胜数。而女士残编断简，幸能传之于今，虽芝叹蕙焚，犹余郁烈；即时移境易，弥觉芬芳，是天将荣以身后之名，必先厄其生前之境，屈于彼而伸于此，非命之有定故耶？至其诗悲壮清新，雅有唐贤遗意。此编一出，行见流传海内，足慰先灵于地下矣。余乃感其遭际之不幸，而许其文字之必传。曩者久慕其名，一旦获睹斯册，快浮大白，书其简端而归之。民国二十有二年癸酉春初，合肥周召亭世德。"

《三珠阁诗存后集》，清王季钦撰。民国二十三年铅印本《三珠阁诗存后集》卷末金如璧跋曰："吾金氏自清初以来，以诗名者，代有传人，而于巾帼中阙如也。有之，自祖妣王始。王为椒邑名族，姊若妹三人承庭训，皆工诗。长适同里朱氏，次为家伯祖廉堂公之德配，三即不肖之祖妣。祖考仲和公性嗜韵语，相得益彰，双栖文字，册积寸许。惜以难产亡，将死，自焚其稿曰：'吾不欲留此，增他日悼亡之感。'故今存者，仅闺中唱和若干首耳。其时，先考子文公髫年入嗣祖考，中馈犹虚，必义比鳏鱼，终身以报，亦可知伉俪之情笃矣。厥后，粤寇发难，先考遇害。先妣程含辛茹苦，守节抚孤。不肖自有知识，每闻祖妣手泽尚在人间，只以力不从心，负疚滋甚。今秀亭堂兄刊其祖妣遗稿，上慰先灵，并录先外曾祖及先大姨祖母与不肖祖妣之诗，裒为一集，冀阅者知渊源有自，萃于一门。在兄推锡类之仁，而弟抒未伸之愿。祖妣之幽光片羽，亦附以传于世，添家门之韵事，表闺阁之多才，诚盛举也。感志数语于卷末。民国二十三年甲戌仲春月，孙如璧谨跋。"

此本已收入《全椒古代典籍丛书·综合卷》第六十册。

朱恩绥

朱恩绥（1836—？）[1]，安徽全椒人。朱蔾照之子。清同治初拔贡，学有渊源。［民国］《全椒县志》卷十有传。

---

[1] 王仲徽有诗赠其子朱恩绥，诗前序曰："大儿恩绥，予第三子也。初余生两子，皆不育，丙申冬，始得绥儿。"是知朱恩绥生于清道光十六年丙申（1836）。

《漱云阁诗集》（佚）

［民国］《全椒县志》卷十五著录。

《步春室遗诗》（存）

民国二十四年（1925）铅印本，中国国家图书馆藏。此本已收入《全椒古代典籍丛书·综合卷》第六十册。

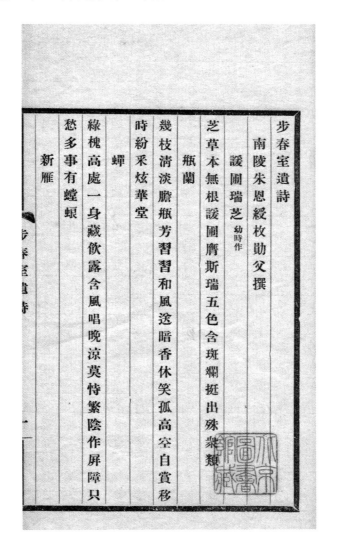

汪甲

汪甲，生卒年不详，字小山，安徽全椒人。清道光年间廪贡。工诗，善骈体。少时先产有余，不求仕进，建列岫楼于南山之麓，与朋辈更相觞咏，有诗集若干卷。后游豫、鄂、川、陕间，行万里得诗数千首。［民国］《全椒县志》卷十有传。

《爱日编珠》（佚）

［民国］《全椒县志》卷十五著录。

《万里新草》八卷（佚）

［民国］《全椒县志》卷十五著录。

《列岫楼诗集》三十六卷（佚）

［民国］《全椒县志》卷十五著录。［光绪］《重修安徽通志》卷三百四十六作《列岫楼诗文集》。

《椒陵余绮》（佚）

清汪甲《煮石山房词钞序》谓："然余方有意搜罗乡前辈遗稿之未入集者，及近人之精粹者刊为一编，名曰《椒陵余绮》，他日其志克遂，当采其尤者录之，以报作者之心，以重故人之惠也云尔。"

吴载基

吴载基，生卒年不详，安徽全椒人。生平不详。

《嵩夫诗草》（佚）

［民国］《全椒县志》卷十五著录。

吴廷襄

吴廷襄，生卒年不详，安徽全椒人。生平不详。

《石屋居士诗集》（佚）

［民国］《全椒县志》卷十五著录。

汪永寿

汪永寿，生卒年不详，安徽全椒人。生平不详。

《是亦园诗稿》（佚）

［民国］《全椒县志》卷十五著录。

石照远

石照远，生卒年不详，安徽全椒人。不以医名，而喜蓄药方，往往灵验。盛夏为人采药，面无难色。［民国］《全椒县志》卷十一有传。

《了我轩诗稿》一卷（佚）

［民国］《全椒县志》卷十五著录。［民国］《全椒县志》卷十一曰："卒后其子书府始将《了我轩诗稿》请序江都史致俨及邑人冯觐光，咸称为隐德之士。"

秦学游

秦学游，生卒年不详，安徽全椒人。生平不详。

《荫梧楼诗》四卷（佚）

［光绪］《重修安徽通志》卷三百四十六、［民国］《全椒县志》卷十五著录。

吴秉仪

吴秉仪，生卒年不详，安徽全椒人。生平不详。

《松崖诗文集》（佚）

［民国］《全椒县志》卷十五著录。

郭士松

郭士松，生卒年不详，字双峰，安徽全椒人。工文词，才名豪甚。薛时雨辑《椒陵赋钞》收录其赋两篇。［民国］《全椒县志》卷十有传。

《双峰文集》（佚）

［民国］《全椒县志》卷十五著录。

冯科抡

冯科抡，生卒年不详，安徽全椒人。贡生。

《煮字轩诗钞》（佚）

［光绪］《重修安徽通志》卷三百四十六、［民国］《全椒县志》卷十五著录。

许颐

许颐，生卒年不详，字知白，安徽全椒人。廪贡。［民国］《全椒县志》卷十有传。

《林屋山人诗文集》（佚）

［同治］《全椒县志》卷八、［光绪］《重修安徽通志》卷三百四十六、［民国］《全椒县志》卷十五著录。［民国］《全椒县志》

卷十谓："著有《林屋山人诗文集》，六安徐启山镜溪选刻行世。"

金涢

金涢（1805—？　），字春渠，安徽全椒人。清嘉庆二十四年（1819）举人。究群经，善诗赋。

《纫兰定稿》（佚）

［民国］《全椒县志》卷十五著录。［民国］《全椒县志》卷十作《纫兰室稿》。［光绪］《重修安徽通志》卷三百四十六作《纫兰轩诗文》。

孙岷源

孙岷源，生卒年不详，安徽全椒人。生平不详。

《鹤洁堂诗钞》（佚）

［民国］《全椒县志》卷十五著录。

孙保庶

孙保庶，生卒年不详，安徽全椒人。生平不详。

《南谯孙氏重修本支世系谱》（存）

《中国家谱总目》著录。清光绪九年（1883）刻本，安徽省图书馆藏。

始祖明代孙礼，为新安始祖、唐金吾上将军孙万登之后裔。明季由安徽休宁迁凤阳之鼓楼，复由凤阳迁至全椒之西南乡白水塘坊。自成一族，子孙尊为南谯始祖。

此谱序曰："盖闻先王有大宗、小宗之法，收其族姓，虽百世之远蒸，尝不坠尊卑长幼之序，秩然不紊。后世宗法不行，而有谱亦足以别亲疏，谨嫁娶，识邱垄，著本末，垂悠久，谱顾不重哉！余族相传粤自前明由徽州休宁迁凤阳之鼓楼，复由凤阳分迁全椒之西南乡白水塘坊，踞城七十里，唐万登公之苗裔也。此说亦无的考。总之，孙乃乐安郡，系出姬姓，卫武公子惠孙之孙乙，谥武仲，世为卫卿，以孙字为氏。此锡土姓之由来也，岂非彰明较著哉！自迁全以来，前朝亦有家乘。至我朝康熙年间，九世族伯祖（讳作球，字退庵）孙二公，官明经，赐岁进士，又从而修辑之，迭更寒暑而后成。公礼学明于乡，未敢以先远无稽者装潢世系，即以所知之礼公为始祖。而礼公以（上）盖亦无从稽考矣！其修谱之法，悉本欧、苏，明祭法，谨岁时也；□祖训，遵先德也；有功于族、有闻于世者始列传，重才猷也；妇而贤及栢舟自矢者亦为传，崇壶范也。其间即采芹食饩、春秋乡会应制之文，又另修孙氏人文谱一套，所以重科名崇文教也。洵合乎报本返始之精微，其有裨于宗枋者不小。咸丰二年岁次壬子冬十月，族叔父长芦公，由长芦请假，随侍常宁公由楚南解组归田，骎骎乎有重修之志。不意粤逆旋于癸丑由上游蔓延皖省，正月十六日陷安庆，二月初十日陷金陵，即踞金陵为伪都。自此大江南北烽烟日炽，民不资生。延至八年戊午，椒城沦陷，长芦公以宗谱分给各支，携带避乱，惧日后有数典亡祖之咎。余东支之谱，幸赖胞伯父引年公谨谱负以逃，遇贼，被创身死，及家人收检遗骸，而宗谱犹敬谨负藏，未敢失也。呜呼痛哉！以引年公敬祖之诚，谅可以上格天心，默佑于万一，乃遽死于非命，岂劫数之使然欤！抑亦修短之有数欤！同治三年岁在上元甲子，久踞滁阳投诚之李世忠，遣散归农。是岁六月十八日，曾文正公之弟国荃中丞，克复金陵，歼除巨逆，重睹升平之象，幸何如之。庶于是年秋生还故里，亲丁八十口，其中死于刀兵者有人，死于饥寒者有人，死于疾病者有人，死于逃亡者更有人。如庶等，乃孑遗之子孙，惕焉恐失先绪后，上念祖宗之功德，下念似续之有人，痛检残牒，重为修辑，阅二载而□

成。由一世以及十六世，无不井然。有以叙其世系之的，昭穆之伦，亲疏远近之次，邱垄坟墓之地。流虽长，源之清者，其流不杂；枝虽茂，而本之一者，其枝不淆。嗣此而去，百世千万世之祖功宗德，忾见僾闻，孝子慈孙承先继绪，夫岂有异耶！谨为序。大清光绪九年岁次癸未孟春，十五世孙保庶熏沐敬撰。"

金镇南

金镇南，生卒年不详，安徽全椒人。增生。

《醒南醉北斋诗草》（佚）

［光绪］《重修安徽通志》卷三百四十六、［民国］《全椒县志》卷十五著录。

金珉

金珉，生卒年不详，字璞生，安徽全椒人。金兆燕次孙。工篆隶，能诗词。［民国］《全椒县志》卷十有传。

《金石楼诗钞》（佚）

［光绪］《重修安徽通志》卷三百四十六、［民国］《全椒县志》卷十五著录。

《金石楼词钞》（佚）

［光绪］《重修安徽通志》卷三百四十六、［民国］《全椒县志》卷十五著录。

杨金墀

杨金墀，生卒年不详，字屏山，安徽全椒人。庠生。善研诗律，所居寄园多莳花木，每与名流觞咏啸傲其中，比之松陵皮日休、陆龟蒙。金望欣《清惠堂集》卷四有诗题曰《归时杨屏山金墀茂才惠盆梅二种，临行送〈归寄园诗〉以谢之》。〔民国〕《全椒县志》卷十有传。

《寄园诗钞》（佚）

〔民国〕《全椒县志》卷十五著录。

《寄园文集》（佚）

〔民国〕《全椒县志》卷十五著录。

郭琦

郭琦，生卒年不详，字小韩，安徽全椒人。廪生。博闻强识，屡困乡闱。清咸丰初以邑防营功保训导。太平天国战火至，母卒。仓促扶柩至南山下，遇官兵骂之被杀。薛时雨挽以诗，有"终竟是清流，抗节君为首"之句。〔民国〕《全椒县志》卷十一有传。

《匿采书屋全稿》（佚）

〔民国〕《全椒县志》卷十五著录。〔民国〕《全椒县志》卷十一作《匿采书屋稿》。

郭崇珂

郭崇珂（？—1858），号石逸，安徽全椒人。庠生。郭琦从弟。工骈散体文，喜豪饮酒。太平天国战乱，筹办乡团，不自诩功，城陷时遇害。〔民国〕《全椒县志》卷十一有传。

《半山斋诗文稿》八卷（佚）

〔民国〕《全椒县志》卷十五著录。

黄典五

黄典五（？—1858），字叙之，一字琴士，安徽全椒人。廪生。工诗文，尤擅骈体。援笔千言立就，豪宕如其人。太平天国乱起，与子黄石屏同时被执，遂遇害。清薛时雨辑《椒陵赋钞》收录其赋三篇。［民国］《全椒县志》卷十一有传。

《傲雪书屋文赋稿》（佚）

［民国］《全椒县志》卷十一著录。［民国］《全椒县志》卷十一谓："著有《傲雪书屋文赋稿》《江上吟诗稿》，曾为定远方氏、侯官林氏所录存。"

《江上吟》一卷
《附录》一卷（存）

［民国］《全椒县志》卷十一著录为《江上吟诗稿》。清光绪二年（1876）刻本，安徽省图书馆、吉林省图书馆藏。

清光绪二年刻本《江上吟》卷首方浚师《黄琴士先生诗序》曰："吾师全椒黄琴士先生以海涵地负之才蹭蹬名

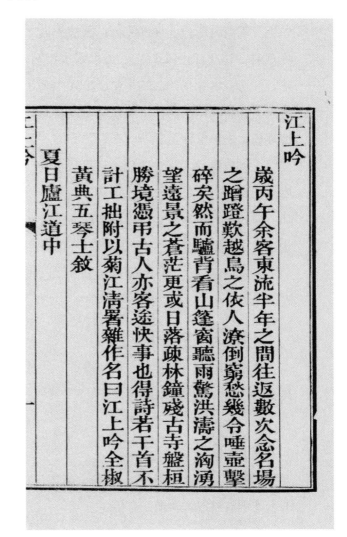

场，胸中奇伟俶傥之气悉寓于诗。凡为古今体四千余首，五十后并其文若干卷，颜曰《海龄存稿》。尝举示浚师，且命编次之，曰：'吾子固老夫之李汉也。'浚师谢不敢当。时先资政公官东流，延先生学署中课读，暇文酒流连，更唱迭和，致足乐焉。庚戌，浚师北上，先生复移馆吾八叔父家。又四年，粤贼陷江宁，大江以北烽烟满目，弦诵之地变为戎马，先生遂辞叔父旋里。又数年，全椒亦陷，先生殉贼难。次子仲访学博，闲关避徙，一身外无长物，至是而先生著述尽付劫灰矣。此《江上吟》一卷，乃先生在东流时所作，稿尚完善。因检先世父集中附存先生诗，及浚师随时收藏者并诸《江上吟》，后另录副本校刊，兼寄书仲访再搜罗之。书未达，仲访复客死扬州。呜乎伤已！先生制艺追江西五家，古文出入《史》《汉》，骈文不屑仿徐、庾以后语。其为诗，尤不名一体，性灵风格，兼擅其长。先世父评定谓：'在白、苏间。'诚非虚誉。昔南宋方韶卿没，其门人柳贯辑存《雅堂遗稿》三百八十篇，赖以传世。先生遭逢圣代，未可与韶卿比拟。独幸浚师收拾残丛，存什一于千百。当日先生以李汉望浚师，孰知浚师竟为先生之柳贯哉？白首青灯，一编相对，回思三十年前函丈依依，不觉泪痕透纸也。光绪丙子仲秋，定远弟子方浚师谨序。"

安徽省图书馆藏清光绪二年刻本，已收入《全椒古代典籍丛书·综合卷》第六十册。

《海龄存稿》（佚）

清方浚师为《江上吟》所作序谓："凡为古今体四千余首，五十后并其文若干卷，颜曰《海龄存稿》。"

李映芳

李映芳，生卒年不详，安徽全椒人。庠生。喜治经，工诗文。〔民国〕《全椒县志》卷十一有传。

《诵芬轩日记》（佚）

〔民国〕《全椒县志》卷十一著录。

《怀淡草堂文集》（佚）

〔民国〕《全椒县志》卷十五著录。〔民国〕《全椒县志》卷十一谓其："著有《诵芬轩日记》《怀淡草堂文集》，毁于兵火。"

张保衡

张保衡，生卒年不详，字莘夫，号任庵，安徽全椒人。张德霈之父。清道光间进士，以知县拣发兵马司正指挥，选岚县知县。创建书院，延名师主讲。年六十八卒于官。〔民国〕《全椒县志》卷十有传。

《积善堂家训》（佚）

《清代科举人物家传资料汇编》第三十八册记载。

《学治管窥》（佚）

《清代科举人物家传资料汇编》第三十八册记载。

《临民随笔》（佚）

《清代科举人物家传资料汇编》第三十八册记载。

《鉴古斋文稿》（佚）

〔民国〕《全椒县志》卷十五著录。

《恬养斋诗》一卷（存）

《清人诗文集总目提要》第1562页著录曰："张保衡撰。保衡为安徽全椒人。光绪三十年进士。此集同治间抄本，有同治七年朱康寿跋，浙江图书馆藏。"

张德霈

张德霈（1851—1929），字涵潭，一字叔涵，号瀚堂，安徽全椒人。清同治十三年（1874）进士，先后任云南云龙州知州、内阁中书、全椒教育会长等职。民国九年（1920）主修《全椒县志》。［民国］《全椒县志》卷十有传。

［光绪］《云龙州志》十三卷（存）

张德霈等修，杨文奎纂。民国抄本，中国国家图书馆藏。抄本，云南省图书馆藏。民国抄本后收入《中国地方志集成》。

［光绪］《凤阳府志》二十一卷（存）

清冯煦修，清魏家骅等纂，张德霈续纂。清光绪三十四年（1908）木活字本，中国国家图书馆藏。

［民国］《全椒县志》十六卷首一卷（存）

张其濬、张德霈修，清汪克让纂。民国九年（1920）刻本，中国国家图书馆藏。此本已收入《全椒古代典籍丛书·全椒旧志汇编》第十至十一册。

《同治十二年癸酉科江南乡试硃卷》一卷（存）

清同治间刻本，上海图书馆藏，有《清代硃卷集成》本。

汪承福

汪承福，生卒年不详，字耕心，号渠仙，安徽全椒人。清咸丰初中式副榜，以州判从军东征捻军。分发江苏迭司榷务，以清廉称。摄海门厅篆，遇事缜密，尤善治狱。以疽发背卒。［民国］《全椒县志》卷十有传。

《余生诗草》（佚）

［民国］《全椒县志》卷十五著录。

金烜

金烜，一作金峘，生卒年不详，字大山，安徽全椒人。清同治间举人，尝入曾国藩营幕，议叙官职，不就，终其身教书。所为诗沉郁苍劲。［民国］《全椒县志》卷十有传。

《耐斋诗钞》一卷（佚）

［民国］《全椒县志》卷十五著录。

《同治三年甲子科并补行咸丰八年戊午科江南乡试硃卷》一卷（存）

清同治间刻本，上海图书馆藏，有《清代硃卷集成》本。

彭㽋

彭㽋，生卒年不详，字子亭，号赤石山人，安徽全椒人。天姿英睿，清咸丰间太平天国战乱，身陷敌营五年。清同治三年（1864）潜走，至上海投某营。夜常朗朗诵书史不辍，营长闻之，知为文士，告以金陵荡定，开科举，厚赀以劝。遂以是科领乡荐，试钟山、尊经两书院。与陈作霖辈相颉颃，名噪江右。李鸿章重其品学，延请教其子经方、经述，一时从游者众。吕增祥、严复、马建忠等皆出其门下。清光绪二年（1876）成进士，官刑部主政，改直隶知县，补栾城，调邯郸。振兴邯山书院，三年民多感化。以政简刑清，得卓异，荐升直隶州知州，年六十乞假归。侨寓金陵，爱六朝名胜，因构居焉。生平博览群籍，晚与金陵石城七子唱酬，诗在元和、大历间，词亦婉约而优于情。［民国］《全椒县志》卷十有传。

《赤石山房诗钞》（佚）

〔民国〕《全椒县志》卷十五著录。

李龙光

李龙光，生卒年不详，字寄桥，号子山，安徽全椒人。贡生，性孤峻，有古风。工诗，兼通医卜之学。家居课徒，手录经书，多所发明，及门多知名者。〔民国〕《全椒县志》卷十一有传。

《经史疑义》（佚）

〔民国〕《全椒县志》卷十一《人物志》载。

《寄桥诗集》（佚）

〔民国〕《全椒县志》卷十五著录。

李曰观

李曰观①，生卒年不详，字漱泉，安徽全椒人。绩学工诗。〔民国〕《全椒县志》卷十有传。

《达园诗集》（佚）

〔民国〕《全椒县志》卷十五著录。

鲁金銮

鲁金銮②，生卒年不详，字次轩，安徽全椒人。贡生，候选训导。幼善书，能得赵、董法。太平天国战乱后，筹建祠庙廊宇，多手题联额。重修涌金桥，作记刻石。生平亢直，有气义，酒后语及权贵，诋骂不休。年

---

① 《安徽文献总目》误作"李日观"。
② 〔民国〕《全椒县志》卷十《人物志》载："（鲁金銮）赠答见《藤香馆集》。"《藤香馆集》乃薛时雨所撰，《安徽文献总目》误以为鲁金銮所撰。

七十五卒。〔民国〕《全椒县志》卷十有传。

《秋潭樵唱诗稿》（佚）

〔民国〕《全椒县志》卷十五著录。

章铭

章铭，生卒年不详，字书屏，安徽全椒人。由寿州学正保江苏候补知县。工书法，尺寸纸人相争袭。〔民国〕《全椒县志》卷十有传。

《晚香馆诗文稿》（佚）

〔民国〕《全椒县志》卷十五著录。

王燮臣

王燮臣，生卒年不详，字寿书，安徽全椒人。庠生，笃承家学，以诗礼循循掖后进，秀彦多出其门。生平至性过人，年六十侍母膝下母卒，终岁哀感不已。〔民国〕《全椒县志》卷十一有传。

《种竹轩诗稿》（佚）

〔民国〕《全椒县志》卷十五著录。

《诗礼庭课幼草》（佚）

〔民国〕《全椒县志》卷十一记载。

杨攀龙

杨攀龙，生卒年不详，字柳桥，自号希微子，安徽全椒人。年甫壮，即弃举子业，而仿效古人诗高者。词法白石，画学青藤。诸父昆弟名其室曰"异采山房"。晚年更喜治《易》《老子》，年四十五病卒。〔民国〕《全椒县志》卷十有传。

《希微子诗》二卷（佚）

［民国］《全椒县志》卷十五著录。［民国］《全椒县志》卷十谓其"著有《希微子诗》及《词钞》、楹帖，皆藏于家。邑人邱景章选订并为之传"。

《希微子词钞》一卷（佚）

［民国］《全椒县志》卷十五著录。

吴震声

吴震声，生卒年不详，字罂侯，号抱秋生，安徽全椒人。生而俊朗有悟，以冠军为邑诸生，复就直隶县丞职，不屑为仕进计。居安徽，与当时名士唱和。有《题扬州梦觉图绝句》，极为仁和谭献所赞赏。年未六一卒。［民国］《全椒县志》卷十有传。

《抱秋生遗稿》（佚）

［民国］《全椒县志》卷十五著录。［民国］《全椒县志》卷十曰："生平著述甚夥，稿成辄为人持去。存者仅骈文、古近体诗、词及联语、书牍若干首，今搜集为《抱秋生遗稿》数卷，待梓。"

薛葆楳

薛葆楳（1854—1904）[1]，字理园，一字慕庐，号慕淮，安徽全椒人。薛暄黍之子。增广生。清同治十二年（1873）优贡，清光绪八年（1882）举人。议叙知府，分浙江。于骈散文、诗歌、杂著及试帖皆有研究，尤乐征考文献。光绪十六年修族谱，光绪二十六年修县志，皆穷搜尽讨，黾勉为之。《福星薛氏家谱》、［民国］《全椒县志》卷十有传。

---

① 薛葆楳之生卒年据《福星薛氏家谱》薛葆楳小传。《安徽文献总目》失考。

《读经史杂记》（佚）

［民国］《全椒县志》卷十著录。

《慕庐日记》（佚）

据《福星薛氏家谱》薛葆樇小传，薛葆樇有《慕庐日记》数卷，藏于家。

［光绪］《全椒县志》十卷（存）

抄本，南京图书馆藏。

［民国］《全椒县志》卷十六《旧序》薛葆樇序曰："椒，小邑也。得名权舆春秋，而置县则防自汉以前，盖秦县也。特其人士稀甚，名字烜赫，为学子所讽籀见于史者，曾不能以十数，何其少也！椒南至大江屋百里，六朝、南唐、明皆都金陵，于国门为近畿，浸沐首善余润，宜与偏隅遐陬去王化复绝者别，则人士不宜少，其至如此少者，耆古之儒怪焉。虽然抑有说，孟子书称善士有一乡、一国、天下之不同。盖三代昔者著录之盛，自夫家六畜、负版质、剂山川、礼祥饮、射报赛、旽俗谣谚，凡舆人之所诵、乡官之所上、太史行人之所采，今既不可卒复。而郡县志者，盖当古侯国史，而墨翟氏所谓百国春秋者也。然则彼善士之生，国有人焉，使行者式其诚，施政者表其里；使夫邦人后进，得以有所矜式而兴起，将于志抑赖乎尔。吾全椒县志，自蓝令君修刊于康熙，逾二百岁，后旷无继者。丰盛如乾嘉时，虽以杉亭、山尊之文学，亦未斐然有所述作。皖垣大吏，时时启局纂通志，辄一下檄，命采访。檄至县，县中贤士大夫则思乘便博搜史材，继蓝书赓续藏事。顾任事者，或食千金丰饩，书犹未成上；或上而未即付梓，辄罢。遂使康熙后之人物，阴曀不尽远闻，唏其惋矣！蓝氏书坐是竟孤行，比更粤艰，城既复，故家文献凋落。即蓝书旧刊，尽县境独有一本，藏邑邱氏家，吁，殆哉，几泯绝哉！往先大夫给谏公尝有意私任之箧衍，札录铅黄，涂乙狼籍，俄儳直接垣，遂鲜暇晷，旋出典豫章试事，以劳勚卒，剩稿零乱，卒不可遽成书，盖葆樇所闻先训如此。今

上癸卯，给谏公即世滋岁久，葆桢守墓家园，适滁太守熊公，议续修郡志事，檄下县。今令君邓公，则以诔诼葆桢，既辞不获，则请诸令君愿与邑孝廉叶君尧阶及门人邱君景章共焉。乃借邱氏蓝书旧刊本、金氏稿本，并出先大夫手泽，杂扩掇近人诗文集名者，旁采公牍及私家系谱碑志，参以今所见闻，排比整齐之，书始粗有序次可观。既以应州君，又蕲以存县中掌故。岁八月，葆桢疾大作，于时邑人习掌故者，推文学吴君承志，因乞为是正其讹脱。且属以史法讨论之，为摘去其不合者，存其合者，而邱君屡有行役他去，独叶君豪于文，其安章宅句，熔冶铨量，则专以累叶君俾卒业焉。窃尝考吾县人士略有二派别：有博雅者，如邢内史文伟、张参政洎、乐祭酒韶凤，以及国朝吴侍读国对、征君敬梓、同知烺、学士蘸、明经政庆、金博士兆燕、大令望欣、汪内翰履基、江处士临泰皆是，又如释德清亦此派也；有高逸者，如三隐山中道士，以及宋之雍、元之范、明之邵，但黄、吴皆

全椒縣志卷一

輿地志

星野

漢志吳地斗分野今之會稽九江丹陽豫章廬江廣陵六安臨淮郡畫吳分野

晉志揚州九江入斗一度

隋書揚州於禹貢為淮海之地在天官自斗十二度至須女七度為星紀於辰在丑吳越得其分野

唐書揚楚滁和廬壽舒為星紀分又三南斗在雲漢下流當淮海間為吳分

是。其在于今，仕籍虽少少衰，参朝列有名迹者日以减少，雅不敢邻邑合肥、寿春诸郡县远甚。而儒术未遽坠，一二素族门子，相劘为通经致用之学，不瞀于近利，不慊于虚荣，不慑于一时之势位，俨然乡先哲人之遗俗故训。于戏，志之修，其以此也夫！葆椿病体既日惫，恒干不居，惧先一旦委化，不获见书上闻。叶君编次甚勤苦，屡易志草，残帙委积案次至数尺，成书殆过半矣。乃为叙述缘起，以促其成。盖葆椿与于编纂之役，与采访诸君，徒以义相敦劝，皆刻厉不籍公家尺缣，而刊书则今令君邓公愿解廉俸任之，故得书成之易如此，亦先大夫之遗意也。且俾后日县中贤士大夫阅之，永思念令君勿谖云。时光绪二十九年十月，薛葆椿撰。"

此本已收入《全椒古代典籍丛书·全椒旧志汇编》第八册。

《萱闱课读图题咏》（存）

此书为残卷，清俞樾撰，清薛葆琏辑。清光绪间石印本，北京大学图书馆藏。此本已收入《全椒古代典籍丛书·综合卷》第六十二册。

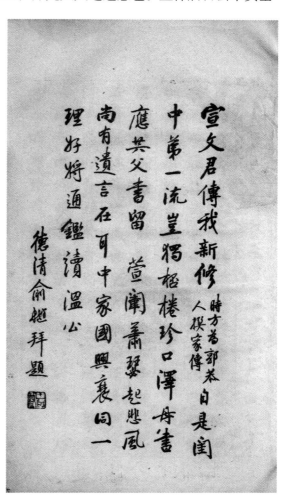

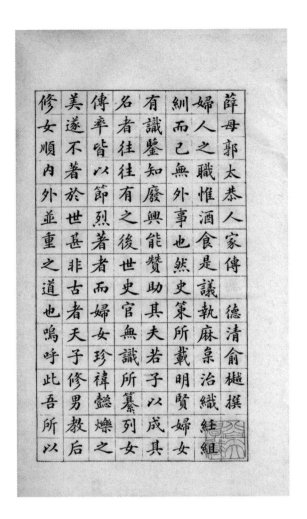

《仍园诗稿》（佚）

［民国］《全椒县志》卷十五著录。

《光绪八年壬午科江南乡试硃卷》一卷（存）

清光绪间刻本，上海图书馆藏，有《清代硃卷集成》本。

薛葆楹

薛葆楹（1857—1902）[1]，字饴澍，号书堂，又号觉庭生，安徽全椒人。薛暄黍之子。年十一补廪膳生。清光绪五年（1879）优贡，六年朝考一等，钦用知县，分发江苏，加同知衔，署理江苏荆溪县知县。［民国］《全椒县志》卷十有传。

《五杏山房诗稿》（佚）

［民国］《全椒县志》卷十五著录。

《光绪五年己卯科江南优贡卷》一卷（存）

清光绪间刻本，上海图书馆藏，有《清代硃卷集成》本。

薛葆楠

薛葆楠，生卒年不详，字挹岚，号复生，安徽全椒人。薛暄黍之子。少年数奇不偶，过试辄病。壮即弃举子业，专意于诗古文辞。［民国］《全椒县志》卷十有传。

《复生文集》（佚）

［民国］《全椒县志》卷十著录。

汪鸿海

汪鸿海，生卒年不详，字莱青，安徽全椒人。汪承福之子。清光绪间举人，书画守家法，有名隽气。敦品力学，淡于荣利。游幕直隶，荐保知州，不就。家居筑园林，以诗酒自娱。［民国］《全椒县志》卷十有传。

---

[1] 薛葆楹生卒年据《福星薛氏家谱》薛葆楹小传。《安徽文献总目》失考。

《饮绿山房诗文稿》二卷（佚）

［民国］《全椒县志》卷十五著录。

印嵩龄

印嵩龄，生卒年不详，字村晚，号佚堂，安徽全椒人。廪生。弱冠艳意科举，攻古文词，宗桐城方氏，而意境逼近刘大櫆，后进多得其指授。好谈兵，讲经世学。酒酣耳热，指陈大势，议论若决江河，故人多从之游。晚尤悟老庄旨语，多近梵偈。［民国］《全椒县志》卷十有传。

《佚堂诗文稿》（佚）

［民国］《全椒县志》卷十五著录。

印洁

印洁，生卒年不详，字漱泉，安徽全椒人。生平不详。

《春情诗余》（佚）

［民国］《全椒县志》卷十著录。［民国］《全椒县志》卷十谓其"尝作《春情诗余》十七首，有句云：'家近红尘休吒犬，落花风里有渔舟'"。

江彭龄

江彭龄，生卒年不详，字柱臣，安徽全椒人。岁贡。守高食贫，以朴学倡导里中，著弟子籍者百数十人。辟精舍名曰"经讲"，习其间。于诗书则独宗毛、孔传说。诗律严整，逼少陵。彭龄幼达用刻励，而自拔于流俗，弱冠幕游吴中一年。年四十，母卒，哀毁失明，静坐日听弟子诵文籍。生平屡遭祸难而不惊，卒年六十八。门弟子私谥曰刚定。［民国］《全椒县志》卷十有传。

《寄庐丛稿》（佚）

[民国]《全椒县志》卷十五著录。

释行荦

释行荦，生卒年不详，字伟然，号介庵，籍隶全椒。住金陵承恩寺，尝览九华、普陀及金山诸胜，所为诗皆刻诸石壁，《游金山诗》尤脍炙人口。[民国]《全椒县志》卷十有传。

《介庵诗钞》① （佚）

[民国]《全椒县志》卷十五著录。[民国]《全椒县志》卷十谓："弟子禹畴亦笃学工诗，录其师诗若干首为《介庵诗钞》梓行。"

胡恩荣

胡恩荣，生卒年不详，安徽全椒人。拔贡金兰之妻，生平不详。

《习静轩诗》（佚）

[道光]《续增高邮州志》第六册著录曰："《习静轩诗》，金兰室全椒胡恩荣撰。"

方采芝

方采芝，生卒年不详，安徽全椒人。胡恩荣表妹，生平不详。

《采芝山房集》（佚）

清恽珠《国朝闺秀正始续集》著录。光铁夫《安徽名媛诗词征略》录其诗一首。

---

① 此书非南京图书馆所藏天台金品山撰《介庵诗钞》。

印大煐

印大煐，生卒年不详，安徽全椒人。增贡。布政司理问，乡里崇善堂及桥梁、衢道无不捐赀助修。［民国］《全椒县志》卷十有传。

《椒城文钞》《赋钞》（佚）

［民国］《全椒县志》卷十五著录。［民国］《全椒县志》卷十曰："好谈制艺，搜辑邑前辈文赋钞刊行。"

江锡麒

江锡麒，生卒年不详，字菱石，安徽全椒人。清道光年间优贡。由宫学教习分发四川，署温江县事。调双流知县，卒于官。［民国］《全椒县志》卷十有传。

［咸丰］《云阳县志》十二卷（存）

清江锡麒修，清陈昆纂。《中国地方志总目提要》、《清史稿艺文志补编·史部》著录。

吴葆仪

吴葆仪，生卒年不详，字觐臣，安徽全椒人。累举不第，时胡林翼督师武昌，葆仪杖策谒军门，以功累保通判，署天门县令。累擢知府，摄郧阳府篆。［民国］《全椒县志》卷十有传。

［同治］《郧阳府志》八卷首一卷（存）

《国立故宫博物院善本旧籍总目》（上册）著录曰："《郧阳府志》八卷、卷首一卷，清吴葆仪修，王严恭纂。清同治九年刊本，十二册。"后收入《中国方志丛书》。

［光绪］《利川县志》十四卷（存）

清光绪二十年（1894）刻本，中国国家图书馆、天津图书馆等藏有《中国方志丛书》本。

韩玫

韩玫①，生卒年不详，字文玉，号春泉，本黟县人，先世因避仇寓全椒，久遂注籍。年方逾冠，文誉播东南。清嘉庆六年（1801）进士，授内阁中书，乞养归。性至孝，亲病，沥指血书佛经数卷以祷。四方邀入幕宾者，币聘频至，皆不赴。省黟县祖墓，主其地讲席数年。年五十后亲殁，赴京就中书职。安徽巡抚陶澍与韩玫熟识，聘其任《安徽通志》纂修，并请主讲敬敷书院。时《全椒县志》失修久，韩玫先为搜采文献，成书若干卷。惜刊版未竟，经太平天国战乱，原本失传。年八十重游泮水，逾数年卒。［民国］《全椒县志》卷十有传。

［道光］《安徽通志》二百六十卷首六卷（存）

《中国地方志联合目录》著录。有清道光五年（1825）抄本，存五卷，湖南图书馆藏。有清道光间写本、清道光十年刻本，存一百八十六卷，安徽博物院藏。

［道光］《全椒县志》（佚）

［民国］《全椒县志》卷十著录。

《春灯谜词曲》（佚）

［民国］《全椒县志》卷十著录。

---

① ［民国］《全椒县志》卷十谓："（韩玫）所著诗文多散失"，并未言其作品成集，《安徽文献总目》以《韩玫诗文集》著录，恐误。

薛廷相

薛廷相，生卒年不详，字淡园，安徽全椒人。读书尚志，不乐功名。隐居全椒西山薛村，背山面溪结茅数椽，以著述自娱，终其身不入城市。县令闻其名，往就见之，薛逾墙遁走。［民国］《全椒县志》卷十一有传。

《雅俗赏》（佚）

［民国］《全椒县志》卷十一著录。

杨熙

杨熙，生卒年不详，字松斋，安徽全椒人。以军功授沾化县事，尝曰："苟利于民，吾虽害不计也。"丁外艰归。四川总督刘秉璋极赏其才，服阕，委统督标营务事。喜作诗，学书至老不倦。［民国］《全椒县志》卷十有传。

《手临百家书》不分卷（佚）

［民国］《全椒县志》卷十著录。

金承光

金承光（？—1919），字伯耀，号梅僧，安徽全椒人。金峘次孙。工书画，喜作诗。侯官严复为题遗稿，有云"诗篇写肝肺，仿佛居易、穑"。早卒。［民国］《全椒县志》卷十有传。

《梅僧诗稿》一卷（佚）

清金承光撰，清金承业辑，蒋元卿《皖人书录》卷九著录。

金承业

金承业，生卒年不详，安徽全椒人。金峘之孙。潜心《周易》及性理书，早卒。〔民国〕《全椒县志》卷十有传。

《寡过录稿》（佚）

〔民国〕《全椒县志》卷十著录。〔民国〕《全椒县志》卷十谓其"著有《寡过录稿》，黟县程仲威见之，称为畏友"。

李大有

李大有，生卒年不详，安徽全椒人。李映芳之子。庠生。甘贫苦学。〔民国〕《全椒县志》卷十一有传。

《诠经疑义》（佚）

〔民国〕《全椒县志》卷十一著录。

《寒野书舍课草》①（佚）

〔民国〕《全椒县志》卷十一著录。

汪树梅

汪树梅，生卒年不详，字调臣，号小农，安徽全椒人。庠生。天性笃厚，太平天国时期，奉母命避北乡。应童试，得第一。有"明知郊岛多寒瘦，敢向卢王较盛名"之句，襟抱非常人。〔民国〕《全椒县志》卷十一有传。

《消寒会仿柏梁体诗》（佚）

〔民国〕《全椒县志》卷十一著录。〔民国〕《全椒县志》卷十一谓

---

① 《安徽文献总目》误作"含野书舍课草"。

其"手钞名人集,成数十帙,与潘正卿、吴聚东唱和,稿多佚,仅存《消寒会仿柏梁体诗》,藏于家。"

金铎

金铎,生卒年不详,字木公,安徽全椒人。增广生。少灵悟,弱冠习举业,长于诗赋,兼通堪舆、歧伯之书。父卒,哀痛毕至,事寡母二十余年。[民国]《全椒县志》卷十一有传。

《在疚草》(佚)

[民国]《全椒县志》卷十一著录。

俞琦

俞琦,生卒年不详,安徽全椒人。清光绪诸生。喜临池,寒暑无间,善行楷书。清薛时雨辑《椒陵赋钞》收录其《读书椠赋》。清窦镇《国朝书画家笔录》有其传。

《墨石斋印稿》不分卷(存)

清光绪七年(1881)铅印本,重庆图书馆藏。

杨秉衡

杨秉衡,生卒年不详,字伯珩,号了园,安徽全椒人。庠生。幼负不羁才,晚遁于佛。于儒、释能会其通,清光绪间禁米兴狱,对质侃侃。又为亡友子讼冤,触令怒,遂被系狱三载。释后豪气犹昔,遂于富安庵故宅构庵居之,有田数百亩,其孤侄终身甘贫,尝嘱友人,死即葬庵后,题曰"瓦砾堆"。[民国]《全椒县志》卷十一有传。

《金刚经注》（佚）

［民国］《全椒县志》卷十一谓其："幼负不羁才，晚遁于佛，于儒、释能会其通，尝以四子书注《金刚经》，见之者皆许为憨山后身也。"

金家庆

金家庆（1861—1921）[1]，字子善，安徽全椒人。因不齿清政府之统治，遂弃绝功名，以教书为生，曾任严复塾师十九年。能诗文书画，尤擅画花卉、翎毛、山水、草虫，黄宾虹称其画"得力古人甚深"。迁居北京后，与书画名家交往，画技日益精深，形成"清润生动"之艺术风格。

《云山寄意轩文钞》三卷（佚）

蒋元卿《皖人书录》卷九著录。

《云山寄意轩诗》一卷（佚）

蒋元卿《皖人书录》卷九著录。

邱景章

邱景章（1872—1920）[2]，字端甫，号苏斋，安徽全椒人。生九岁而孤，年十八中举，清光绪三十年（1904）进士及第，历任湖南嘉禾、宁乡、清泉等县知县，后实授邵阳知县、宝庆知府。初治经史之学，甲午后即专研东西国译籍，立学社倡议改革。民国元年（1912）春，安徽都督柏文蔚聘其为政治顾问，不就。充县议会长，兼县立中学校长。下笔从不作犹人语，故诗文不主宗派，而雄奇恣肆，天才逸绝。［民国］《全椒县志》卷十有传。

---

[1] 金家庆生卒年据《安徽历史名人词典》，安徽教育出版社 2008 年，第 883 页。
[2] 《安徽文献总目》于邱景章生卒年失考。邱景章生卒年据滁州市地方志编纂委员会编《滁州市志》，黄山书社 2013 年，第 2111 页。

《桑梓述记》（佚）

［民国］《全椒县志》卷十著录。

《从政随笔》（佚）

［民国］《全椒县志》卷十著录。

《蟠窟诗文稿》（佚）

［民国］《全椒县志》卷十五著录。

《蟠窟诗话》（佚）

［民国］《全椒县志》卷十著录。

全椒

古代典籍丛书

提要①

---

① 本部分内容为《全椒古代典籍丛书》中所收古籍之提要，与原提要略有不同。《全椒古代典籍丛书》之部分专集提要内容按照种类进行了拆分。此部分与影印版《全椒古代典籍丛书》之提要部分不尽相同，如《金和集》《吴鼒集》等。此外，本书还有个别著述《全椒经籍志》未收录，如《翠微山房数学》，《综合卷》将其收录是基于保留文献全貌的考虑。

一、洪武正韵

《洪武正韵》十六卷，明乐韶凤、宋濂等编，明洪武十二年（1379）刻本。乐韶凤（？—1380），字舜仪，安徽全椒人，官至国子监祭酒。此书乃明太祖朱元璋"亲阅韵书，见其比类失伦，声音乖舛"之号令下修纂。此书为继《广韵》《中原音韵》之后，又一重要韵书。据宋濂所撰序，参与编修《洪武正韵》者有十余人，分别为翰林侍讲学士乐韶凤、宋濂，待制王僎，修撰李叔允，编修朱右、赵壎，典簿瞿庄、邹孟达，典籍孙蕡、荅禄与权；质正者为左御史大夫汪广洋、右御史大夫陈宁、御史中丞刘基、湖广行省参知事陶凯，其中乐韶凤是全书最重要之编纂者。《四库全书总目提要》对此书大加赞赏，认为"盖历代韵书自是而一大变"。此前关于《洪武正韵》之研究成果大体使用七十六韵本，皆因八十韵本难觅之故。此编乃见藏于中国国家图书馆之八十韵本《洪武正韵》，此本极为罕见，或为仅存之本。是编为明初刻本，其中卷四至六配明抄本。首有洪武十二年冬十一月二十日吴沈《洪武正韵序》，次为凡例八则，再次为目录，目录仅存平声韵，余皆不存。正文以平、上、去、入四声系联，收录单字万余。

二、憨山大师集

（一）憨山老人梦游集

《憨山老人梦游集》四十卷（存三十九卷），明释德清撰，清顺治十七年（1660）毛褒等刻本。此为钱谦益精校本，世称虞山本。《续修四库全书总目提要》曰："此集四十卷，卷首有钱谦益、达观可道人序。卷一至五法语（讲说佛法之言），卷六至九书问，卷十至二十四收各体文，卷二十五《楞严悬镜》，卷二十六《法华击节》，卷二十七《楞严补注》，卷二十八《楞伽补遗》，卷二十九《大学决疑》，卷三十《观老庄影响论》，卷三十一《憨山绪言》《径山杂说》，卷三十二《化生仪轨》，卷三十三《净土会语》（阙），卷三十四《性相通说》，卷三十五至三十六《梦游诗集》上下，卷三十七至三十八《曹溪中兴录》上下、《兴复曹溪规约十条》，卷三十九、四十《憨山老人年谱自叙实录》上下，附录收塔铭传、挽诗、书跋、旧序。"

（二）中庸直指

《中庸直指》不分卷，明释德清述，清光绪十年（1884）金陵刻经处刻本。此书将《中庸》全文转录，随文阐释，无序跋。题"方外史德清述"。《梦游集》卷二十九有《大学决疑》，未见此编，故别为收录。《憨山老人年谱自叙实录》"万历二十五年丁酉"条云："夏四月，《楞伽笔记》成，因诸士子有归依者，未入佛理，故著《中庸直指》以发之。"

（三）老子道德经解

《老子道德经解》二卷，明释德清撰，明刻本。《梦游集》卷三十有《道德经解发题》，乃此编之卷首也。《憨山老人年谱自叙实录》"万历三十五年丁未"条云："予幼读《老子》，以文古意幽，切究其旨有所得，俗弟子请为之注。始于壬辰属意，每参究透彻方落笔。苟一字有疑而不通者，决不轻放。因此用功十五年，携于行间，至今方完。"盖其得意之作也。卷首列老子传，发明宗旨、发见趣向、发见工夫、发见体用、发见归趣等。次为《老子道德经解》上下二篇。冼玉清《广东释道著述考》引《读书志·子部》，谓其"以佛证道，具得玄解"。

（四）庄子内篇注

《庄子内篇注》七卷，明释德清撰，明天启元年（1621）管觉仙刻本。封面题"明憨山大师庄子内篇注"，并注明"竹松书屋印赏馆藏本"，加盖"张益龄印"，当为吴江葫芦兜张氏所藏，每卷之卷端皆题作："明匡庐逸叟憨山释德清注。"是编以大字示《庄子》原文，随文皆有双行小字补注，并以朱笔勾划以示重要门径。《年谱述疏》作《庄子内七篇解》，陆梦龙撰《传》作《庄子内篇注》。

（五）观楞伽阿跋多罗宝经记

《观楞伽阿跋多罗宝经记》四卷，一曰《观楞伽记》，南朝宋释求那跋陀罗译，明释德清笔记，明万历刻本。每卷皆分上下，悉用朱笔。卷首有《观楞伽记略科题辞》，后有德清排订《略科》一卷。德清《观楞伽宝经阁笔记》云："《观楞伽宝经记》，盖为观经而作也。以此经直指众生识藏即如来藏，显发日用现前境界，令其随顺观察自心现量，顿证诸佛自觉圣智，故名佛语心，非文字也。又岂可以文字而解之哉？故今不曰'注疏'，而曰《观经记》，盖以观游心所记观中之境耳。"此经乃世尊与大慧答问，所诠乃五法三自性，八识二无我，即处观法，显示自觉圣智境界。

（六）大乘起信论疏略

《大乘起信论疏略》二卷，唐释法藏疏，明释德清纂略，明万历四十五年（1617）径山化城寺刻本。《续藏经》第一辑第七十二套第一册《目次》有"《起信论疏略》四卷，唐法藏造疏，明德清纂要"。小注云："草稿本，故省。"德清《刻起信论直解题辞》云："《起信论》……文约义博，幽深窈邃，难以致诘。贤首旧疏。科释最为精详，加之记文浩瀚，学者望洋，杳莫可究。予尝就本疏少删其繁，目为《疏略》，业已刻双径，率多尊崇。"据此，则此书当是隋慧远《大乘起信论》之节选本。《憨山老人年谱自叙实录》"万历四十三年乙卯"条云："说《起信论》，纂《起信略疏》。"

（七）大方广圆觉修多罗了义经直解

《大方广圆觉修多罗了义经直解》二卷，一曰《圆觉经直解》，唐释弗陀多罗译，明释德清解，明程梦旸较阅，明天启二年（1622）新安程梦旸刻本。卷首有宗密序，卷末有德清自跋及程梦旸后序。又有海幢经坊刻本。

（八）妙法莲华经击节

《妙法莲华经击节》一卷，明释德清撰，清乾隆三年（1738）刻本。《梦游集》卷二十六有《法华击节》，序跋多有缺漏，故择别本收录。卷首有刘益敬清乾隆四年（1739）序，卷末有周于德乾隆三年跋语。另有小字处，乃清道光二十五年（1845）刘位坦附语。

（九）净宗法要

《净宗法要》一卷，明释德清撰，清道光二十四年（1844）刻本。《梦游集》卷一至五有《法语》，与此编互有重复。此书牌记题曰："道光甲辰春镌，浙杭武林昭庆慧空经房流通，净业学人赵钺敬辑。"卷首附有《憨山大师进修法要》，开篇乃赵钺序言，书尾附"捐刻芳名"。全书较《梦游集》本，皆有句读，且以评点符号标示要点，颇可参考。

（十）大方广佛华严经纲要

《大方广佛华严经纲要》八十卷，唐释实叉难陀译，唐释澄观疏，明释德清提挈，清同治十年（1871）刻本。有澄观及童光铼序，卷首"初标部类品会""次释题目"。全经九会三十九品。此书有作者《补义》。《华严经章疏目录》《禅籍志》卷下可为参考。日本京都龙谷大学藏有写本。

《华严经》为华严宗所依据，创始于陈、隋间之杜顺和尚，为初祖。唐代云华智严为二祖，贤首法藏为三祖，清凉澄观为四祖，圭峰密宗为五祖，至宋加入马鸣、龙树为六祖。法藏见信于武则天，故是宗祖。由唐中宗至武宗约一百七十年，为其流行时期，以后一蹶不振。北宋虽有僧子璇、净源等曾一度活跃，然不久亦告消沉。华严以现实世界之现象为相，否认客观事物之存在，主张圆融无碍云。《憨山老人年谱自叙实录》"万历四十七年"条云："春正月……启《华严》……八月望，予闭关谢事，效远公六时刻香代漏，专心净业。每念华严一宗将失传，清凉疏钞皆惧其繁广，心智不及，故世多置之，但宗合论。因思清凉乃此方撰述之祖，苟弃之则失其宗矣。志欲但明疏文，提挈大旨，使观者易了，题曰《纲要》，于关中批一阅笔削始。"

（十一）肇论略注

《肇论略注》六卷，明释德清撰，清光绪十四年（1888）金陵刻经处刻本。卷首有序，卷末有慧浸跋语，封底题"吴承仕所有"，殆为民国吴氏所藏也。《肇论》为僧肇作，以德清之名为题。《肇论序》不书撰人。而"序"文之端有"慧达率愚序，长安释僧肇法师所作《宗本不迁》等四论曰"二十二字。《明史·艺文志》著录作三卷，则僧肇所作之《肇论》原文本三卷也。

（十二）大乘起信论直解

《大乘起信论直解》二卷，唐释法藏疏，明释德清直解，清光绪十六年（1890）金陵刻经处刻本。德清另有《大乘起信论疏略》，已收录，此两种同书而异名，版本互胜，故别为选录。卷首有慈云灌顶行者题辞、杨文会序及释德清原序，后接《华严宗法界缘起纲要》。《续藏经》第一辑第七十二套第一册《目次》作"《起信论直解》二卷、明德清述"，而七十八、七十九页则作"马鸣菩萨造，真谛三藏译，唐西京太原寺沙门法藏造疏，明匡山法云寺沙门德清直解"。

（十三）大佛顶如来密因修证了义诸菩萨万行首楞严经通议　补遗

《大佛顶如来密因修证了义诸菩萨万行首楞严经通议》十卷《补遗》

一卷，明释德清撰，清光绪二十年（1894）金陵刻经处刻本。首页钤有"万木草堂"印，殆为康有为藏书。卷首为《首楞严经悬镜》，有明万历间虞淳熙及德清序。另有《略科》一卷，明释德清撰，清光绪二十年金陵刻经处刻本。题"明南岳沙门憨山释德清排订"。此书将《首楞严经》全书用表解式发明条贯，提揭要义，以便读者。后为《楞严通议》。《续藏经》作《楞严经通议提纲略科》一卷。

（十四）妙法莲华经通义

《妙法莲华经通义》二十卷，明释德清撰，清光绪三十四年（1908）金陵刻经处刻本。此书《明史·艺文志》著录，标题"《妙法莲华经通义》，姚秦三藏法师鸠摩罗什奉诏译，明南岳沙门憨山释德清述"。本弓卷一仅题"明南岳沙门憨山释德清述"。而《续藏经》第一辑第四十九套第五册《目次》则题"《法华经通义》七卷，明德清述"。冼玉清《广东释道著述考》云："《明史·艺文志》著录作'《法华通义》七卷，而《番禺续志》据《番禺县（任）志》著录《楞严法华通义》，后加按语云：'《明史·艺文志》作《楞严通议》十卷、《法华通义》七卷。'"查日本《续藏经》第一辑第十九套第二册有《楞严通义》，第一辑第四十九套第五册有《妙法莲华经通议》，'通义''通议'虽略有不同，疑此书即两书合刻之总名。"

（十五）金刚决疑

《金刚决疑》，后秦鸠摩罗什译，明释德清撰，清末刻本。卷首有德清题辞，卷末题"陈宝晋、郑学烺校刊"。经文不全录，只录有所疑者。先提出所疑，决录经文，再次解释所疑。自谓此解之出疑在本文之前，节节按迹而破之。忘言领悟，自得其宗，良非虚也。又有清雍正十一年（1733）黎德谋刻本，全书与《续藏经》本同，唯书名作《金刚决疑解》，多一"解"字。卷首又多德清《金刚决疑解序》一篇，然后载德清

《刻金刚决疑题辞》，且将《题辞》末"丙辰长至月憨山清道人撰"改为"沙门德清再题"。此后，又增《启经上》《香赞》等，乃及此书。鼎湖刻二十卷本《梦游集》卷七亦载之，唯无"万历壬子"等十四字矣。

（十六）般若波罗蜜多心经直说

《般若波罗蜜多心经直说》，与《金刚决疑》合刊，唐玄奘法师译，明释德清述。卷首有一序，卷末题"陈宝晋、郑学焜校刊"。此书日本《续藏经》本《目次》作"《般若心经直说》一卷，明德清述"。小注云："出《梦游集》卷第十，原标题明那罗延山海印沙门释德清述。解说经题后，分段解说，末有函是《跋》。"海幢刻本作《般若多罗密多心经直说》，那罗延山海印沙门释德清述"，唯"那"字上无"明"字。冼玉清《广东释道著述考》曰："明末佛教有大德三人：曰莲池大师云栖袾宏，曰紫柏大师达观真可，曰憨山德清禅师，皆认为人人各有心光，不过为妄想昏迷，致昧本真。憨山此书平易着实，最便于初学入门之阅读。"

三、杨于庭集

（一）春秋质疑

《春秋质疑》十二卷，明杨于庭撰，民国远碧楼刘氏抄本。远碧楼乃刘体智藏书楼。是书径从《四库全书》抄出，主要为阐发辨证胡安国《春秋传》之作。据杨氏自序，称胡安国《春秋传》议论有失公允，于《左传》《公羊传》《谷梁传》之批评亦有失当处，于《春秋》大义相合者十分之七，不合者十分之三，故著此书以述其不合者。据四库本此书凡例，有三不述：杨氏以为《胡传》为确论者不述，《胡传》采《左传》《公羊传》《谷梁传》与《胡传》驳三传适当者不述。有四述：杨氏以为《胡传》有疑者述之，《胡传》驳三传有不当者述之，义不系褒贬而其事可证古今触议论参述之，三传与《胡传》语殊，虽不系褒贬而有纠误者述之。

每篇之后，皆有《附录》。凡此之类，议论多精确可取。

（二）春秋质疑

《春秋质疑》十二卷，明杨于庭撰，民国二十四年（1935）上海商务印书馆《四库全书珍本初集》影印本。此书原有明万历二十八年（1600）刻本，清乾隆时编修《四库全书》即据此写刻。民国二十三年（1934）中央图书馆筹备处编纂《四库全书珍本初集》，又以乾隆四库本为底本影印，以成是编。是书前有牌记谓"商务印书馆受教育部中央图书馆筹备处委托景印故宫博物院所藏文渊阁本"。钤有"国立中央图书馆筹备处之章"。卷首有《钦定四库全书提要》，其后为杨于庭自序及邱应和序。序后有凡例四条，可明本书撰写例则。卷一、卷六之端皆有"文渊阁宝"印章。此集虽已收入民国远碧楼刘氏抄本，然此本刊刻精良，特收录之，足可备版本流别之资也。

（三）杨道行集

《杨道行集》三十三卷，明杨于庭撰，明万历二十三年（1595）季东鲁、汤沐刻本。是集为杨氏自编，其诗由何景明、李梦阳之门径入，疑为拟作，故于骚体、乐府、古诗等，皆不出其窠臼。唯五言古诗时露清挺，本色尚存。如《对月怀余宗汉》："愁绪乱如丝，思君对月时。自知无住著，不复怨睽离。魄落仍呼酒，神来但赋诗。八壶山色好，头白是归期。"因余宗汉为万历中门户交争之受害者，杨氏"故愤郁不平，屡形篇咏"。杨氏诗多怨激之音，然"事殊屈子，而怨甚行吟，未免失之过激。与风人温厚之旨，为有间矣"。

四、西墅草堂遗集

《西墅草堂遗集》五卷，明吴沛撰，清康熙十二年（1673）刻本。吴沛，字宗一，号海若，安徽全椒人。邑学生，世居县西程家市。垂髫为博士，补诸生。吴沛生前著有《诗经心解》《论文十二则》及《西墅草堂集》三种，前两种均未付梓。《西墅草堂遗集》在吴沛身后即散落，后经吴沛之子辑佚，方成此集。此集有姜曰广《西墅草堂逸稿序》、冯元飚《西墅草堂遗集序》、杨廷麟《引言》、薛寀《引言》、吴国鼎《先君逸稿小引》、吴国对《先太史遗集重刻引言》、吴国器《先君逸稿跋言》、吴国缙《先君遗稿跋》、吴国对《先君遗稿跋言》、吴国龙《先君逸稿小跋》。据吴国对《先太史遗集重刻引言》，吴沛之撰述，门人尝有抄本，"会寇作，尽焚去"，其间诗文多吴国对少时所藏，尝于明崇祯十五年（1642）刻印，后稿、版又散失，至康熙十二年甫自吴国器处得此印本，据以重刻，名为《遗集》。《西墅草堂遗集》乃吴沛现存唯一诗文集，具有非常重要之文学与文献价值。

五、吴国缙集（外一种）

（一）诗韵更定

《诗韵更定》五卷，清吴国缙撰，清康熙间绿荫堂刻本。该书名曰"诗韵"，实乃为韵书之作，不专为诗而设。张寿翁《事韵撷英序》曰"荆国、东坡、山谷，始以用韵奇险为工。盖其胸中蟠万卷书，随取随有。傥记览之博不及前贤，则不能免于检阅，于是乎有诗韵等书。然其中往往陈腐，用之不能起人意"云云。此后遂有"诗韵"之名。是书每部之字分一选、二选、三选、汰字四类，大抵以最熟易押者为上选，稍难用者次之，不常用者则汰除。

（二）世书堂稿

《世书堂稿》二十三卷，清吴国缙撰，清顺治十八年（1661）刻本。是书扉页题"吴玉林先生世书堂稿，本衙藏板，书林韦敬山、王奉台绣梓"。卷首有序言五篇、自序一篇。五篇序言分别署"顺治庚子冬杪瀛海年弟左敬祖虔孙甫拜题于木天居""顺治辛丑重九前三日年社弟汉阳塞斋熊伯龙撰""顺治庚子春王年家晚弟范开文顿首拜撰""顺治辛丑花朝日六十六岁兄朴斋国鼎漫书于东墅客狭轩中""顺治十有八年正月望日弟国对顿首拜撰",自记署"顺治庚子冬正腊日吴子国缙记于世书堂竹窗之次"。此书皆收录诗,未见文录,殆四十卷本中文集遗落矣。自目录观之,吴氏之诗遍及古乐府、诗经体、五七言古今体、回文、拟馆课、诗余诸体,可谓各体兼备也。此稿卷末有诗余若干,皆为《全清词·顺康卷》所未录,颇具文献价值。

（三）博议书后

《博议书后》,清吴昺撰,清抄本。此书著录为《博议书后》,实则不止于此。此书内含《博议书后》《通鉴书后》《日知录》及诗文序、墓志、祭文、小赋多篇,实则吴氏诗文集之简编也。《博议书后》《通鉴书后》及《日知录》乃吴氏读《左传》《国语》《资治通鉴》《日知录》之笔记,其余各篇皆从文集抄出也。书末有吴氏家族墓志数篇,如《三兄蓬园府君墓记》《清故待赠儒林郎候选州同知先兄同甫吴十五公行状》《清故敕授文林郎原任福建汀州府宁化县知县候升主事先兄梅原吴大公行述》等,叙吴氏家族世系甚详,史料价值极高。

六、吴敬梓集

（一）儒林外史

《儒林外史》五十六回,清吴敬梓撰,清嘉庆八年（1803）卧闲草堂刻本。是书凡十六册,中国国家图书馆、复旦大学图书馆藏。人民文学出版社1974年据中国国家图书馆藏本影印,本集乃据复旦大学图书馆藏本影印。是书约成于清乾隆十四年（1749）前后,先以抄本传世,卧本乃最早刊刻本。卷首有闲斋老人乾隆元年所作序,除四十二、四十三、四十四、

五十三、五十四、五十五回外，全书皆有评点，约一万五千余言。或谓闲斋老人即和邦额，或谓吴敬梓本人，迄无定论。卧评与原文互为呼应，相得益彰。其中有关创作论、文学生成论等，皆有见地，尤有可观之处。

（二）文木山房集

《文木山房集》四卷，清吴敬梓撰，清乾隆间刻本。［光绪］《安徽通志》载所著《文木集》八卷，［民国］《全椒县志》则称其有《文木山房诗文集》十二卷，金和跋《儒林外史》谓《文集》五卷、《诗集》七卷，皆未见传世。今存《文木山房集》四卷，凡赋一卷（四篇）、诗二卷（一百三十七首）、词一卷（四十七首）。卷首有唐时琳、吴湘皋、程廷祚、方嶟、黄河、李本宣、沈宗淳序。此集诗词以时间为序，词止于其三十九岁生辰所作《内家娇》，诗止于四十岁之《除夕宁国旅店忆儿烺》，此盖吴氏不惑前自定文集也。今所据北京大学图书馆藏本前有胡适题辞，正文处又有胡适眉批。其中涉及吴敬梓诗词、《儒林外史》，或指瑕，或称赏，亦可见《年谱》史源之所出也。

（三）文木山房诗说

《文木山房诗说》不分卷，清吴敬梓撰，抄本。封面题“文木山房诗说”，下双行题“旧抄本”“戊子四月收”，钤有“献唐”。首页第一行题“文木山房诗说”，下钤有“王献唐”及“平乐印庐”。第二行题“全椒吴敬梓敏轩纂”。末页钤有“献唐劫后所得”。全书不分卷，无目次，共三十六页，每半页八行，行二十字，共约一万一千字。金和跋《儒林外史》曰：“先生著有《诗说》七卷，是书载有《溱洧》篇数语，他如‘南有乔木’为祀汉江神女之词；《凯风》为七子之母不能食贫居贱，与淫风无涉；‘爰采唐矣’为戴妫答庄姜‘燕燕于飞’而作，皆前贤所未发。”后清人著述屡次称引而不见，百余年后始出于上图。全椒吴氏素有《诗》学传统，沈大成《全椒吴征君诗集序》谓“先生少治《毛诗》”，是书当可谓文木先生治毛诗之雪泥鸿爪也。

七、吴钺集

（一）爱堂诗偶存

《爱堂诗偶存》二卷，清吴钺撰，清乾隆二十六年（1761）刻本。是书卷首有吴氏清乾隆二十六年（1761）自序。卷前钤有"温州市图书馆藏"印。此书在《皖人书录》著录为《爱堂诗存》，实误也。据吴氏自序曰："什之三四名之诗存。非存诗也，存吾不喜诗而学诗，学诗而不知诗，不可与言诗而谬托于诗之意也。"故知此集乃吴氏自选自订，意在存诗学之主张也。是集之诗多有双行小注，于时地交代颇详。至于其中《迷沟怀古，步家青然先生韵》《喜闻三弟通判潞河》《十九弟金辂雨中过谈》诸诗，颇具文献价值，于吴氏家族之史实考辨可为一助。

（二）惠山听松庵竹炉图咏

《惠山听松庵竹炉图咏》四卷，清吴钺辑，清乾隆二十七年（1762）刻本。是书卷首有听松庵竹炉图。卷首钤有"北京图书馆藏"及"长乐郑振铎西谛藏书"印。乾隆三次南巡，皆经惠山，曾题此卷。诸画为秦文锦所临，书简者则为吴心荣，皆为上品。第一图为九龙山人王绂制，第二图为履斋写，第三图为吴珵写，第四图则为张宗苍所补绘。邹炳泰《午风堂丛谈》卷五云："乾隆己亥，是卷为邑令邱涟取入官廨，不戒于火。名山巨迹，了无一存。大吏奏入。皇上于几暇亲洒天笔，为作第一图，复命皇六子补第二图，贝子弘旿补第三图，侍郎董诰补第四图，御制诗章冠于卷首。于每卷图后，补录明人序疏诗什，依其原次，以还旧观。"原卷后烬于火，存此摹刻之本传世，犹依稀可见古作之面目。

八、金兆燕集

（一）棕亭古文钞（《国子先生全集》之一）

《棕亭古文钞》十卷，清金兆燕撰，清嘉庆十二年（1807）至清道光十六年（1836）赠云轩刻本。此集收文一百二十七篇。吴锡麒《棕亭古文钞》序，谓其"兴来如赠，情往若答，纵横排宕，又不可以派别绳之"。

（二）棕亭骈体文钞（《国子先生全集》之二）

《棕亭骈体文钞》八卷，清金兆燕撰，清嘉庆十二年（1807）至清道光十六年（1836）赠云轩刻本。此集收文九十九篇，皆以文体分类。金兆燕除了诗词戏曲，亦擅骈文，惜其文名为曲名所掩。

（三）棕亭诗钞（《国子先生全集》之三）

《棕亭诗钞》十八卷，清金兆燕撰，清嘉庆十二年（1807）至清道光十六年（1836）赠云轩刻本。此集收诗一千三百二十二首，不分体。沈德潜尤称其《黄山》诗。王昶《湖海诗传》亦谓其"奇崛可喜"。

（四）棕亭词钞（《国子先生全集》之四）

《棕亭词钞》七卷，清金兆燕撰，清嘉庆十二年（1807）至清道光十六年（1836）赠云轩刻本。此集收词四百一十首。

（五）旗亭记

《旗亭记》二卷，清金兆燕撰。清乾隆二十四年（1759）卢氏雅雨堂刻本，郑振铎家藏本。卷首抄录"旗亭画壁"本事，分载于《集异记》《全唐诗》《唐书》《通鉴纲目》诸典籍。除开场外上下卷皆十八出，极尽演绎之能事。姚燮《今乐考证》引王昶云："棕亭工院本，在扬州作《旗亭画壁记》，卢雅雨刻之。"李调元《雨村曲话》作"金椒兰皋所撰"，王国维《曲录》沿其误，作"金椒撰，椒字兰皋，□□人"。明郑之文《旗亭记》、张龙文《旗亭宴》，清裘琏《旗亭馆》，皆谱此事，可见流传甚广。

（六）婴儿幻传奇

《婴儿幻传奇》三卷三十出，曹氏藏抄本，疑为清金兆燕撰。本事见《西游记》四十回至四十二回、五十九回至六十一回。卷首有金兆燕小传及清乾隆四十六年（1781）序。金兆燕《棕亭古文钞》有《婴儿幻传奇序》云："古今来能为婴儿者，方能为圣为贤，为忠为孝，为佛为仙。三教虽殊，保婴则一。"或以为非金氏所作。

九、吴烺集

（一）五声反切正均

《五声反切正均》一卷，清吴烺著，清乾隆三十五年（1770）刻本。卷首有程名世序。全书分"辨五声""论字母""审纵音""定正韵""详反切""立切脚"六章。吴氏于声母删并三十六字母，其法与江永、方以智诸大家皆不相类，于韵母则归并《佩文诗韵》。其声韵调系统因江淮官话而扩充之，于近代金陵官话之研究亦大有裨益。

（二）学宋斋词韵

《学宋斋词韵》一卷，清吴烺、江昉、吴镗、程名世辑，清乾隆三十年（1765）刻本。卷首有金兆燕序，又有例言明其体例。是书详究宋以来韵书，分词韵为十五部。前十一部为平、上、去三声，后四部为入声。其中六、七两部韵尾相混，入声亦有此例。是书以同音排列韵字，无注音，亦无释义，当专为填词所备也。

（三）周髀算经图注

《周髀算经图注》一卷，清吴烺撰，清乾隆三十三年（1768）刻本。

卷首有沈大成序及吴氏自序。吴氏乃算学大家梅文鼎再传弟子，因而颇通历象章算音韵，工勾股旁要之学。是书以西法补证古经，尤有建树。《周髀算经》除弦图、日高图、七衡图外，皆以文字行之。吴氏因文制图，沈序谓其："举千载之难明者，一旦豁然于目而洞于心。"

（四）试帖扶轮集

《试帖扶轮集》八卷，清吴烺、程梦元辑注，馆阁诸公评定，清乾隆二十五年（1760）刻本。卷首有王鸣盛、吴烺、程梦元序，又有发凡六条。是书为科举范文之汇编，录文凡一百五十六篇，皆有眉批以明文法。此前多有以"扶轮"命集者，如《扶轮续集》《扶轮广集》《扶轮新集》者皆是也，盖取其辅助之义也。

（五）杉亭词

《杉亭词》一卷，清吴烺撰，清乾隆四十三年（1778）刻琴画楼词抄本。《琴画楼词钞》凡录浙派二十五人词集二十五卷，吴烺亦在其列。《词钞》辑者王昶乃吴氏好友，所据版本当从吴氏本人而来。卷八所录吴氏词凡七十四首，内容与《杉亭集》等皆有不同之处，具有重要的版本校勘价值。

（六）春华小草

《春华小草》，清吴烺撰，民国二十年（1931）亚东书局铅印本。是书乃吴氏诗集，本附于吴敬梓乾隆刻本《文木山房集》后。皆吴氏二十二岁前所作也。部分诗作见于《杉亭集》中，所录诗文皆吴氏最早作品。

（七）靓妆词钞

《靓妆词钞》，清吴烺撰，民国二十年（1931）亚东书局铅印本。此为吴氏词集，附于《文木山房集》后。与《文木山房集》词作有互见者，亦有其集所未收者。

（八）杉亭集

《杉亭集》十六卷（存七卷），清吴烺撰，清抄本，安徽博物院藏（简称皖本）。是书本十六卷，诗十一卷，词五卷，中国社会科学院文学研究所原藏有一完整抄本（简称京本），惜近来查无所得。皖本仅存诗集七卷。半页八行，行二十四字，无框格，字迹工整，似出一人之手。除《劝学诗》三首外，余皆与京本同。抄本《杉亭集》所录吴烺作品甚多，跨度持久，兼具文学与文献价值。

十、王肇奎集

（一）小容膝楼诗钞

《小容膝楼诗钞》十一卷，清王肇奎撰，清道光二十二年（1842）刻本。此集卷首有金镇蕃序、金望欣撰小传、许颐及金珉跋。是集以诗体分类，卷一至二为五言古诗，卷三至五为七言古诗，卷六为五言律诗，卷七至九为七言律诗，卷十至十一为五言、七言绝句，凡收诗五百三十六首。是集为王肇奎之子王城整理，故每卷皆题："全椒王肇奎鹤屿著、男城谨编次。"每卷尾题曰"道光辛丑秋子婿金珉校刊，年侄陈毓燕仝校"。王氏工书法，尤善于诗，其诗与同里郭赋梅齐名。金镇蕃评价其诗曰："其宗派之正，风格之高，绝去绮靡缘饰，摅写性灵，古澹则直逼陶韦，超逸则居然太白。"

（二）吟香阁诗存

《吟香阁诗存》一卷，清张佩兰撰，清道光二十二年（1842）刻本。此书附于《小容膝楼诗钞》之后。张佩兰，字纫芳，安徽滁州人。王肇奎之妻。佩兰兄龙光、葆光以诗名于时，幼相友爱，工吟咏，明经史。归王肇奎后，贤声著于乡里。金镇蕃序云："先生配张夫人，名家闺秀，亦工古近体，著有《吟香阁草》。谢世后，小鹤皆珍逾拱璧，行箧时携迫，欲梓行传世。”是集卷首题：“滁州张佩兰纫芳著，男城谨编次。”存诗五十四首。

（三）陈氏联珠集

《陈氏联珠集》十卷，清王肇奎辑，清嘉庆七年（1802）刻本。卷首有洪亮吉、王肇奎序。是集分别收陈芳《华溪草堂诗集》、陈其名《天柱诗草》、陈枋《醉草堂集》、陈蔚《梅缘诗钞》、吴荔娘《兰坡剩稿》、陈秉烈《涔园诗钞》、陈域《虚航集》、陈坚《铁门诗草》、陈壤《梅田诗草》、陈坡《谏亭诗草》、陈塾《凹堂诗草》、陈靖《云泉诗草》、陈坰《百花庵吟稿》、陈磊《涧南诗草》。此集以诗系人，作者下皆有小传，颇为可读。上海图书馆藏《陈氏联珠集》为嘉庆七年刻本，与南京图书馆藏本略有不同，陈氏诸人小传南图本较详，南图藏本疑为稍晚重刻本。洪亮吉《更生斋诗》卷六有《湛清园夜宿为陈明经蔚点定所辑联珠集》，诗云：“不用屏风六曲遮，屋头了了见金霞。一门诗集追元祐，百里溪光似永嘉。墨雨醉看飞四座，水云凉欲罨千家。平生几两游山屐，到处争围问字车。”

十一 、吴鼐集

（一）韩非子（《韩晏合编》嘉庆刻本之一）

《韩非子》二十卷，战国韩非撰，清吴鼐编，清嘉庆二十一年（1816）影宋刻本。韩非，战国末韩国人，法家学派代表人物。吴鼐，字及之，一字山尊，号抑庵，又号南禺山樵，晚号达园，安徽全椒人。清嘉庆四年进士，官侍讲学士。此书现存最早之版本为宋乾道元年（1165）黄三八郎本，至清乾嘉之际，析为李书年藏原印本及黄丕烈所藏钱曾述古堂影抄本。前有“乾道本韩非子廿卷”字样，并署“嘉庆二十一年重刊”。卷首有吴鼐序、补记并附吴氏钤印三方。吴氏序后乃乾道元年黄三八郎序。

（二）韩非子识误（《韩晏合编》嘉庆刻本之二）

《韩非子识误》三卷，清顾广圻撰，清吴鼐编，清嘉庆二十一年（1816）影宋刻本。顾广圻，字千里，号涧苹、无闷子，别号思适居士、一云散人，江苏苏州人。清代校勘学家。此书附于《韩非子》之后，有顾氏跋语。

（三）晏子春秋（《韩晏合编》嘉庆刻本之三）

《晏子春秋》八卷，春秋晏婴撰，清吴鼐编，清嘉庆二十一年（1816）影宋刻本。晏婴，字仲，山东高密人，春秋时期政治家，仕至齐相，谥平，史称"晏子"。卷首有吴鼐及顾广圻序，同为扬州汪氏藏版。此书与《韩非子》二十卷、《韩非子识误》三卷合编为《韩晏合编》。

（四）韩非子（《韩晏合编》清道光刻本之一）

《韩非子》二十卷，战国韩非撰，清吴鼐编，清道光二十五年（1845）扬州汪氏重刻本。此书与《韩非子识误》三卷、《晏子春秋》八卷合编为《韩晏合编》。是书每半页十三行，每行字数不一，白口，四周单边，双黑鱼尾，有刻工姓名。是编前有"宋本校刊韩晏合编""道光乙巳重镌"等字。

（五）韩非子识误（《韩晏合编》清道光刻本之二）

《韩非子识误》三卷，清顾广圻撰，清吴鼐编，清道光二十五年（1845）扬州汪氏重刻本。卷首吴鼐序钤有"弢园王氏真赏"印，此清代藏书家王韬之印，颇见是书流徙之轨迹。顾氏尤重校勘之用，故其跋语谓："而赵刻之误，则由乎凡遇其不解者必校改之，于是而并宋椠之所不误者方且因此以致手误，其宋椠之所误，又仅苟且迁就，仍归于误，而徒使可寻之迹泯焉，岂不惜哉！"

（六）晏子春秋（《韩晏合编》道光刻本之三）

《晏子春秋》八卷，春秋晏婴撰，清吴鼒编，清道光二十五年（1845）扬州汪氏重刻本。此书前有"嘉庆丙子岁全椒吴氏刊"，可见此道光本乃嘉庆本之重刻。

（七）洗冤集录（《宋元检验三录》之一）

《洗冤集录》五卷，南宋宋慈撰，清吴鼒编，清嘉庆十七年（1812）刻本。宋慈，字惠父，福建南平人。官提点刑狱，为中国法医学之祖。此书与元无名氏《平冤录》、元王与《无冤录》合编为《宋元检验三录》。是书自宋以来名声大噪，尤为可贵，乃法医之祖，已被译成英、法、德等文字，广为传播。

（八）平冤录（《宋元检验三录》之二）

《平冤录》一卷，元无名氏撰，清吴鼒编，清嘉庆十七年（1812）刻本。此书为中国法医学重要典籍。刊行后传本甚为罕见，清末法医学家沈家本欲一观而不得。一说为宋元间赵逸斋所撰，是书以洗冤不如平冤，遂据《洗冤录》《结案式》《旧结案式》三书，再为考究验尸、验伤之法。

（九）无冤录（《宋元检验三录》之三）

《无冤录》二卷，元王与撰，清吴鼒编，清嘉庆十七年（1812）刻本。王与，字与之，浙江温州人。官处州路总管知事，乃中国古代著名法医学家。此书以《洗冤录》为蓝本，上卷为官吏章程，下卷为尸伤辨别，多引用前二书，而稍辨证之。

（十）阳宅撮要（刻本）

《阳宅撮要》二卷，清吴鼒撰，清嘉庆十七年（1812）刻本。前有吴鼒序，卷首录采进书目。吴鼒著《阳宅撮要》乃因家中遭遇变故，吴鼒疑心"造作失措"，于是遍览风水之书，依法改易，其祸乃止。之后奉兄长之命，"按八门之次第，撮诸家之要旨，刊去一切邪说"，终成此书。是书乃八宅派著作，书中宅法与年命并重。此书参考诸多阳宅术文献，如《宅镜》《阳宅发真诀》《八宅通书》《选宅宗镜》《阳宅正宗》《阳宅发微》等。此类文献大多失传，观此可补遗文之缺。吴氏极推崇清初陕西风水师黄时鸣，数次引用黄时鸣语。

（十一）阳宅撮要（稿本）

《阳宅撮要》二卷，清吴鼒撰，清末抄本。此本见收于《泽古丛钞》，正文间有点断符号，乃读此书时之痕迹。是书以八卦配九宫，以乾、坤、艮、兑为西四宅，以坎、离、震、巽为东四宅，视八卦所属、七星加临、五行生克而定吉凶。八卦所属本于《易经》，转与五行相配。乾为老父属金，坎为中男属水，艮为少男属土，震为长男属木，四卦皆为阳；巽为长女属木，离为中女属火，坤为老母属土，兑为少女属金，四卦并为阴。卷一述起例、总论、形势、宅式、间数、门路、二十四山门路定局、定游星法、宅内外吉凶照、天井、床灶、井、厕、放水、黄泉。卷二述宅法碎金、摇鞭赋、九星喜忌歌、九星主应、分居、截路分房、生命、看法、定各种宅、搬移法、穿宅经、看煞法、续气法、修作、八宅修方九星主应、九星制伏、滚盘珠修方神煞。

（十二）抑庵遗诗

《抑庵遗诗》八卷，清吴鼒撰，清同治九年（1870）刻本。封面署"同治庚午仲冬，抑庵遗诗，歙鲍康、定远方浚师合刊"。吴鼒诗以孟（郊）、韩（愈）、皮（日休）、陆（龟蒙）为宗，尤善五言古诗，妥帖排奡，才思纵横。因原稿字多有涂抹，难以辨识，故集中缺疑处甚多。王昶称其："所作骈文沉博绝丽，朱珪谓合任昉、邱迟为一手。诗初法晚唐，晚乃不主一格，诗才亦以韩、孟、皮、陆为宗，斗险盘空，句奇语重，五言长古，尤足以推倒一世。"徐世昌则谓："诗古体妥帖排奡，才思纵横；近体风格气韵未臻高浑，不脱馆阁之习。"卷末有鲍康跋语。

（十三）吴学士文集

《吴学士文集》四卷，清吴鼐撰，清光绪八年（1882）刻本。封面有"光绪壬午江宁藩署开雕"，卷首有梁肇煌及谭献序。世徒知其长于骈俪之文，推为文苑传中人物耳。吴氏尝评当时经生之能文者，实则邵、汪二家之文，熔铸汉魏，不堕六朝以下，固与孙、洪异趣。吴氏之所诣，抑犹在孙、洪之间。孙、洪兼治朴学，得掠大名以去。吴氏虽淹通经史，学有本源，而华掩其实。校之孙、洪，又其次也。是集行世尤晚，亦无说经之文。盖传抄者但录其应俗诸作，以资揣摩。意其有用文字，散佚为不少矣。

（十四）吴学士诗集

《吴学士诗集》五卷，清吴鼐撰，清光绪八年（1882）刻本。其集生前即付梓有《夕葵书屋叠韵诗》一卷，清嘉庆间刻，《贩书偶记续编》著录。［道光］《安徽通志》著录《抑庵文集》《精进心庵诗集》各八卷。［光绪］《安徽通志》著录《吴山尊诗文集》十六卷，此十六卷本久佚不传，卒后编其遗集二种。一为《抑庵遗诗》八卷，清同治九年歙县鲍康等刻，鲍跋称稿得于鼐女；一为《吴学士诗集》五卷、《文集》四卷，其婿薛春黎辑，薛时雨、谭献编订，光绪八年江宁布政使番禺梁肇煌刻，《诗集》前有薛时雨序，《文集》前有梁肇煌、谭献序。此《诗集》五卷分体不编年。此集所收诗多有鲍刻所无者。

（十五）吴山尊先生手札

《吴山尊先生手札》不分卷，清吴鼐撰，稿本。是书乃吴鼐亲笔书信之合集。封面有"吴山尊先生手札"题签，署名"汲翁"，此系何人已不可考。内有吴鼐小传，字体与题签相仿。其文曰："吴鼐，字及之，一字山尊，号抑庵，又号南禺山樵，晚号达园，安徽全椒人。生于乾隆二十年，嘉庆四年己未翰林官侍讲学士。工书画、骈体文，著《夕葵书屋集》。"其中多有吴鼒与云浦书信，云浦即清代书画家李秉绶。此札行楷并行，笔力劲健，尤为可珍。

（十六）古文词略

《古文词略》二十四卷，清梅曾亮、吴鼒辑，清同治六年（1867）刻本。今见藏于安徽博物院。学界向以此编为梅曾亮独编，实吴鼒亦参与其事。梅氏乃姚鼐弟子，吴氏亦曾问学姚鼐，吴氏晚年所筑达园即姚鼐题匾。是编内署"同治丁卯季春，合肥李氏校刊"。卷首有梅曾亮所定之凡例。是书分为论辩、序跋、奏议、书说、诏令，所选作家作品皆一时之代表。其编选之标准多参考姚鼐《古文辞类纂》及王士禛《古诗选》，其文而稍稍拓展之，其重复处乃体现桐城家法。《古文词略》为桐城派唯一的诗文合选本，援诗作入编乃独创也，且所录皆为古诗。编者以律诗气弱，故不录也。

（十七）小仓山房外集（《国朝八家四六文钞》光绪刻本之一）

《小仓山房外集》一卷，清袁枚撰，清吴鼒辑，清光绪五年（1879）补刻本。袁枚，字子才，号简斋，晚年自号仓山居士、随园主人、随园老人，浙江杭州人，清乾隆四年（1739）进士，官至县令。此集收袁枚骈文二十五篇。

（十八）玉芝堂文集（《国朝八家四六文钞》光绪刻本之二）

《玉芝堂文集》一卷，清邵齐焘撰，清吴鼒辑，清光绪五年（1879）补刻本。邵齐焘，字荀慈，号叔山，江苏常熟人，官翰林院庶吉士。此集收邵齐焘骈文十八篇。

（十九）思补堂文集（《国朝八家四六文钞》光绪刻本之三）

《思补堂文集》一卷，清刘星炜撰，清吴鼒辑，清光绪五年（1879）补刻本。刘星炜，字映榆，号圃三，江苏武进人，清乾隆十三年（1748）进士，官至工部左侍郎。此集收刘星炜骈文十二篇。

（二十）仪郑堂遗稿（《国朝八家四六文钞》光绪刻本之四）

《仪郑堂遗稿》一卷，清孔广森撰，清吴鼒辑，清光绪五年（1879）补刻本。孔广森，字众仲，号撝约、巽轩，山东曲阜人。清乾隆三十六年（1771）进士，授翰林院庶吉士。此集收孔广森骈文十九篇。

（二十一）有正味斋续集（《国朝八家四六文钞》光绪刻本之五）

《有正味斋续集》二卷，清吴锡麒撰，吴鼒辑，清光绪五年（1879）补刻本。吴锡麒，字圣征，号谷人，浙江杭州人，清乾隆四十年（1775）进士，官国子监祭酒。此集收吴锡麒骈文五十四篇。

（二十二）西溪渔隐外集（《国朝八家四六文钞》光绪刻本之六）

《西溪渔隐外集》一卷，清曾燠撰，清吴鼒辑，清光绪五年（1879）补刻本。曾燠，字庶蕃，一字宾谷，晚号西溪渔隐，江西南城人，清乾隆四十六年（1781）进士，官至贵州巡抚。此集收曾燠骈文十五篇。

（二十三）问字堂外集（《国朝八家四六文钞》光绪刻本之七）

《问字堂外集》一卷，清孙星衍撰，清吴鼒辑，清光绪五年（1879）补刻本。孙星衍，字渊如，号伯渊，别署芳茂山人、微隐，江苏武进人，清乾隆五十二年（1787）榜眼，官至山东布政使。此集收孙星衍骈文七篇。

（二十四）卷施阁文乙集（《国朝八家四六文钞》光绪刻本之八）

《卷施阁文乙集》一卷，清洪亮吉撰，清吴鼒辑，清光绪五年（1879）补刻本。洪亮吉，初名洪莲，字君直，小字稚存，别号北江、更生居士，江苏常州人。清乾隆五十五年（1790）榜眼，官贵州学正。此集收洪亮吉骈文十九篇。其选辑标准，以"词必泽于经史，体必准乎古初"者为上，所收颇多为应酬之作。是编影响深远，上结桐城，下启晚清民国诸选本。各家缀以题辞，发其源流，评其得失。

（二十五）吴山尊评本庚辰集

《吴山尊评本庚辰集》不分卷，清吴鼐评，抄本。今见藏于安徽博物院。封面署"吴山尊评本庚辰集，疑庵珍籍"。卷首有许承尧记，其文曰："此卷书眉有吴山尊评语，初疑为山尊手写，继观首行有'家山尊本'四字。又同时得道光四年《松鹤课孙手评唐律诗》一卷，与此卷为一人所书，乃此卷亦松鹤转录。松鹤与山尊乃同时人，亦同族，余不可考矣。甲戌许承尧记。"许氏后又言遍考古籍，亦未晓松鹤究系何人，或疑为山尊晚号也。是编乃集道光以前试律，虽云纤巧，尚存古气。有妙悟入微处，亦可作诗话头。

（二十六）百萼红词

《百萼红词》二卷，清吴鼐撰，清光绪五年（1879）刻本。此书又名《百调红词》。封面题"光绪五年较订，吴学士百调红词，直隶张氏藏版"。并标明"寄售书局，每部实洋贰角"，可见此本影响甚广，至于贩卖。卷首有薛时雨序及顾云题词。吴氏晚年寄居维扬，达园其寓斋也。六十初度，与汪剑潭（端光）觞之湖上，倚《一萼红》调为寿，吴氏因而专填此调，积久遂多，故曰《百萼红》。据吴鼐小序，参与其事者有"同谷人师、厚庵直指、复堂都转、桐生前辈、仲符同年"。据谢章铤《赌棋山庄词话》载"吴氏有侍女徐桐，年十二三，知书解事，吴氏病服归芍，桐云：'芍药是药，何不园中看花去？'"，闻者叹其语妙。

十二、江临泰集

（一）仓田通法续编

《仓田通法续编》三卷，清张作楠撰，清俞俊编，清江临泰补图，清嘉庆二十五年（1820）刻本。是书现藏于安徽博物院。张作楠，字丹村，浙江金华人。清嘉庆十六年，官徐州知府。俞俊，字爱山，浙江丽水人。江临泰，字棣旃，号云樵，安徽全椒人。庠生。此书有眉批，不知何人所撰。其中图解部分，皆江临泰所补也。开篇言"余撰《仓田通法》，时丽水俞爱山俊以数学来质。因其曾习借根方法，属之校订算草，爱山未解立天元为借根方所本……并取仓田诸题，拈草示之，遂通其术。兹辑课并辑课草暨蠡法之涉于仓田者为一编，请续《仓田通法》后"。是书分三卷，卷一为设例上，以量田，冠以立天元一法算例，附以开带纵诸乘方简法。卷二为设例中，以量田。卷三为设例下，以量仓。学者得此书为门径，庶几仓田之法，可迎刃而解矣。

（二）弧角设如

《弧角设如》三卷，清张作楠撰，清江临泰补，清道光元年（1821）刻本。此书卷首有江临泰及齐彦槐序。卷上开篇言："属仿《算经》设如之例，各撰细草，以便初学。因检蠡所衍正弧、斜弧诸算草，分门排纂，质之江云樵，云樵曰对数表为八线，设谈弧三角而不及对数，是舍易就难，非所以引诱来学也。"首作释例，以明其理。次列设如，以备其法。

（三）弧三角举隅

《弧三角举隅》一卷，清张作楠撰，清江临泰补，清道光元年（1821）刻本。此书附于《弧角设如》之后。张作楠序曰："婺源齐梅麓彦槐以弧三角比例错综变换，不可端倪，《御制秾象考成》草野既未由仰窥，而梅征君《弧三角举要》环中黍尺，堑堵测量。及梅循斋、江慎修、戴东原、焦里堂诸家书，或阐理精深，或立术简奥，或举例而未征诸数，读者目眩心迷，无从入手。"由此可见此书之于算学研究影响之巨。

（四）高弧细草

《高弧细草》一卷，清张作楠、江临泰撰，清道光元年（1821）刻本。是书"用垂弧本法，逐节气时刻求太阳距地高度，并用正切余切比例加减太阳半径，求横直表景长短，作四十度高弧细草（京师北极出地四十度稍弱）。归里后，复成二十九度细草（金华府北极出地二十九度十分）。补官括苍，又续二十八度细草（处州府北极出地二十八度二十五分），以备检查"。是书爰列垂弧总较法于前，以溯其源。次以天较正弦及对数总较诸法，以通其变。再列江临泰所创新术及各表于后，以妙其用。而附以所衍各草，汇为一帙。周中孚《郑堂读书记》评云：自此书出，人人可算，处处可推，举凡郭守敬《行测四书》、熊三拔《衰度说》、马德称《四省表景立成》诸书，"皆可置之不论矣"。

（五）浑盖通诠

《浑盖通诠》一卷，清江临泰撰，清道光二十二年（1842）刻本。前有江临泰序，后有甘煦跋，此书乃江宁甘煦津逮楼刻本。甘煦，字耆仁，一字蕲仁、耆壬，江苏江宁人，著名藏书家甘福之子、甘熙之兄。清道光十三年（举人），官至通议。甘氏跋曰："余既借观，仿而作之。先生复以是说寄示，因付诸梓，附于《浑盖通诠》后。俾世之有识者，知先生苦心之独至耳。"是以甘氏窥中星仪，并仿而作，欲将是书刊行，以传习众生也。

（六）中星仪说

《中星仪说》一卷，清江临泰撰，清道光二十二年（1842）刻本。此书附于《浑盖通诠》之后。江氏序谓："弧漂沛本，行右转迷者，多怪欧罗巴来。独超流辈，未制星仪，智有未逮。倘令见之，定知宝爱。”从中可见江氏颇为笃信中国天文传统，而欲超西洋天文之宏图。

（七）新测恒星图表

《新测恒星图表》一卷，清张作楠衍表，清江临泰绘图，清光绪二十三年（1897）刻本。是书现藏于安徽博物院。是书内页钤有“金华张氏翠微山房”印，前有张作楠序，言“《钦定仪象考成》以测定之星，推其度数，观其形象，序其次第，着之于图……允为观象之津梁。第行之七十余年，岁既渐差，而东经纬即随之移动……观象台目未睹，中秘书往往执旧图以验，今测而疑与垂象不符者有之。云樵江君依乾隆甲子新测，按岁差加减，推衍至道光癸未，得其真度”。张作楠据江临泰所制新测径尺星球，分三垣二十八舍，列以为表，并嘱江临泰分黄赤道南北，绘总星图各二。又依赤道十二宫南北，各为小图，并紫微垣一图，近南极星一图，分之得圆二十有六，合之则成一球，冠诸卷端，与表相辅。从此推中星，求里差，以《新法历书》原有恒星图表，故加“新测”以别之。

（八）揣籥续录

《揣籥续录》三卷，清张作楠、江临泰撰，清光绪二十三年（1897）刻本。是书现藏于安徽博物院。开篇言“余既撰《揣籥小录》，以备测时之用。……谨依《钦定历象考成后编》，实测黄赤大距二十三度二十九分，推算自极高十八度至五十五度，逐节气加时，太阳距地高度以列表，并属江云樵推得横直二表日景长短，为表影立成，以补前录所未备”。卷前附直表日晷图式二，及对表取景图说，卷后附横表日晷图式及张作楠跋，又附张作楠与张远春论徐氏《高厚蒙求》一书。

（九）煮石山房词钞

《煮石山房词钞》不分卷，清江临泰撰，安徽通志馆抄本。是书卷首有金珉、汪甲序，卷末有汪甲跋。封面为汪㶿题签。卷端钤有"安徽省图书馆藏书"印。汪甲序曰："若云樵者旬锻日炼，竭历年心血，又从而汰其芜秽，删其质实，其全集竟不能流传海内，良可慨矣。"是知此集为江临泰生前编定选录者。

（十）妆台杂咏

《妆台杂咏》不分卷，清江临泰撰，安徽通志馆抄本。此书附于《煮石山房词钞》之后。是书乃江氏诗选，存诗仅二十首。汪甲序曰："云樵先生所撰《妆台杂咏》廿首，远延龙洲之绪，近补竹垞之遗。剪水裁云，钩心斗角。金慵万仞，偏潜王母之台；银汉千寻，竟匿天孙之馆。"

（十一）鄱湖欸乃

《鄱湖欸乃》不分卷，清江临泰撰，安徽通志馆抄本。此书附于《煮石山房词钞》之后。是书为江氏词选，已为残卷。金珉序谓："余读其词，知先生之造诣甚深。敷清丽之语而饶澹远之神，于律尤竞竞不爽尺寸，洵推作者。"由此可知，江氏填词殆近格律一派。

十三、金望欣集（外一种）

（一）清惠堂外集

《清惠堂外集》三卷，清金望欣撰，清道光十五年（1835）刻本。此集含《峿谷杂体赋钞》一卷、《峿谷试帖诗钞》一卷、《峿谷制义文》一卷，是书扉页题"清惠堂外集（杂体赋，试帖诗，制义文），自盦汪申题""道光乙未，峿谷杂体赋钞，汪申题"。卷首有吴文镕所撰清惠堂外集叙及金望欣自序。《峿谷杂体赋钞》录金氏赋三十篇，多为拟物之乍，仿东汉小赋。《峿谷试帖诗钞》卷首有金氏自题小序，录试帖诗九十九首。此书有数则眉批，乃汪申校读所撰，涉及声韵、训诂诸多考释，多有可观之处。卷末又有时人点评，如《魏公子窃符救赵赋》末郭孚占评曰：
"虑周藻密，细腻风光，极有揣摩之作。"

（二）金秋士诗钞

《金秋士诗钞》一卷，清金望欣撰，清道光十六年（1836）清美堂刻
《蔗根集》本。《蔗根集》十七卷乃黄锡麒所编，《金秋士诗钞》见收于
此编卷四。此书卷端题"全椒金望欣秋士"。黄锡麒，字也园，工诗文，
与一时文士多有唱和。黄氏与金望欣交好，故自选金氏未刊稿中数十篇诗
入《蔗根集》。所选大半乃金氏早年与江淮诗人唱和之作，诗风劲健，
《春风狂》《王彦章铁枪歌》等皆属此类。

（三）清惠堂遗印诗

《清惠堂遗印诗》三卷首一卷末一卷，清金望欣编，清道光十九年
（1839）刻本。此书扉页为"清惠堂遗印诗"，牌记为"道光己亥年孟冬
六世孙望欣敬题"。卷首有陈方海序，卷末有金望欣道光十八年跋语。是
书卷首为金九陛遗印述略、东林列传、金九陛画像及玛瑙印图。卷上为海
内名贤题咏，卷中为桑梓诗人题咏，卷下为后裔子孙题咏。据金望华所撰
《先少参公马脑遗印征诗述略》："道光庚寅春，自汉上归里门，偶于市
肆购得马脑古印章，晶莹光洁，篆则公（金九陛）讳也。"是知金氏偶然
发现祖先金九陛之遗物，故以此为题，征诗于名贤，故成是编。是编含金
九陛小传及金氏家族谱系之资料。其中全椒乡贤之唱和题咏尤夥，不啻为
全椒文学总集之一种。

（四）清惠堂集

《清惠堂集》十卷，清金望欣撰，清道光二十年（1840）刻本。是书
含文二卷、诗六卷、词二卷。扉页为"清惠堂集（文二卷、诗六卷、词二
卷）"，牌记谓"道光庚子仲夏广陵黄氏校刊"。卷首有陈方海、卞士

云、邓立诚诸人序。道光十九年，金氏自选诗六卷、文二卷、词二卷，与扬州陈穆堂共同校勘，乃成《清惠堂集》十卷。此集文二十九篇、古今体诗四百一十二首、词一百二十五阕。卞士云序评价其诗谓："风俗之春庞，民生之疾苦，守土者之何去何从，悉寓之于咏言之内，谓非留心于当世者耶？"此论至为允当。

（五）金桐孙诗钞

《金桐孙诗钞》一卷，清金望华撰，清道光十六年（1836）清美堂刻《蔗根集》本。是书见收于黄锡麒辑《蔗根集》卷十一。金氏诗文专集皆已失传，此《诗钞》乃仅存之遗泽也。此编所选金诗可补金氏史料之阙，如《读先世父棕亭诗钞》向为金兆燕研究学者所不知。金氏之诗多清婉可诵，如五言《抵家》、七言《忆扬州》等皆有唐诗蕴藉之风貌。其诗虽流传甚少，但其境界或在其兄金望欣之上。

（六）三家词合刻

《三家词合刻》四卷，清金望华、范锴编，清道光二十二年（1842）刻本。此书扉页题："道光壬寅，三家词合刻，铁琴书。"牌记题：'道光二十一年岁次辛丑春。"卷首有汪全泰道光二十二年序。卷末有金望华、吴揩光跋语。是书收录姜夔、张炎、王沂孙三人词集。姜夔《白石道人歌曲》、王沂孙《花外集》、张炎《山中白云词》卷末皆有范锴跋语。宋元以来三家之词集多矣，然文辞多有舛误，金氏乃互参各家选本，以成此善本。

十四、薛春黎集

（一）淮生日记

《淮生日记》不分卷，清薛春黎撰，清袁昶抄本。袁昶，原名振蟾，字爽秋，一字重黎，号浙西村人，浙江桐庐人。是书见收于袁氏《毗邪台山散人日记》"癸酉五月"条目之下，题作"续录淮丈日记"。后中华书局据此稿本，将其收入《近代历史资料》第三十四号中。第二次鸦片战争时，薛氏主张抵抗，日记对当时清廷内部之情况，记述较详。是书记自清咸丰十年（1860）七月十二日，终于咸丰十年十月初五日。卷端间有袁昶眉批，有精炼者如"备查"，亦有大段评语曰："羸卒穷官，可叹！此左恪靖所以欲南领广部以为筹饷之资也。"卷末跋语谓："以上录薛日记竟。"原稿已于庚子间散佚。

（二）星轺日记

《星轺日记》一卷，清薛春黎撰，清咸丰十一年（1861）稿本。全书以行草撰写。星轺者，使者也，此殆为薛氏出使日记。版心处所题"玉乘斋"，或为所用信纸之门店。所述起自咸丰十一年六月初六，终于咸丰十一年八月初六。末七页为薛氏开销记录，其中包含扇、笺等多种物什。卷末记录黄天杰、胡秉钧、洪瑞云诸人生平资料，似为信手所题。此书于晚清政治、外交具有较大文献价值，今见收于故宫博物院，后收入《故宫珍本丛刊》。

（三）味经得隽斋课徒草

《味经得隽斋课徒草》一卷，清薛春黎撰，清同治三年（1864）刻本。是书乃薛氏课徒之八股文也。扉页题"味经得隽斋课徒草，薛淮生，无锡氏著校"，并钤有"首都图书馆藏书之章"印。卷首有张畹九、高延祐、陈荣绍序。目录前题"全椒薛春黎淮生甫著，受业李方豫、张兆兰同校"。此书选《大学》八股文五篇、《论语》八股文十三篇、《中庸》八股文四篇、《孟子》八股文八篇，凡三十篇。目录后有跋语谓："考制义创自王荆公半山安石介甫，故宋文文山、陆象山、苏子由皆有经义之题，内含八股意思，故后以王安石为制义之祖、古文之遗。"正文有各种阅读符号，以明文法之精义。每篇后皆有点评，首篇后有手书评语"思清笔健，骨重神寒"。卷末有薛氏弟子张兆兰跋语。

（四）味经得隽斋律赋

《味经得隽斋律赋》一卷，清薛春黎撰，清同治十一年（1872）刊《薛氏五种》本。扉页以小篆题写"味经得隽斋律赋"，落款为"秣陵敲甫氏题"。牌记曰："同治壬申年三月开雕"。卷首有薛氏之弟薛时雨同治十年九月序。目录前署"全椒薛春黎淮生著，男葆桱、婿袁振蟾全校字"。据薛时雨序谓："此册所编律赋乃授徒时改诸生程作，从他处茸录者。又搜得岁科试及翰林馆课诸作，一并厘订成帙。其疏章论议之文，当续搜采开雕，撴拾畸剩以表先生志节之所在。"全书收律赋七十四篇，举凡诗赋、史赋、物赋，皆在囊括之列。晚清律赋已不能合于唐之理法，薛氏之作极有条理，体物浏如，援比皆典，可为一时之典范也。

（五）薛淮生文稿

《薛淮生文稿》一卷，清薛春黎撰，清光绪四年（1878）刻本。扉页为"薛淮生文稿"，牌记谓"光绪四年秋九月四明茹古斋刻书牌记"。正文钤有"南京图书馆藏"印。书名旁有"福慈三板"标记，暗指此书乃三版开雕。卷首为陈荣绍及高延祐同治三年序。正文评语以文法论之，所涉有主题、文脉、结构诸范畴，简洁精当。每篇标题之下皆有薛春黎署名。

（六）后七家诗选

《后七家诗选》七卷，清许乃普等著，清薛春黎辑，清光绪二年张兆兰（1876）刻本。此书扉页题"近七家试帖诗辑注"，牌记谓"光绪二年春正月，京师琉璃厂开雕"。卷首有陈彝、曹炜光绪元年序。是书无薛氏署名，卷端题曰："钱塘许乃普滇生著，甘泉王禄书砚耘注释。仪征张宝恩石生、仪征严玉辉韫初校字，仪征张兆兰畹九。"以下人名阙如。

另有此书刻本卷端题曰："全椒薛春黎淮生辑，仪征后学张集声啸秋参订，守业张兆兰校刊。"目录后有薛氏跋语谓："幼读张玉田先生《七家诗选》，心向往之。岁辛酉，馆于仪征张氏，见其插架中多近人帖体诗。秋窗多暇，悉心选择，共得七家，计若干首。颜为《后七家诗》，以为塾中刻本非敢效颦也。庚申新秋，淮生自记。"许乃普，字滇生，浙江钱塘（今杭州）人，嘉庆庚辰科榜眼，吏部尚书，谥文恪。是编收许氏试帖二十六篇，每句皆有详解。

十五、金和集

（一）然灰集（《来云阁诗稿》之一）

《然灰集》一卷，清金和撰，清光绪十八年（1892）刻本。金和，字弓叔，一字亚匏，江苏上元（今南京）人，祖籍全椒。此书刊于光绪十八年春，乃丹阳束允泰家刻。金、束二人交往至契，乃嘱谭献选为一册。卷首有谭献《来云阁诗序》及束氏所撰《金文学小传》。据金氏自序，集名取自韩安国"死灰不能复燃"一语。

（二）椒雨集（《来云阁诗稿》之二）

《椒雨集》一卷，清金和撰，清光绪十八年（1892）刻本。此集收清咸丰癸丑（1853）二月至甲寅（1854）二月诗凡一百五十余首。据金氏自序，作此集中诗时"半在椒陵听雨"，故以此名。

（三）残冷集（《来云阁诗稿》之三）

《残冷集》与《壹弦集》合为一卷，清金和撰，清光绪十八年（1892）刻本。此集收清咸丰甲寅（1854）八月至丙辰（1856）十月诗凡一百余首。金氏序曰："虽短章塞责，而了了萍踪未忍竟弃，遂积为卷叶。"又曰："此三年中乞食则同也，而残杯冷炙今年为甚。"故以此为名。

（四）壹弦集（《来云阁诗稿》之四）

《壹弦集》与《残冷集》合为一卷，清金和撰，清光绪十八年（1892）刻本。此集收清咸丰丙辰（1856）十月至己未（1859）冬赴杭州之诗。为作者独弦之哀歌，故曰《壹弦集》。

（五）南栖集（《来云阁诗稿》之五）

《南栖集》一卷，清金和撰，清光绪十八年（1892）刻本。此集所收诗，为其在粤之作。本以其闻见所及，制为粤风粤雅二百余篇，又先后怀人诗七十余章。惜大半皆已焚毁，只存余烬耳。

（六）奇零集（《来云阁诗稿》之六）

《奇零集》一卷，清金和撰，清光绪十八年（1892）刻本。此集收清咸丰丁卯（1867）至乙酉（1885）间所作诗。金氏序曰："虽甚寥寥，犹汇写之为《奇零集》。余已年垂七十，其或天假之年，蚕丝未尽，此后亦不再编他集矣"。

（七）压帽集（《来云阁诗稿》之七）

《压帽集》一卷，清金和撰，清光绪十八年（1892）刻本。欧阳修有诗曰："酒黏衫袖重，花压帽檐偏。"故以"压帽"名此集。此集与前诸集乃金氏诗集首次全面结集，亦为民国《秋蟪吟馆诗钞》之祖本。

（八）然灰集（《秋蟪吟馆诗钞》民国刻本之一）

《然灰集》一卷，民国五年（1916）刻本，清金和撰。此本即世所谓梁氏精校本也。封面有民国四年陈宝琛题签，扉页有郑孝胥题写书名。卷首有谭献、冯煦、梁启超诸家序及谭献小传。此集收清道光十八年（1838）至清咸丰二年（1852）间诗作。

（九）椒雨集（《秋蟪吟馆诗钞》民国刻本之二）

《椒雨集》二卷，民国五年（1916）刻本，清金和撰。此集收清咸丰三年（1853）二月至四年（1854）二月间所作诗。集分上下，《原盗》诸长诗最显金氏诗风之优长者。

（十）残冷集（《秋蟪吟馆诗钞》民国刻本之三）

《残冷集》一卷，民国五年（1916）刻本，清金和撰。此集收清咸丰四年（1854）八月至六年（1856）十月间旅居泰州、清河、松江时所作诗。

（十一）壹弦集（《秋蟪吟馆诗钞》民国刻本之四）

《壹弦集》一卷，民国五年（1916）刻本，清金和撰。此集收清咸丰六年（1856）十月至九年（1859）冬赴杭州时所作诗。

（十二）南栖集（《秋蟪吟馆诗钞》民国刻本之五）

《南栖集》一卷，民国五年（1916）刻本，清金和撰。此集收清咸丰十年（1860）闰三月之后南下避于潮州时所作诗。

（十三）奇零集（《秋蟪吟馆诗钞》民国刻本之六）

《奇零集》一卷，民国五年（1916）刻本，清金和撰。此集收清同治六年（1867）至清光绪十一年（1885）间诸诗。卷末则附陈衍及其子金还跋语。此集之名乃金氏生前自题，后诸集毁于兵燹，不复有全集矣。殆束允泰刻本之后，金氏二子复刻其集，仍以前名命之。此集经吴昌绶、章钰诸家审定，较前本更为精当。

（十四）然灰集（《秋蟪吟馆诗钞》稿本之一）

《然灰集》一卷，稿本，清金和撰。是集与《椒雨集》《残冷集》《壹弦集》《南栖集》《奇零集》《压帽集》并称《秋蟪吟馆诗钞》。《中国古籍善本书目》著录。是书前有"乙卯二月梁启超校读"题记，冯桂芬、张紫禾清咸丰十一年（1861）跋，卷三末存瑞征、陆光祖题识。钤有"商辂""张冣私印""苟全性命于乱世""臣桂芬印"等印。

（十五）椒雨集（《秋蟪吟馆诗钞》稿本之二）

《椒雨集》一卷，稿本，清金和撰。金氏之诗包罗极广，故梁启超序曰："及读金亚匏先生集，而所以移我情者，乃无涯畔。吾于诗所学至浅，岂妄有所论列。吾唯觉其格律无一不轨于古，而意境气象魄力，求诸有清一代未睹其偶，比诸远古，不名一家，而亦非一家之境界所能域也。"可见赞许之深也。

（十六）残冷集（《秋蟪吟馆诗钞》稿本之三）

《残冷集》一卷，稿本，清金和撰。金和诗不唯跌宕，其所述人生宇宙之坎壈，向亦为人所注目。故叶景葵读此集后谓："读亚匏先生之诗，其命宫殆世世磨蜗也欤？"

（十七）壹弦集（《秋蟪吟馆诗钞》稿本之四）

《壹弦集》一卷，稿本，清金和撰。此集仅录诗两首，以下阙如。《壹弦集》所收之诗多为个人感怀之作，所阙之诗殆为梁启超所删。

（十八）南栖集（《秋蟪吟馆诗钞》稿本之五）

《南栖集》一卷，稿本，清金和撰。其余卷为小楷，自《南栖集》始为行书，疑为他人手抄。

（十九）奇零集（《秋蟪吟馆诗钞》稿本之六）

《奇零集》一卷，稿本，清金和撰。此稿本较刻本存诗尤多，次序亦可校刻本。作而复改，可见作者之心曲。其诗多有注解，亦可补时地典故之缺。

（二十）压帽集（《秋蟪吟馆诗钞》稿本之七）

《压帽集》一卷，稿本，清金和撰。《椒雨集》至后附《压帽集》以小楷手书，与中国国家图书馆所藏孙文川《读雪斋诗集》稿本卷首题诗对校，确为金氏亲笔无疑。

十六、薛时雨集

（一）书经集句文稿续编选本

《书经集句文稿续编选本》二卷，清戴槃撰，清薛时雨评选，清咸丰十一年（1861）刻本。牌记题曰："同治己巳新镌，赐礼堂藏板。"并有"真州吴氏有福读书堂藏书"钤印一方。赐礼堂乃京江戴氏之堂号，有福读书堂乃仪征吴引孙之藏书楼。据徐用仪《戴槃墓志铭》，戴槃（1813—1881），字涧邻，号铭新，江苏丹徒人，清道光二十三年（1843）举人，曾任桐乡知县、温州知府，著有《戴槃纪略四种》等。是编刻于清同治八年（1869），卷首有朱恭寿序及戴槃自序，乃《书经集句文稿续编》之选本。上卷为散体文，下卷为骈体文，凡五十篇，皆以《尚书》成句为题。据其自序，《书经集句文稿》初刻于清道光二十八年（1848），收《书经》八股文一百十四篇，《续编》刊刻于清道光二十九年，收文一百篇。后戴氏将原稿录呈薛时雨，薛氏重加删选，并每篇附其自撰评语。

（二）五经鸿裁

《五经鸿裁》二十二卷，肄业诸生编，清薛时雨鉴定，清同治十二年（1873）刻本。"鸿裁"昉自《文心雕龙·辨骚》"才高者菀其鸿裁，中巧者猎其艳辞"，意谓选入者皆为鸿文。牌记题曰"同治癸酉年孟秋月上澣，双凤家塾藏板"，则是编当刻于同治十二年七月上旬。全书以五经为纲，分为"《易经》文"四卷、"《书经》文"四卷、"《诗经》文"四卷、"《春秋》文"四卷、"《礼记》文"四卷，后附《续经文》二卷，亦从前例，凡六百篇，卷首有薛时雨序。原书未题选评者，据薛序"余为遴择，得六百篇""并详论源流所在，与夫义法之当守者如此"可知，选编与评点实为薛氏本人。至于编选之体例，薛氏谓："入选之例，不拘一格，而以义法为先，则犹余畴昔论文之旨耳。"是乃所选时艺，颇有"吾道一以贯之"之意也。

（三）皇朝水道略

《皇朝水道略》不分卷，清薛时雨撰，清稿本，《皖人书录》卷五有著录。武进陈侨题写书名。朱笔批校，无序言，正文首页右下角有矢文"慰农"钤印一方。是编正文首叙"大江"，以岷江为长江正源。次述"入江大川"，诸如阳江、大冲河、嘉陵江、渠河、涪陵江、洞庭湖、东汉水、彭蠡湖等。详其历史沿革，水域走向，下有双行小注，又有眉批总其大略。

（四）藤香草堂诗稿

《藤香草堂诗稿》不分卷，清薛时雨撰，清咸丰间刻本。《中国古籍版刻辞典》以为陈钟英作，误。是编前有何栻、陈钟英序及薛氏自序，后有杨炳春、陈钟英跋。卷首有周玉麒等题诗，杨锦雯等题词。是编凡两分，其一为《和陈槐庭香草闲情诗三十首原韵》，其二为《后香草闲情诗三十首》。此乃薛氏诗集最早刊刻本，又有大量题跋，学术价值不容置疑。

（五）藤香草堂词稿

《藤香草堂词稿》不分卷，清薛时雨撰，清咸丰十一年（1861）刻本。牌记题曰"咸丰辛酉季秋，江西聚经堂梓"，则是编当刊于清咸丰十一年九月。卷首有薛时雨序，题词者五人，曰黄钰、应宝时、陈钟英、冯誉骢、孙瀜。薛序作于咸丰十一年，与后之《西湖榷唱序》作于清同治五年（1866）相较可知，是编乃薛氏词集首次刊刻。《西湖橹唱》虽早已成编，然刊刻之日尚在此编之后。此集以《西湖橹唱》为主，兼之后数年所作合为一册。职是之故，二序文字颇多雷同之处，乃后序改易前序所得无疑也。

（六）藤香馆诗删存

《藤香馆诗删存》四卷，清薛时雨撰，清光绪五年（1879）刻本。书名为瑞安孙衣言题，卷前有"桑根山人小象"及《桑根山人自赞》。《自赞》乃薛氏门人邓嘉缉所书。卷首有秦缃业、陈钟英、冯誉骢、赵铭序及谭献、张景祁跋。目录前有薛氏自记，后有谭献跋文详加帮助。是编以干支纪年为序，详录原编诗及删存后所得诗数目，以资比勘。《藤香馆诗钞》毁于祝融，薛氏因检点剩本，并属谭献删存。谭氏仿《渔洋山人精华录》之例编《桑根山人精华录》，薛氏愧不敢居，故有此编。

（七）藤香馆词删存

《藤香馆词删存》二卷，清薛时雨撰，清光绪五年（1879）刻本。薛时雨自清咸丰三年（1853）辄为长短句积久成册，乃有此编。与《藤香馆诗删存》合编，依《薛氏五种》本裁汰而成，为词中之精华也。

（八）藤香馆诗钞

《藤香馆诗钞》四卷，清薛时雨撰，清抄本。卷三首页下题"丙戌春仲云海氏手钞"，故此抄本当成于清光绪十二年（1886）。此抄本当以《薛氏五种》本为底本，所抄诗总目亦与之相合。所抄之诗皆有句读，当为抄录者阅诗时所点。

（九）藤香馆诗钞

《藤香馆诗钞》，清薛时雨撰，清同治七年（1868）全椒薛氏藤香馆刻《薛氏五种》本。《诗钞》乃同治七年八月刊刻，张景祁题签。前有同治六年秦缃业、陈钟英序及吴昆田、李慈铭题诗，后有赵铭后序及汪鸣銮、谭献、张景祁跋。卷首并有陶继安摹"桑根山人小象"，后附薛氏自撰《桑根山人自赞》，江声书法。收薛氏清咸丰四年（1854）至同治六年所作之诗，凡九百五十一首。

（十）藤香馆诗续钞

《藤香馆诗续钞》二卷，清薛时雨撰，清同治七年（1868）全椒薛氏藤香馆刻《薛氏五种》本。书名乃莫友芝题，并有"莫友芝图书印"一方，书前有冯誉骢序，收古近体诗两百七十二首。

（十一）藤香馆词钞

《藤香馆词钞》二卷，附于《诗钞》《续钞》之后，清薛时雨撰，清同治七年（1868）全椒薛氏藤香馆刻《薛氏五种》本。《词钞》前有李肇增、杨叔怿序及钱恩棨、周闲跋。卷首存汪贵蓉、沈金藻、张端卿题诗，冯焯、金醍、谭献、沈景修、张预题词。《江舟欸乃》卷前有薛氏自序，卷末有张景祁、董慎言跋。《薛氏五种》亦见收于徐雁平、张剑主编的《清代家集丛刊》。

（十二）藤香馆小品

《藤香馆小品》二卷，清薛时雨撰，清光绪三年（1877）刻本。牌记题曰"光绪三年八月开雕"，则是编之刊刻当在清光绪三年八月。上卷乃孙衣言题端，落款曰"光绪丁丑六月，逊学孙衣言署"，并有"衣言"钤印一方。下卷为杨晓岚题端，落款曰"晓岚署检"，并有"晓岚"钤印一方。中国国家图书馆藏本扉页有孙衣言题"光绪癸酉六月"，然光绪无"癸酉"纪年。醉歌叟癸酉夏序谓："友人杨晓岚文学代为掇拾，敝帚不自珍，而人珍之，可感亦可愧。"薛氏所著《藤香馆小品》乃托杨氏代为整理，时为清同治十二年（1873），而薛氏并未著"同治"二字，故光绪中孙氏题签误以之为光绪癸酉。是编后见收于《扫叶山房丛钞》。

（十三）中锋集初编

《中锋集初编》不分卷，诸生撰文，清蔡鼎昌、吴乃斌校编，清薛时雨鉴定，清同治八年（1869）刻本。张景祁题写书名，并钤有"真州吴氏有福读书堂藏书"及"张鸣珂印"两方。牌记题曰"同治八年夏四月文光堂开雕"，故此编之刊刻当在同治八年四月。卷首有同治七年薛时雨序。是编乃四书文之汇编，收录《大学》文两篇、《中庸》文六篇、《论语》文三十八篇、《孟子》文十四篇，凡六十篇。据薛氏序，《崇文书院课艺》刊刻后影响甚巨，故向其行卷者多有之，是编乃采择行卷之佳作而成。

（十四）藤香馆启蒙草

《藤香馆启蒙草》不分卷，清薛时雨撰，清同治七年（1868）梧竹山房刻本。牌记题曰"戊辰秋雕，梧竹山房藏板"，故是编之刊刻当在同治七年七月。卷首有同治七年薛氏自序。全编为四书文之结集，收录《论语》文三十篇、《学》《庸》文八篇、《孟子》文二十二篇、凡六十篇，每篇皆有评点符号以示重点。由序文可知，《启蒙草》乃为训示薛葆楹、薛葆桩所作，创作为期两阅月。

（十五）疏通知远

《疏通知远》不分卷，清薛时雨编，清稿本。封面有"苏氏俪笙珍藏书画印"一方，卷首有薛时雨序，加盖薛氏印章。右下角并有钤印两方："南京图书馆藏"及"滇阳苏氏"。《礼记·经解》曰："疏通知远，《书》教也。"是编盖取法乎此。薛氏序曰："其谓博览乎群经，以汇于一经。"原稿无署名，据此可知此书乃薛氏编订。所录《春王正月辨》《皇舆图说》等皆为八股创作指引门径。此外凡有利于身心日用者，亦皆在汇编之列。此编收朱熹、汤斌诸大儒经论，亦间有薛氏自作，当为薛氏亲笔所抄。

（十六）湖舫文会课艺

《湖舫文会课艺》不分卷，又名《湖舫课艺》，肄业诸生编，清薛时雨评定，清同治六年（1867）刻本。题"同治六年秋镌"，则是编之刊刻当在清同治六年秋。卷首有薛时雨序，并加盖"薛时雨印""慰农"钤印两方。卷首录"同社题名"三十六人，其下悉附简介，其人皆此编所录文之作者。题名之后乃清光绪二十年（1894）九月姚景夔跋。就中同题之下作者数人，凡十四题七十篇。据薛氏序可知，此集乃湖舫文社诸生所作之文，因秋闱将近，故"采择社中文尤雅者都为一集，而以试帖诗附焉"。

（十七）崇文书院课艺初编

《崇文书院课艺初编》不分卷，清徐恩绶、高人骥、孙诒绅编，清薛时雨鉴定，清同治六年（1867）刻本。书名乃高行笃题，清同治六年开雕，卷首有马新贻及薛时雨序，目录后有监院题识。《初编》收录制艺文五十题一百八十一篇，编纂起自同治六年冬月，终于同治七年冬月。崇文书院乃明万历二十七年（1599）所建，薛氏自同治六年起主讲崇文书院，采择自同治四年至同治六年间课艺文成编。

（十八）崇文书院课艺续编

《崇文书院课艺续编》不分卷，清徐恩绶、高人骥、孙诒绅编，青薛时雨鉴定，清同治七年（1868）刻本。《续编》收录二十一题八十三篇，文末皆有薛氏评点。后附《崇文书院试帖》，凡五十一题九十篇。

（十九）尊经书院课艺初刻

《尊经书院课艺初刻》不分卷，肄业诸生编，清薛时雨鉴定，清同治九年（1870）刻本。前有薛时雨序，收录制艺一百题一百六十一篇。江宁尊经书院乃是清嘉庆十年（1805）创建，清咸丰间毁于战火，同治九年重建，清末先后改为校士馆、师范传习所。薛氏于清同治八年主讲尊经书院时选文汇编成册，于序文中着重强调官方所认可"清真雅正"之文风，劝告诸生为文需"洁净"，亦需辞藻，继承文道合一之观念，为研究晚清古文与时文之绝佳史料。

（二十）尊经书院课艺二刻

《尊经书院课艺二刻》不分卷，肄业诸生编，清薛时雨鉴定，清同治九年（1870）刻本。二刻收录三十四题五十九篇。

（二十一）尊经书院课艺三刻

《尊经书院课艺三刻》不分卷，肄业诸生编，清薛时雨鉴定，清同治十二年（1873）刻本。前有薛时雨序，三刻收录三十三题一百一十篇。

（二十二）尊经书院课艺四刻

《尊经书院课艺四刻》不分卷，肄业诸生编，清薛时雨鉴定，清光绪五年（1879）刻本。前有薛时雨序，四刻收录一百题三百一十六篇。

（二十三）尊经书院课艺五刻

《尊经书院课艺五刻》不分卷，肄业诸生编，清薛时雨鉴定，清光绪九年（1883）刻本。前皆有薛时雨序，五刻收录六十五题二百一十七篇。

（二十四）尊经书院课艺六刻

《尊经书院课艺六刻》不分卷，肄业诸生编，清薛时雨鉴定，清光绪刻本。刊刻时间不详，无序跋。六刻收录三十四题一百二十篇。全编收录制艺文凡三百六十六题九百八十三篇，堪称巨制。

（二十五）惜阴书院西斋课艺

《惜阴书院西斋课艺》八卷，肄业诸生编，清薛时雨鉴定，清光绪四年（1878）刻本。牌记题"光绪四年涂月刊成"，则是编当成于清光绪四年十二月。卷首有薛时雨序，全编按八音：金石土木丝竹匏革排列，卷一至六为赋六十一题二百零八篇。卷七为乐府四题七篇，五古七题十八篇，七古十七题三十篇，五律十二题十八篇，七律四十四题七十三篇，七绝六题十篇，试律十四题二十五篇。卷八为表一题二篇，启一题一篇，颂一题二篇，策一题二篇，论七题十篇，议一题一篇，考二题二篇，对二题三篇，经解八题八篇，书后一题一篇，记一题一篇，祭文一题一篇。其中亦有薛氏自作《细腰鼓赋》以为示范。其所言训诂辞章三策谓上可"匡时弼教"，中可"备天子顾问"，下可"闭门述作，垂之后世"。惜阴书院，又名惜阴书舍。清道光十八年（1838）两江总督陶澍仿诂经精舍、学海堂例创建。清咸丰间毁于战火，同治间复课。后由李鸿章重修建院舍。课艺由钟山、尊经山长评阅。

（二十六）桂杏联芳

《桂杏联芳》不分卷，清薛时雨评选，清光绪五年（1879）刻本。书名下题"己卯春日"，则是当编成于清光绪五年，卷首有薛时雨序。目录页有三方印章，一为"焕"字白文朱印，一为"步云"朱文方印，一为"叶桐封印"白文朱印。是编乃四书文之汇编，收录《论语》文七十三篇、《学》《庸》文二十一篇、《孟子》文二十八篇，凡一百二十二篇。薛氏从文学史角度选文，以为文章之优质标准乃是"切理餍心，经经纬史，上不背古，下不违时"。

十七、全椒旧志汇编

（一）［泰昌］全椒县志

　　［泰昌］《全椒县志》四卷，明杨道臣纂修，明泰昌元年（1620）刻本。杨道臣，福建晋江人。万历末由举人任全椒知县。本志四册，封面题"全椒县志"。每半页九行，行十九字，白口，四周双边。书口依次镌刻志名、上鱼尾、标题、页码。首页右上角钤有"蓬左文库藏书印"。有翰林院编修施凤来《题全椒县志叙》、明泰昌元年全椒县知县杨道臣《全椒县志叙》、明万历八年（1580）全椒县知县田樋《旧志序》、明万历八年邑人江以东《旧志序》。此志刻梓后不久，至明崇祯五年（1632）即东渡日本，为尾张藩尾阳文库（即今日本名古屋市蓬左文库）所购藏。据《御文库御藏书目录》所载："《全椒县志》，百五十四，唐本，四册，宽永九年申御买之。"此志未见《千顷堂书目》著录，然清康熙十二年（1673）蓝学鉴修县志时仍存世。《［民国］全椒县志·凡例》云："县志旧刻，存者寥寥。明代三次纂辑，竟不获观。"此书今藏日本名古屋市蓬左文库，《名古屋市蓬左文库汉籍分类目录》著录。

（二）［康熙］全椒县志（残）

　　［康熙］《全椒县志》十八卷，存四卷（卷五至七、十四），清蓝学鉴、吴国对纂修，清康熙十二年（1673）刻本。蓝学鉴，字资宸，福建上杭人。康熙七年由举人任全椒知县。吴国对，字玉随，号默岩，安徽全椒人。清顺治十五年（1658）探花，官至翰林院侍读学士。此志以八卦为序列，现仅存艮、坎、离三册。是书首页右下角钤有"京师图书馆藏书记"印。每半页十行，行二十一字。现存四卷中，卷五述户口、田赋、物产，卷六记职官、公署、学校，卷七录选举，卷十四载艺文。此为初刻本，后虽有补刻，是书仍可见初刊之原貌。

（三）［康熙］全椒县志

［康熙］《全椒县志》十八卷，清蓝学鉴修，清吴国对纂，清康熙二十三年（1684）王作舟补刻本。王作舟（字一如），直隶人，康熙十七年任全椒知县。卷首有吴国对、蓝学鉴等人所撰序，其中吴国对序有残损，清光绪二十二年（1896）熊祖诒补阙文。序后接田梃、江以东、杨道臣、白惺涵等撰旧志序。其中卷五至七、卷十四与初刻本同。其余各卷与初刻本相较何如，已不可知矣。吴国对序谓："但曾阅旧志，不无有可商者。如赋役一则，竟不见大书详书，志而略此，又何志为？"此言略论旧志之不足，却不言马政之疏也。此志见藏故宫博物院及安徽博物院，故宫本多文字漫漶，不可卒读，皖博本清晰殊胜，故此次选择安徽博物院藏本影印。

（四）［光绪］全椒县志

［光绪］《全椒县志》十卷，清金醒纂，清薛葆桢等增纂，清同治八年（1869）纂、光绪二十九年（1903）增纂，抄本。卷首及目录有残缺。金醒，字仲和，全椒人，庠贡，官怀远、铜陵、石台教谕。薛葆桢，字慕淮，年十六举乡魁，屡上春官不第，议叙光禄寺署正。首页右下角钤有"金陵大学藏书"印一方。此志为楷书抄本，字迹工整。每半页十行，行十九字。是书分舆地、河渠、食货、学校、武备、职官、选举、人物、艺文、杂类等十志。原金醒纂同治本毁于兵燹，薛葆桢据此增补并刊刻，可续金本之功德也。

（五）［民国］全椒县志

［民国］《全椒县志》十六卷首一卷，张其濬、张德霈修，江克让等纂，民国九年（1920）刻本。张其濬，字印渠，浙江绍兴人。清庠贡生。民国六年由涡阳县知事任全椒知事。江克让，字退公，全椒人。清庠生，书法家。江克让之子江兆沅幼即善书，十五岁为本志题签。卷首有张其

濬、张德霈、江克让、吴承志、汪文鼎、惠侗序，汪文绥跋。是书分舆
地、山川、风土、食货、学校、武备、职官、人物、列女、宗教、艺文、
杂志等。其中《人物志》叙之最详，举凡全椒本邑及外来之士、商，皆在
所记之列。《艺文志》首列历代全椒书目，为前代各志所无。是书所载铁
路、实业、图书馆、警察等门类悉为新事物，以此可见民国之新气象也。
卷末有勘误表若干。

十八、综合卷

（一）贾氏谈录

《贾氏谈录》，宋张洎撰，明抄本。张洎，字师黯，改字偕仁，安徽
全椒人，初仕南唐为知制诰中书舍人，入宋为史馆修撰翰林学士，淳化中
官至参知政事。是书所记多晚唐懿宗咸通以后事，利用笔记形式，描写鬼
神怪异之故事。卷首题曰："庚午岁余衔命宋都舍于怀信驿左补阙贾黄中
丞相，魏公之裔也。好古博雅，善于谈论，每叹接尝益所闻，公馆多暇，
偶成编缀，凡二十九条件。"

（二）贾氏谈录

《贾氏谈录》，宋张洎撰，清道光二十四年（1844）刻《守山阁丛
书》本。《守山阁丛书》乃金山钱熙祚编。此书采《四库全书》及《说
郛》本而校之，内中多有校勘记，可谓精善之本。是书乃张洎为南唐李煜
使宋时录贾黄中所谈，故曰《贾氏谈录》。《宋史·贾黄中传》载黄中官
左补阙在宋开宝初，与此书序合，盖其时为洎馆伴也。晁公武《郡斋读
书志》乃称南唐张洎奉使来朝，录贾黄中所谈，归献其主。晁氏称原书凡
三十余事，明陶宗仪《说郛》所载仅九事，宋曾慥《类说》所载亦仅十七
事，唯《永乐大典》所载较曾、陶二本为详。是书虽篇帙无多，然如牛李
之党，其初肇衅于口语，为史所未及，而《周秦行纪》一书，晁公武亦尝

据此录以辨韦瓘之诬，其他如兴庆宫、华清宫、含元殿之制，淡墨题榜之始，以及院体书、百衲琴、澄泥研之类，皆足以资考核，较其他小说匼犹为切实近正也。

（三）贾氏谈录

《贾氏谈录》，宋张洎撰，民国十二年（1923）上海文明书局石印《广四十家小说》本。《广四十家小说》第二册收录此书。《广四十家小说》乃明顾元庆所编。顾元庆，字大有，号大石山人，藏书家、刻书家、茶学家。工书法。

（四）优古堂诗话

《优古堂诗话》，宋吴开撰，明写本。吴开，字正仲，滁州全椒人。是书法梧门曾藏。扉页有甄父小序曰："是书于癸酉嘉平，经传沅叔，售于富室子某甲。给价贰百肆拾元，并云须开正付款。予皆允之。今日忽由沅叔遣价持还，谓是过录本，非袁表原钞，不愿得之。"沅叔即傅增湘。傅增湘，字润沅，号沅叔，别署双鉴楼主人、藏园居士，四川江安人。近代著名藏书家。由此可知，此本尝引发袁氏原抄与过录本之争。卷末有傅增湘跋语三篇，其一乃记与周叔弢往来商定版本事。周叔弢，原名暹，字叔弢，以字为行，安徽建德人。古籍收藏家。卷末有袁表题曰："嘉靖戊申六月既望，暑甚，闲校舛讹，注罗事拙，录于陶斋以供采览。汝南袁表，时年六十有一。"此书乃《优古堂诗话》之唯一写本，版本价值极高。

（五）优古堂诗话

《优古堂诗话》，宋吴开撰，清嘉庆四年（1799）顾氏刻《读画斋丛书》本。是书卷首有《钦定四库全书提要》，后为藏园主人及袁表题跋。袁表题曰："嘉靖戊申六月既望，暑甚，闲校舛讹，注罗事拙，录于陶斋以供采览。汝南袁表，时年六十有一。"藏园主人题曰："萧山朱幼平藏明嘉靖袁氏写本，壬戌盛暑假校一过。前年得洪熙抄本半部，即读画所据之底覆校乃无一异字。今忽得此本，改正字句不少。入夏来第一快心之事也。闰月十八日，坐廊下听雨书此。藏园主人。戊申乃明嘉靖二十七年。"是书据袁氏写本校勘此本，多有异文。如改"录"为"缘"，改"病"为"疾"，改"头"为"口"等，乃此书诸版本中首次汇集异文者。

（六）优古堂诗话

《优古堂诗话》，宋吴开撰，佚名批校，清蒋凤藻跋，清抄本。是书扉页有章惇所撰题记曰："诗话两种，校刻于《读画斋丛书》《肯綮录》，一见《学海类编》，一见《函海》。"记末又补记曰："此册是国初人手钞。"是可知此本为清抄本无疑。卷端有藏书家钤印十二方。正文中多有朱墨二色笔旁批，乃异文也。如"苏叔"旁有注"东坡所记"，"啭"改为"语"等。卷末有蒋凤藻跋语，谓："此知不足斋鲍氏手校本也。今夏书贾寄以见示，回得之。迩来旧藉日少，国初人抄本已不易购。况经渌饮手校者，宜如何珍重欤？卷首章氏紫伯印识，盖其旧藏云。"可知此为知不足斋鲍氏手校，校勘价值较高。

（七）优古堂诗话

《优古堂诗话》，宋吴开撰，清抄本。是书乃清人所抄，字迹与知不足斋鲍氏手校本显系同一祖本，而字体不一，当为后人所抄。此本卷端有藏书印四方，卷末有四方。正文无眉批小注，亦无改动痕迹。

（八）优古堂诗话

《优古堂诗话》，宋吴开撰，民国五年（1916）上海文明书局铅印《历代诗话续编》本。《历代诗话续编》乃近人丁福保辑。此书乃继清何文焕辑《历代诗话》之后而编之诗话丛书。凡收诗话二十九种。此本以明洪熙元年（1425）抄本为底本。卷首题："宋吴开正仲撰，无锡丁福保仲祐订。"卷末有林子中跋语曰："洪熙元年春三月六日，林子中手录。"又有徐骏跋语曰："录此书已经三百年矣。抄本之难得者，康熙丁酉立夏日清景山楼批阅一过，先君所藏书恨牵于物欲，不能尽读之。徐骏。茀摘苏东坡诗误处二三则，切当可喜。其余杂见他书，且多疏脱也。骏识。"

（九）漫堂随笔

《漫堂随笔》，宋吴开撰，民国十六年（1927）上海商务印书馆铅印《说郛》本。清范邦甸《天一阁书目》谓此书乃明唐寅所撰，盖为伪托。《说郛》乃明陶宗仪所编文言丛书，多选录汉魏至宋元之笔记。陶宗仪，字九成，号南村，浙江台州黄岩人。是书不见于晁公武《郡斋读书志》及陈振孙《直斋书录解题》，唯尤袤《遂初堂书目》小说类著录，然不著撰人。此书中《幼江王》《前身妒杀》《王安石入地狱》数则故事，隐约可见北宋政治改革之影射。此本乃该书现存最早之版本，陶宗仪复有校勘，可谓后世此书版本之尤要者也。

（十）漫堂随笔

《漫堂随笔》，宋吴开撰，民国间国立北平图书馆《说郛》抄本。是书所载多宋元祐间事，篇中时有述其仲兄、季兄、仲弟之语。是书见《天一阁书目·子部》，据姚氏手跋，定为明唐寅撰，恐误。《笔记小说大观》据此本影印。

（十一）八十八祖传赞

《八十八祖传赞》五卷，明释德清述，明高承埏补，民国二年（1913）常州天宁寺刻本。高承埏，字寓公，一字泽外，晚号弘一居士，浙江嘉兴人，明崇祯十三年（1640）进士，曾任迁安、宝坻、泾县等知县，调工部主事。明亡，闭门读书。筑稽古堂，藏书七万余卷。是书卷首有清康熙间徐芳、丹霞今释及万历憨山大师序跋。目录页谓："重订憨山禅师八十八祖道影传赞。"徐芳序言："诸祖道影八十有八，国初自大内传写安奉金陵之祖堂。万历甲申紫柏大师得新安丁南羽临写三堂散置名山，乙卯憨山大师更临小册各为传赞以系其后，崇祯壬申嘉禾钱仙上锓板以行其传赞之文，止七十有七，缺者十一。岁甲申予同年生檇李高寓公虞部，为撰补十一篇，又以云栖、紫柏、憨山三大师益之甫谋镌，布以变中止，今岁秋，与寓公长君念祖，再晤广陵，出其稿示予，欲付剞劂，以竟先志，予力赞其决念祖，因以一言请夫，是编之。"是书卷一及卷二前半分述西天二十七祖，卷二至四分述汉至明诸祖。卷五则附明代四大法师之传。此书除收录西天东土祖师外，亦含禅师、教主、戒律、净土、华严、天黄、密宗、瑜伽等高僧。

（十二）杨道行集

《杨道行集》十七卷，存十四卷，明杨于庭撰，明万历二十三年（1595）刻本。是书卷首有明万历二十三年（1595）邹观光序，并有黄裳善本书藏书印。邹序后乃樊玉衡万历二十三年序，序上有眉批曰："邹孚如有临云楼藏稿，王元美为之序。"卷末有两则跋语。黄裳跋语谓："己丑残腊过津，于旧肆中索残书。观之，乃获此《杨道行集》。佚去一册，装订犹存明人旧式。其书亦绝不经见，世无藏者，可宝爱也。庚寅春正月廿三日，黄裳记于海上窝庐。"另有一则曰："壬辰秋七月三十日，濡暑犹厉，闲窗展卷记。小燕。"有黄氏钤印两方。

（十三）杨道行集

《杨道行集》三十三卷续集二十七卷，存九卷，卷一至四、续集卷一至五，明杨于庭撰，明万历二十五年（1597）刻明万历三十四年续刻本。是书卷首有樊玉衡明万历二十三年序、吴岳秀万历二十五年序、邹观光万历二十三年序及李维桢万历二十五年序。正编仅存赋一卷、骚一卷、乐府一卷、四言古诗一卷。续集卷首有潘榛万历三十四年序及明万历三十三年杨于庭序。据杨氏自序，续编乃其四十五以后之诗文，其中"为赋一卷、乐府一卷、四言一卷、五言古诗一卷、七言歌行一卷、五七言近体各一卷、五七言排律各一卷、五七言绝句各一卷、六言一卷、序二卷、引跋一卷、颂一卷、记一卷、墓志铭一卷、行状一卷、传一卷、诔一卷、赞一卷、疏一卷、祭文一卷、偈一卷、墓表一卷、书启一卷"，而今七言歌行后皆淹没也。

（十四）金双岩中丞集

《金双岩中丞集》四卷，明金光辰撰，清刻本。金光辰，字居垣，安徽全椒人，明崇祯时进士，授御史，巡视西城，内使杀人，捕之使抵罪，累擢至佥都御史。后以力救刘宗周，降职去。是书计为《两河封事》一卷、《还朝封事》一卷、《周寺封事》一卷、《玺司封事》一卷。起于明崇祯七年（1634），迄于十四年。《两河封事》中有《受命按豫》《急报宛南》《贼势散乱》《伙贼聚犯》《中州灾寇》等篇，于明末农民起义进入河南，李际遇等起而与之对抗，以及明官军进退失据之情况，均有所记述，可资参考。坊间又称之为《金双岩九封事》，盖取是书所收西黄、理饷、两河、还朝、同寺、玺司、银黄、宪黄八封事及《召对记注》而言。

（十五）泰然斋文集　诗集

《泰然斋文集》两卷《诗集》四卷，清金榘撰，清道光二十六年（1846）刻本。金榘，字其旋，号絜斋，安徽全椒人，官至休宁训导。是书内页题："泰然斋文，道光丙午年刊。"卷首有清道光二十六年会稽王文玮序。据王序"（金榘）诗文俱有遗稿，司马（金珉）先刊刻《泰然斋诗》四卷，兹汇刻家集。复取文稿，排成二卷，续付剞劂"所载可知，金集诗、文非同时刊刻，《诗集》在前，《文集》在后。金氏官休宁时，文名甚盛，故戚友多嘱其代笔，是以此集中多有代作。王序评其文曰："其散文畅而不杂，祭悼之作尤沉挚悲凉，气格实近韩、苏两家。"卷末题："道光丙午曾孙珉校刊。"《诗集》卷首有清乾隆三十九年（1774）吴宁序，卷端题："全椒金榘絜斋著，男兆燕、孙男台骏仝校。"卷末有吴烺跋。

（十六）儒林外史

《儒林外史》五十六回，清吴敬梓撰，清嘉庆二十一年（1816）艺古堂刻本。是书扉页题："嘉庆丙子新镌，儒林外史，艺古堂藏板。"卷首有清乾隆元年（1736）闲斋老人序。此本与清嘉庆八年（1803）巾箱本之版框、行格、文字皆同。仅内封之版主及刊行年代有所改动，实乃巾箱本之覆刻也。巾箱本版面凡有空缺之处，艺古堂本皆仿效之。如第十二回悉空缺"遂与订交"之"与"，第四十二回咸空缺"我们"二字。金和跋以为《儒林外史》之最初刊刻中心为扬州。

（十七）文恭公阅本儒林外史

《文恭公阅本儒林外史》五十六回，清吴敬梓撰，清潘祖荫补，清抄本。文恭公即潘世恩之谥号。潘世恩，字槐堂，号芝轩，江苏苏州人，清乾隆五十八年（1793）状元，直枢廷机三十余年。潘祖荫为潘世恩之裔孙，清咸丰进士，授编修，官至工部尚书，授光禄大夫赠太子太傅，清光绪十六年（1890）卒，谥文勤公。此本乃今仅见之清抄本。是书半页十行，行二十五字，无框格。字体工整，似出数人之手。封面署："同治癸酉二月祖荫重阅并题签。"内页题："凡六册，敏斋杂著四字皆文恭公手书。光绪戊寅三月十八日，祖荫记。"卷首为潘祖荫手钞程晋芳所撰吴敬梓传。目录后题曰："全椒吴敬梓，号敏轩，一字文木，举鸿博，不赴，移居江宁，著诗集、诗说。又仿唐人小说为《儒林外史》行于世。"字迹与"敏斋杂著"同，亦当出于文恭公之手。

（十八）儒林外史

《儒林外史》五十六回，清吴敬梓撰，清同治八年（1869）群玉斋木活字本。是书半页九行，行二十字。内页题："同治己巳秋摆印，群玉斋活字板。"有眉批，朱批墨批皆存。卷首有闲斋老人序。此本字大清晰，乃晚清颇为流行之版本。以此为底本，后覆刻多次。群玉斋诸多版本中，或附载金和跋全文，或不附。尝有论者每以有金和跋之版本为苏州书局本，无金和跋之版本为群玉斋本，误。此版所依据仍为巾箱本，对巾箱本之明显易辨讹误，有所订正。然诸多讹误仍袭而不察。如第三十八回"风餐露宿"乃常用词组，巾箱本误作"风餐往陕"，如此显误，此本予以订正。而因与此互调而把"往陕西去"误作"露宿西去"，反而不察沿误。

（十九）齐省堂增订儒林外史

《齐省堂增订儒林外史》五十六回，清吴敬梓撰，清同治十三年（1874）刻本。是书封面题："增订儒林外史，齐省堂藏板。"牌记题："同治甲戌十月开雕，翻刻必究。"卷首为闲斋老人序。内有朱批手写、墨批手写及刻印眉批。巾箱本原缺之第四十二、四十三、四十四、五十三、五十四、五十五凡六回皆增补回评，并于第十三、十四、十五、十六、二十、二十三、三十二、三十四、四十一、四十六、四十七、五十、五十六诸回亦增加十几条回评。小说的文字，齐本亦作大量改订。例言谓回目方面，"总以本回事迹，联为对偶，名姓去其重复，字面易其肤泛"，比之原本"大觉改观"。对于第五十六回"幽榜"，改订者嫌原书"去取位置未尽合宜"，因而"姓名次序俱为另编"，亦大异于原貌。

（二十）儒林外史

《儒林外史》五十六回，清吴敬梓撰，天目山樵评，清光绪七年（1881）铅印本。"天目山樵"为清张文虎（1808—1885）号。是书封面题："光绪辛巳春月，儒林外史，平江忏因生署。"牌记谓："上海申报馆仿聚珍版印。"清光绪七年季春天目山樵识语说："旧批本昔年以赠艾补园，客秋在沪城，徐君石史言曾见之，欲以付申报馆摆印，予谓申报馆已有摆印本，其字形过细，今又增眉批，不便观览，似可不必。今春乃闻已有印本发卖，不知如何也？"申报馆尝刊刻《儒林外史》两次，清同治十三年（1874）其一也，此为第二次。于正文中以双行夹批插入天目山樵评语，是乃此本之最重要特色，因称为"天目山樵评语本"。

（二十一）增补齐省堂儒林外史

《增补齐省堂儒林外史》六十回，清吴敬梓撰，清光绪十四年（1888）鸿宝斋石印本。是书扉页古越沈祖燕题："增补齐省堂儒林外史。"有钤印两方。沈祖燕，浙江萧山人，进士，清光绪年间编纂出版家，自署庐江太守、鸿宝斋主人。此书卷首有清同治十三年（1874）惺园退士序、清光绪十四年东武惜红生叙。正文有眉批及标读符号。眉批多论小说家文法，亦多涉内容点评。如第十四回开篇眉批曰："此一席话，互相吞吐，有不枝不蔓之妙。"即以文章详略而言之。

（二十二）增补齐省堂全图儒林外史

《增补齐省堂全图儒林外史》六卷，清吴敬梓撰，民国十三年（1924）石印本。是书内署："足本大字全图儒林外史，王大错题。"牌记谓："民国甲子年上洋海左书局发行。"卷首有清光绪十四年（1888）东武惜红生叙，清同治十三年（1874）惺园退士序。例言凡五条。目录后有绣像四幅，正文上有眉批，以明文章之章法。每卷（回目）后有大段总评，评价本回之内容、义法、文法等。总评之中间有佳句，第一回末评曰："原有一种不食烟火之人，难与世间人同其嗜好耳。"每幅插图皆由上、下两段组合而成，上半段属某一奇数章之回目图，下段属后续偶数章之回目图。此本插图内蕴丰富，于作品之艺术表达有锦上添花之效。如第三十六回"常熟县真儒降生泰伯祠名贤主祭"之插图，可明虞育德之理想文人的风采。

（二十三）绣像绘图儒林外史

《绣像绘图儒林外史》六十回，清吴敬梓撰，民国间上海进步书局石印本。是书扉页题："滑稽小说，绣像绘图儒林外史，上海进步书局印行。"书中有华北协和话语学校英文藏书印。内页提要谓："儒林外史一书，不著作者姓名，或谓为全椒吴敏轩先生所著于世，故人情之特详。故云所叙事实虽属寓言八九，而惩劝所在颇觉有益于风纪伦常。况其嬉笑怒骂皆成文章，得失穷通足资观感。不独为稗官别开生面，抑且使后之人读之者，慨叹歔歔而不自禁。"

（二十四）文木山房集

《文木山房集》，清吴敬梓撰，民国二十年（1931）铅印本。此书封面为胡适所题："儒林外史作者的遗集，文木山房集。"另有胡适钤印"适之"。卷首为民国十四年（1925）胡适序及纪念金仍珠先生之后记。此集卷一为赋，卷二至三为诗，卷四为词。附录一及附录二为《文木山房集》原刻所附吴烺两部词集，附录三为胡适所撰《吴敬梓年谱》。是与清乾隆刻本内容无差，因其乃胡适藏本，并有胡适手迹，具有较高之文物价值。

（二十五）儒林外史评

《儒林外史评》二卷，天目山樵评，清光绪十一年（1885）刻本。是书内页正面题："儒林外史评，光绪乙酉夏，宝文阁藏板。"反面题："丙戌二月七日，余偶遇书肆宝文阁主，以此新刻本见视，翻阅一遍，中多有误字，遂为校正。石史徐允胤记。"卷首有黄安谨清光绪十一年序。正文为天目山樵评语，双行小注为黄父所撰。此本将天目山樵之评语分条单独印行。其中有黄小田之评语三条，分别位于第三、第九及第三十五回，标"萍叟云"。卷末有金和跋语。天目山樵评语之特点，黄安谨序言曾指出曰："旁见侧出，杂以诙谐。"天目山樵亦颇以此自得，谓己之批语："凿破混沌，添了许多刻薄。"

（二十六）佛香阁诗存

《佛香阁诗存》五卷，清郭肇鐄撰，清乾隆三十二年（1767）刻本。郭肇鐄，字韵清，一字奉墀，号凤池，安徽全椒人，清乾隆二年进士。改庶吉士，入值内廷。乾隆十八年以忧归里，卒年四十。是书扉页题："乾隆丁亥仲春镌，全椒郭肇鐄韵清著，佛香阁诗存，本衙藏板。"卷首分别为郭肇鐄自序、沈德潜及吴钺乾隆三十一年序。此书卷端署："男元濂恭校。"卷末署："同里吴钺爱堂氏校正，受业甥祁开缙冠文恭校。"其中《赠吴聘君敬梓四首》《答吴聘君梓》等，可证其与同里吴敬梓交往甚密，于吴氏之研究亦有价值。

（二十七）周髀算经图注

《周髀算经图注》，清吴烺辑，民国二十四年（1935）据清乾隆本景印。是书扉页题："佩诤先生惠存，吉川幸次郎敬赠。"吉川幸次郎，字善之，号宛亭，日本神户人，二十世纪著名汉学家，京都学派代表人物。佩诤即王佩诤，名謇，号瓠庐，晚号瓠叟，江苏吴县人，著名藏书家。王佩诤仿叶昌炽《藏书纪事诗》体例，作藏书纪事诗一百二十余首，又撰《粟楼书目》。此《周髀算经图注》殆为王氏撰此书目时，吉川氏所赠。是书卷末题："昭和十年，西京学生借东方文化学院京都研究所景片付印。"

（二十八）学宋斋词韵

《学宋斋词韵》，清吴烺辑，抄本，安徽博物院藏。封面题："旧写本学宋斋词韵。"是书有清乾隆三十年（1765）刻本，已收录。此抄本除金兆燕序末无钤印外，其余皆与刻本相同，是可见此抄本当出于刻本之后。是书序言为行书，正文为楷书，书法笔力遒劲。全书未见涂改之迹，当为誊清本。此书依朱敦儒、张炎等人此集编订，分为十五韵，与戈载《词林正韵》分十九韵固不同也。

（二十九）棕亭诗钞

《棕亭诗钞》十八卷，清金兆燕撰，清嘉庆十二年（1807）刻本。是书扉页题曰："嘉庆丁卯年镌，棕亭诗钞，赠云轩藏板。"卷首有吴锡麒及沈德潜序。沈序后注曰："王昶《湖海诗传》云：'金兆燕，字锺越，号棕亭，全椒人。乾隆三十一年进士，官国子监博士，有《棕亭诗钞》。'又《蒲褐山房诗话》：'棕亭游黄山诸作奇崛可喜，常过吴门访余，不值。寄诗云：山塘碧涨水初肥，柳下停舟一欸扉。卧榻不离栽竹径，行窝只傍钓鱼几。半帘疏雨客何处，满地落花春欲归。莫又维摩频示疾，天涯人亦减腰围。'又工院本，在扬州作《旗亭画壁记》。卢雅雨运使刻之，生平不耐静坐，爱跳跃，多言笑，故时人目为喜鹊。"刘锦藻评曰："兆燕幼称神童，与张鹏翀齐名，其才力学力且驾鹏翀而上之，集中五七古皆一气卷舒。近体于流动之中极研炼之，致宜其为当时诗家所倾倒也。"

（三十）棕亭词钞

《棕亭词钞》七卷，清金兆燕撰，清道光十六年（1836）刻本。是书扉页题曰："道光丙申年刊，棕亭词钞，赠云轩藏板。"每卷末题曰："道光岁次丙申，孙珉编次，曾孙酬、醍校字。"并有校勘记。卷一之末为金珉跋语，曰："校词难于校诗。校诗不过正其讹字，而词则有长短句之不一。且一调有数体，以致有字数多寡之不齐。斯集刊时失校处多，兹特重加校正，一衷于词律，并广取宋时各名家词以为证。挖补恐板易损坏，故于各卷尾增刊一页。夫词异于诗，红友所谓声以一平对三仄，词则当以一去对平上入。因去声之字音响独高，当日制调时所用去声字，取其抑扬跌荡也。近日曲能歌而词不能歌，以无谱之故。在南宋末玉田生已有《惜旧谱》，零落不能倚声，而歌之叹矣。集内各调用去声字，皆本之宋时各名家。似于填词之学，尤为精审焉。道光二十四年仲夏，孙男珉重校谨识。"

（三十一）［乾隆］博野县志·艺文

［乾隆］《博野县志·艺文》，清吴鏊编，清乾隆三十二年（1767）刻本。吴鏊，一作吴鳌，安徽全椒人，廪贡生。清乾隆三十一年任博野县令，乾隆四十二年升任直隶遵化知州。或以为吴敬梓幼子，实误。吴任博野县令期间，重修《博野县志》。是编乃［乾隆］《博野县志》之卷七，《艺文》皆吴氏手订。吴氏以为，此艺文志乃旧志所无，"毋乃陋甚"，故而就所见宋以来诸家之文，略加编次，以成是集。就中既有博野邑人之作，亦有邑外之人所撰涉于博野之作，良可观也。

（三十二）［乾隆］博野县志·诗赋

［乾隆］《博野县志·诗赋》，清吴鏊编，清乾隆三十二年（1767）刻本。是编乃［乾隆］《博野县志》之卷八，皆吴氏亲选。吴氏序曰："志之有诗赋也，多列于艺文之中。然体制既殊，自宜别类。今取邑人名作及骚坛雅仕，录其有关于方舆、胜概、治化、弦歌者，以待采风者之择而陈焉。"是知《诗赋》有别于《艺文》，艺文取散文，诗赋取韵语，是辨体之观念浸于方志也，此分类法开历代方志中艺文志之先河。

（三十三）吴氏家谱

《吴氏家谱》三卷，清吴鏊辑，清嘉庆二年（1797）刻本。是书卷首有梁同书、王以衔、吴晋鹤、吴坤诸人序及吴鏊引言、自序。序后为吴氏所撰凡例十三条。此谱卷上及卷中为世系表，卷下为祠堂、规例、碑记等艺文。卷末附领谱名号及吴氏跋语、浔溪雄鼎臣刊题记。据领谱名号，此谱为第十三号晟溇支第十四世尚文家珍藏。凡例言："自镇西公始居晟溇，越五传柏新公迁蒋溇，至九传信原公迁钱溇，十一世任重公迁轧村。……自镇西公以下五世为总图，传后非列晟溇支，至柏新公以下五世亦为总图，传后又分列钱溇、轧村、蒋溇三支。"可谓清晰矣。

（三十四）小仓山房外集（《国朝八家四六文钞》嘉庆刻本之一）

《小仓山房外集》一卷，清袁枚撰，清吴鼒辑，清嘉庆二十四年（1819）刻本。是书扉页题："己卯紫文阁补刊。"另录所选八家姓氏里字。卷首有孙星衍及吴鼒序，每集之前有吴氏题辞。吴氏与袁枚交好，对其骈文甚为激赏，故将其作品置于卷前。

（三十五）玉芝堂文集（《国朝八家四六文钞》嘉庆刻本之二）

《玉芝堂文集》一卷，清邵齐焘撰，清吴鼒辑，清嘉庆二十四年（1819）刻本。邵齐焘为清中叶著名文学家，尝献《东巡颂》，时祢为班、扬之亚。吴氏采择其文，与乾嘉时文风关系密切。

（三十六）思补堂文集（《国朝八家四六文钞》嘉庆刻本之三）

《思补堂文集》一卷，清刘星炜撰，清吴鼒辑，清嘉庆二十四年（1819）刻本。刘星炜有《驾幸云龙赋》，甚为时人所赏。其文有曰："云容容兮龙蜿蜒，山有石兮水有澜。驾飞泷兮履巉岏，眺芳胜兮递洪河。"颇有宋玉赋之风格，吴氏采择其作，乃为骈文骈俪风格定调。

（三十七）仪郑堂遗稿（《国朝八家四六文钞》嘉庆刻本之四）

《仪郑堂遗稿》一卷，清孔广森撰，清吴鼒辑，清嘉庆二十四年（1819）刻本。孔广森为戴震弟子，时孙星衍见其骈文，即"叹为绝手"。其主张"骈体文以达意明事为主""任、徐、庾三家必须读熟"。吴氏选孔光森之文，乃见其自身以"达意明事"为骈文准的。

（三十八）有正味斋续集（《国朝八家四六文钞》嘉庆刻本之五）

《有正味斋续集》二卷，清吴锡麒撰，清吴鼐辑，清嘉庆二十四年（1819）刻本。《八家四六文钞》收吴锡麒骈文五十四篇，占全书篇幅近三成，乃吴锡麒骈文得以广泛传播之重要载体。此集收游记篇幅较大，其中《游泰山记》《游焦山记》和《游西山记》三篇颇能体现其融考据入骈文之风格，以《游西山记》为最。

（三十九）西溪渔隐外集（《国朝八家四六文钞》嘉庆刻本之六）

《西溪渔隐外集》一卷，清曾燠撰，清吴鼐辑，清嘉庆二十四年（1819）刻本。曾燠任两淮盐运使十余年，乃清代文人幕府鼎盛时期。吴燕《题襟馆销寒联句诗后序》曰"宾客之盛，不减聚星之堂；湖海之士，并有登龙之愿。"曾氏以为："岂知古文丧真，反逊骈体；骈体脱俗，即是古文。"尤重六朝骈文之性灵。此编出后，后世多有效仿者。清嘉庆间法式善所著《陶庐杂录》中曰此书"骈丽家应奉为圭臬"。

（四十）问字堂外集（《国朝八家四六文钞》嘉庆刻本之七）

《问字堂外集》一卷，清孙星衍撰，清吴鼐辑，清嘉庆二十四年（1819）刻本。吴鼐在《国朝八家四六文钞题辞》中言："古经生多不工为词，工者刘子政父子、扬子云、马季长数人耳。余平生死友之间得四人焉：余姚邵先生二云、阳湖洪稚存太史、孙渊如观察、江都汪容甫明经。"对于孙星衍学术与文学双重造诣极为肯定。

（四十一）卷施阁文乙集（《国朝八家四六文钞》嘉庆刻本之八）

《卷施阁文乙集》一卷，清洪亮吉撰，清吴鼐辑，清嘉庆二十四年

（1819）刻本。此集与另外七集合编为《国朝八家四六文钞》。梁肇煌《吴学士文集序》更称誉此书谓："学士识洞三微，言贯九变。韦弦之赘，觇于宙合；山斗之誉，溢于甸外。掩一代之雅，成不朽之业。"

（四十二）八家四六文注　补注

《八家四六文注》八卷《补注》一卷，清吴鼒辑，清许贞幹注，清光绪十八年（1892）铅印本。八册。是书扉页题曰："八家四六文注，补注增订，校勘附。"牌记曰："光绪十有八年上海图书集成印书局印。"卷首有陈宝琛序及吴鼒自序。相较于原刻本，八家题词统一置于卷首，题词后有例言六条。此书仅注孙、洪、孔、刘、邵、曾六家，袁、吴二家一仍旧注，采择而增补之。此书与明孙云翼《校注橘山四六》《笺释梅亭先生四六标准》、清程师恭《陈检讨四六笺注》等，皆为四六选本之翘楚。

（四十三）曾孙两家骈体文

《曾孙两家骈体文》二卷，清吴鼒辑，清刻本。是书封面题：'曾孙两家骈体文。"有朱笔"集""总集类"字样，此殆为某丛书集部总集类之一也。此书收曾燠、孙星衍二家四六文，曾集谓《西溪渔隐外集》，孙集谓《问字堂外集》，二书牌记分列，均有"较经堂藏板"之刻。二集卷首均有吴鼒序。曾集中《书徐阆斋桃花夫人庙碑》后附徐嵩《桃花夫人庙碑》，以明曾文之来历也。吴氏认为曾燠之文有两种，其一谓"掣鲸鱼于碧海，思力无两"，其二谓"戏翡翠于兰苕，触手生姿"。孙星衍之文为世所称，骈文大家汪中赞誉颇多，荐于吴鼒，故有此编。孙氏之文多少作，晚则一意治经矣。

（四十四）翠薇山房数学

《翠薇山房数学》十五种，清张作楠学算，清范景福校订，清江临泰补图，清嘉庆道光间刻本。范景福，字介兹，钱塘人，优贡，精通天文历算。是书前有清嘉庆二十五年（1820）云樵江临泰序。收书十五种，分别为：《量仓通法》五卷、《方田通法补例》六卷、《仓田通法续编》三卷、《八线类编》三卷、《八线对数类编》二卷、《弧角设如》三卷、《弧三角举隅》一卷、《揣籥小录》一卷、《揣籥续录》三卷、《高弧细草》一卷、《新测恒星图表》一卷、《新测中星图表》一卷、《新测更漏中星表》三卷、《金华晷漏中星表》二卷、《交食细草》三卷，卷末题："受业丽水俞俊、族孙允提同校刊。"张、江二人素有往来，江氏于天文历算尤为精通，故二人合编此书。

（四十五）翠薇山房数学

《翠薇山房数学》十八种，清张作楠学算，清范景福校订，清江临泰补图，清光绪二十三年（1897）鸿宝斋石印本。是书牌记曰："光绪丁酉孟春月，仿刊张作楠原本，上海鸿宝斋石印。"卷首有清光绪五年（1878）汪曰桢序。全书皆有眉批，以阐明其中细微之不可解者。相较原刻本，尤多解释，可视为原刻之补充也。

（四十六）念鞠斋时文剩稿

《念鞠斋时文剩稿》一卷，清薛鑫撰，清同治十一年（1872）藤香馆刻本。薛鑫，原名金兰，字纫秋，号任杭，安徽全椒人。薛时雨之父，增生。此书卷首有马新贻序，目录后为薛氏之子薛时雨序，薛鑫之孙薛葆楠、薛葆桭、薛葆楹同校字。凡收薛氏时文四十篇。文有圈点、评语。马新贻序对其评价曰："其用思之精，措辞之雅，结体之高，运笔之敏，在本朝时文家几欲与方集虚、王汉皆为伯仲，绝非近时汩没声调者所能窥其崖略。"

（四十七）青霞仙馆诗录

《青霞仙馆诗录》一卷，清王城撰，清道光二十四年（1844）刻《清颂堂丛书》本。王城，原名厘，字伯坚，号小鹤，晚号雪髯，安徽全椒人。以优行贡于朝，充正蓝旗教习，不久罢归。是书卷首有金望欣道光二十四年序，卷末有"江都柏华绅刻"版记。此书为《清颂堂丛书》之一种。《清颂堂丛书》乃清道光二十年潘世恩所编。此编所选诗文集，多半系道光间知名之士。王氏此集得以入选，可见其影响之深也。据金望欣序，金珉先刻王肇奎伉俪诗集，并请其为王城作传，为王氏诗集之续。至道光二十三年，王城广陵弟子黄右原乃刻此集，并复请金氏为其作序。是知此集乃黄氏刻本，所选诗皆王氏晚年广陵所作也。黄右原评此集中诗谓："实卓尔不群，篇什无多，皆骊珠鲜鳞甲也。"

（四十八）酬红记　题词

《酬红记》一卷《题词》一卷，清野航填词，清王城正谱，民国三年（1914）扫叶山房石印本。考野航为清赵对澂之字，对澂乃安徽合肥人，清道光廪贡，历官亳州知州、池州学官，补广德学正，清咸丰十年（1860）擢知县未行，是年冬，捻匪陷城，殉难。后得恤云骑尉世职。对澂工诗，善词曲。是书前题曰："仿原刻本重印，酬红记，扫叶山旁发行。"卷首有王城及卢先骆序。金陵刘文奎家刻字，席氏扫叶山房钤刃。正文前乃潘精一等四十三人题词。正文分九出，卷末有朱笔题词曰："乙卯六月十四日溪山小农阅过。"此曲题《野航十三种》之一，则全帙之为曲可知，惜总目无考耳。此剧计《蝶宴》《鹃啼》《川氛》《驿怨》《会剿》《公车》《讯红》《征和》八出，首尾益以《勘谱赏歌》二出，以作十出为当。故事简单平庸，而哀艳感人，盖亦得诸情性之正者。通篇曲词秀隽，叙事亦流畅云。

（四十九）青霞仙馆遗稿

《青霞仙馆遗稿》一卷，清王城撰，民国二十三年（1934）刻本。卷末附《三珠阁诗存》，清王仲徽、王淑慎、王季钦撰。王氏三姐妹皆王城之女也，故附其诗后。一册。是书前题曰："青霞仙馆遗集，三珠阁诗存附刊。甲戌春，周止庵题。"卷首有叶柏青民国二十二年序及邱景章清光绪三十一年（1905）所撰王城小传。是集收王城诗六十六首，王氏三姐妹诗一百二十二首。《三珠阁诗存》王仲徽集前有朱恩绶清同治七年（1868）序及邱景章清光绪三十二年撰小传。王叔慎集前有自志、周召亭民国二十二年序及邱景章清光绪三十二年撰小传。王季钦集前亦有邱景章清光绪三十二年所撰小传。卷末有孙如璧民国二十三年跋及孙如山民国二十二年跋。

（五十）筠孙诗钞

《筠孙诗钞》一卷，清朱藜照撰，清道光十六年（1836）清美堂刻《蔗根集》本。朱藜照，字筠生，安徽全椒人。由举人任合肥训导，后升任凤阳府教授。工书法，能诗。朱氏所撰《丛云精舍诗集》及《词钞》皆已失传，故此书乃其唯一诗集选本，文献价值较高。是集收朱氏诗二十余首，虽数量不多，所选皆为其诗风代表作。其中所涉与王城、吴鼒之交往诗歌，于研究地域文化多有参考价值。

（五十一）步春室遗诗

《步春室遗诗》一卷，清朱恩绶撰，民国二十四年（1935）长沙昌明印务馆铅印本。朱恩绶，安徽全椒人。朱藜照之子。清同治初拔贡，学有渊源。是书封面为徐桢立题签。徐桢立，字庚甫，号绍周，一号余习居士。尤深研宋明儒理之学，诗、书、画、印无不精能。卷首有黄兆玫、王植、朱应征序。集中多闲适诗，如《扇亭纳凉》《石案横琴》诸作，颇有香山晚年情致。又有怀古诗《鸿门舞剑》《博浪椎》等，似学荆公体。

（五十二）望云阁诗集

《望云阁诗集》一卷，清郭芬撰，清道光二十四年（1844）刻《国朝闺阁诗钞》本。是书收入《国朝闺阁诗钞》卷九第六册。卷首有郭氏小传谓："郭安人芬，字芝田，一字贻芳，安徽全椒人。内阁中书汪履基室。性至孝，取狄梁公望云思亲之义，名所居曰'望云阁'。著有《望云阁诗集》。"郭氏为汪履基妻。《清诗纪事·列女传》有"郭芬"，又有'郭氏"，小传、诗作均分别著录，实乃一人。是书收诗十一首。

（五十三）江上吟

《江上吟》一卷《附录》一卷，清黄典五撰，清光绪二年（1876）退一步斋刻本。黄典五，字叙之，安徽全椒人。廪生。工诗文，尤擅骈体。是书卷首有方浚师序，炉桥方氏乃定远大族，尝从黄氏问学。方序之后为黄自序，曰："岁丙午，余客东流。半年之间，往返数次。念名场之蹭蹬，叹越鸟之依人。潦倒穷愁，几令唾壶击碎矣。然而驴背看山，篷窗听雨，惊洪涛之汹涌，望远景之苍茫。更或日落疏林，钟残古寺，盘桓胜境，凭吊古人，亦客途快事也。得诗若干首，不计工拙，附以菊江清署杂作，名曰《江上吟》。全椒黄典五琴士叙。"

（五十四）薛时雨日记

《薛时雨日记》一卷，原题《同治癸亥薛慰农太史日记》，清薛时雨撰，抄本。是书封面题："同治癸亥薛慰农太史日记。讳时雨，安徽全椒人。一九五四年岁在甲午冬十一月介郁如照钞，熊述旬署记，年七十有六。"卷末题："丰润李郁如照钞。"日记之内容始于清同治二年（1863）癸亥正月初一，止于同年十月初八日，记录薛时雨被江苏巡抚李鸿章奏调赴沪前后的经历和见闻。其中亦记载与冯桂芬、郭嵩焘、胡雪岩、夏燮等人之往来。作者以幕僚身份与李鸿章接触，日记之相关记载对研究太平天国史料具有一定参考价值。

（五十五）椒陵赋钞

《椒陵赋钞》一卷，清薛时雨辑，清同治十三年（1874）刻本。是书与《滁泗赋存》合刊，乃吴棠倡议编纂。此书牌记题曰："同治甲戌暮春，刊于锦城节署。"卷首为吴棠序。吴棠，字仲宣，号棣华，谥勤惠，安徽明光人。官至四川总督。是书收全椒籍文人所撰赋七十六篇，大多为县志所未载，故其文献价值较高。每篇末皆有评语，指示作文之门径。每人之末悉有吴棠识语，交代作者与吴氏之交游与生平概况。

（五十六）重订空谷传声

《重订空谷传声》一卷，清汪鎏撰，清光绪八年（1882）南京李光明庄刻本。汪鎏，字金门，安徽全椒人。清咸丰初举人，诗书名重一时。是书内页正面为李光明家刻广告。其文曰"江南城聚宝门三山街大功坊郭家巷内秦状元巷中李光明家自梓。童蒙各种读本，拣选重料纸张装订"云云。反面题："光绪八年孟夏上浣，重订空谷传声，受业王赐钰题。"书名以小篆书写。卷首有清光绪七年薛时雨序及汪氏自定凡例，其子汪伯埙订。凡例分"传声法""切字法"两种，皆仿平水韵而更定也。薛时雨序曰："此《空谷传声》一卷，吾邑汪金门同年用乡先生吴杉亭、江云樵两君旧谱增损之。"

（五十七）萱闱课读图题咏

《萱闱课读图题咏》一卷，清薛葆梿辑，清光绪间石印本。薛葆梿，字理园，一字慕庐，号慕淮，安徽全椒人。清光绪八年（1882）举人，议叙知府，分浙江。《萱闱课读图》后附《薛母郭太恭人家传》，今《家传》仅余残卷，而《萱闱课读图》正编已不见矣。张謇有《萱闱课读图，为全椒薛四光禄署正作》曰："灯影机声外，人间复此图。劬劳企贤母，悲感到吾徒。禄养曾虚仕，门基转累儒。寸心憔悴甚，世路况崎岖。"传中为袁昶尝作恭人《行述》，可与此篇对读。

（五十八）应制体诗

《应制体诗》一卷，清金启南撰，清王鸣盛鉴定，清吴烺注，清刻本。金启南，字轩来，安徽全椒人。吴烺表叔。王鸣盛，字凤喈，一字礼堂，别字西庄，晚号西江、西沚居士，江苏太仓州嘉定县人。官至内阁学士兼礼部侍郎。一册。是书选《豳风》诗三十一首，《月令》诗六十九首，皆为五言八韵。《豳风》出自《诗经》，《月令》出自《礼记》，皆上古天文著述，全书以《豳风》《月令》之句为题作诗。王鸣盛乃略论作者运笔、布局、措词、命意之大凡，标揭于简端。吴烺则以双行小注引文献之来源，书中多引《周礼》《尚书》等先秦典籍，以吴氏之天文历算造诣，阐发此书，可谓得其中矣。

附录一　《全椒古代典籍丛书》编纂人员

《全椒古代典籍丛书》学术委员会

主　　任：朱万曙　黄灵庚

委　　员：（按姓氏笔画排列）：

王达敏　杜桂萍　张　剑　陈水云

苗怀明　周兴陆　胡　敏　徐雁平

裘新江　鲁小俊　魏俊杰

《全椒古代典籍丛书》编审指导委员会

名誉主任：王成山　王　珏　杨　光　朱大纲

主　　任：董光林

副主任：姚本山　张　华　姜志山　宇庆忠

马宣传　李　敬

《全椒古代典籍丛书》编纂委员会

主　　编：董光林

副 主 编：张　华　陆　锋

执行主编：张道锋

编　　委（按姓氏笔画排列）：

冯立昇　庄立臻　许　立　李　云

杨　健　张　平　张钟云　陈　立

陈红彦　林如玉　罗　琳　周锦狮

郑龙亭　饶国庆　宣　扬　柴发华

黄显功　童圣江　谢冬荣　靳　军

睢　骏

《全椒古代典籍丛书》出版委员会

主　　任：殷梦霞

副 主 任：张爱芳

委　　员（按姓氏笔画排列）：

王若舟　王明义　司领超　芦　璇

张慧霞　袁宏伟　黄　静　靳　诺

附录二　《全椒古代典籍丛书》总序

　　皖东全椒，地介江淮，壤接合宁，古为吴楚分野，今乃中部通衢，建制历史悠久，文化底蕴深厚。据《汉书·地理志》载，全椒于汉高祖四年（前203）置县，迄今已逾二千二百年。虽屡经朝代更替，偶历废易侨置，然县名、治所乃至疆域终无巨变。是故国史邑乘不绝笔墨，乡风民俗可溯既往，遗址古迹历然在目，典籍辞章卷帙颇丰。

　　有唐以降，全椒每以文名而称江淮著邑。名臣高士时闻于朝野，文采风流广播于海内。本邑往哲先贤所撰经史子集各类著作并裒辑之文集，于今可考可见者，凡数百种170余家[①]。其年代久远者，如南唐清辉殿学士张洎之《贾氏谈录》、宋代翰林承旨吴开之《优古堂诗话》《漫堂随笔》；其声名最著者，如明代高僧憨山大师（释德清）之《憨山老人梦游集》、清代文豪吴敬梓之《儒林外史》；至于众家之鸿篇巨制、短编简帙，乃至闺阁之清唱芳吟，举类繁复，不一而足。又唐代全椒乡贤武后时宰相邢文伟，新旧《唐书》均有其传，称以博学闻于当朝，而竟无片纸传世，诸多文献亦未见著录其作；明代全椒乡贤阳明心学南中王门学派首座戚贤，辞官归里创南谯书院，经年讲学，名重东南，《明史》有传，然文献中唯见少许佚文，尚未见辑集。凡此似于理不合，赘言书此，待博见者考镜。

　　虽然，全椒古为用武之地，戎马之乡，兵燹频仍，绅民流徙，兼之水火风震，灾变不测，致前人之述作多有散佚。或仅见著录下落不明，或流散异乡束之高阁，且溯至唐代即疑不可考，搜于全邑亦罕见一帙……倘任

[①] 今考证全椒古籍作者为197家。

之如故，恐有亡失无征之虞，亟宜博征广集，归整编次。前代乡先辈未尝不欲求辑以继往开来，然薪火绝续，非唯心意，时运攸关。

今世国运昌隆，政治清明，民生稳定，善政右文，全民呼应中华民族复兴，举国实施文化强国战略。全椒县政协准确把握时势，以传承发展中华优秀传统文化为己任，于2017年发轫担纲编纂《全椒古代典籍丛书》，获全椒县委、县政府鼎力支持，一应人事财力，适时调度保障。2018年10月，古籍书目梳理登记及招标采购诸事宜甫定，即行实施。

是编汇集宋初至清末全椒名卿学士之著述，兼收外埠选家裒集吾邑辞章之文集，宦游者编纂他邑之志书则未予收录。为存古籍原貌，全套影印成册。所收典籍底本，大多散落国内各省市、高校图书馆及民间收藏机构，或流落海外，藏于日英美等异邦外域。若依文献目录待齐集出版，一则耗时弥久，二则亦有存亡未定者，恐终难如愿。为抢救保护及便于阅研计，是编未按经史子集析分门类，而以著述者个人专题分而辑之，陆续出版。著多者独自成集，篇短者数人合集，多则多出，少则少出，新见者续出。如此既可权宜，亦不失为久远可继之策。全椒古籍汇集编纂，史为首举。仓促如斯，固有漏失，非求急功近利，实乃时不我待。拾遗补缺，匡正体例，或点校注疏，研发利用，唯冀来者修密，后出转精。

赖蒙国家图书馆出版社承影印出版之任，各路专家学者属意援手，令寻访古籍、采集资料、版本之甄别、编纂之繁杂变而稍易。《易》曰："二人同心，其利断金。"君子共识而遇时，其事宁有不济哉？

文化乃民族之血脉，典籍乃传承之载体。倘使吾邑之哲思文采，烛照千秋，资鉴后世，则非唯全椒一邑独沾遗泽，亦可忝增泱泱中华之灿烂文明以毫末之光。

编次伊始，略言大要，勉为是序。全椒末学陆锋谨作。

二〇一八年十月

参考文献

古代文献：

（汉）班固撰：《汉书》，中华书局 2012 年。

（唐）张籍撰：《张司业诗集》，《四部丛刊初编》本，上海书店 1989 年。

（宋）徐铉撰：《骑省集》，文渊阁《四库全书》本，台湾商务印书馆
　　　1982—1986 年。

（宋）王尧臣等编：《崇文总目》，《丛书集成初编》本，中华书局 1985 年。

（宋）庄绰撰：《鸡肋编》，上海书店出版社 1990 年。

（宋）罗泌撰：《路史》，《四部备要》本，中华书局 1920—1936 年。

（宋）王十朋撰：《梅溪先生后集》，文渊阁《四库全书》本，台湾商务
　　　印书馆 1982—1986 年。

（宋）晁公武编，孙猛校：《郡斋读书志校证》，上海古籍出版社 1990 年。

（宋）陈振孙撰，徐小蛮、顾美华点校：《直斋书录解题》，上海古籍出
　　　版社 2015 年。

（宋）尤袤撰：《遂初堂书目》，中华书局 1985 年。

（宋）王象之撰：《舆地纪胜》，中华书局 1992 年。

（宋）李焘撰，（清）黄以周等辑补：《续资治通鉴长编》，上海古籍出
　　　版社 1986 年。

（宋）李心传撰：《建炎以来系年要录》，上海古籍出版社 1992 年。

（宋）王璆原辑，刘耀等点校：《是斋百一选方》，上海科学技术出版社
　　　2003 年。

（宋）魏岘撰：《魏氏家藏方》，《续修四库全书》本，上海古籍出版社
　　　2002 年。

（宋）刘信甫撰，刘小兵校注，陈仁寿、曾莉主编：《活人事证方后集》，
　　上海科学技术出版社 2014 年。

（元）脱脱等撰：《宋史》，中华书局 1985 年。

（元）马端临撰：《文献通考》，中华书局 1986 年。

（明）陶宗仪等编：《说郛三种》，上海古籍出版社 2012 年。

（明）王圻撰：《续文献通考》，浙江古籍出版社 1988 年。

（明）杨道臣纂修：［泰昌］《全椒县志》，《全椒古代典籍丛书·全椒
　　旧志汇编》，国家图书馆出版社 2020 年。

（明）王世贞撰：《弇州山人续稿》，文渊阁《四库全书》本，台湾商务
　　印书馆 1982—1986 年。

（明）戴瑞卿等修纂：［万历］《滁阳志》，《中国方志丛书》本，台湾
　　成文出版社 1966—1970 年。

（明）孙能传等编：《内阁藏书目录》，文物出版社 1992 年。

（明）王畿撰，吴震编校：《王畿集》，凤凰出版社 2007 年。

（明）焦竑编撰：《国朝献征录》，广陵书社 2013 年。

（明）焦竑撰：《国史经籍志》，《丛书集成初编》本，商务印书馆 1935 年。

（明）凌迪知撰：《万姓统谱》，上海古籍出版社 1994 年。

（明）黄宗羲著，沈芝盈点校：《明儒学案》，中华书局 1985 年。

（明）庄廷鑨撰：《明史钞略》，《四部丛刊三编》本，上海书店 2015 年。

（清）徐乾学撰：《传是楼书目》，清道光八年（1840）刘氏味经书屋钞本。

（清）蓝学鉴等纂修：［康熙］《全椒县志》，《故宫珍本丛刊》本，海
　　南出版社 1999 年。

（清）李卫等修，（清）沈翼机等纂：［雍正］《浙江通志》，清光绪二
　　十五年（1899）浙江书局刻本。

（清）金醴纂修：［同治］《全椒县志》，《南京大学图书馆藏稀见方志丛刊》
　　本，国家图书馆出版社 2014 年。

（清）吴坤修等修，（清）何绍基等纂：［光绪］《重修安徽通志》，清
　　光绪四年（1878）刻本。

（清）黄锡麒辑：《蔗根集》，清道光十五年（1835）扬州清美堂刻本。

（清）黄锡麒辑：《蔗根集》，清道光十五年（1835）扬州清美堂刻本。

（清）陆心源辑：《元祐党人传》，清光绪十五年（1889）刻本。

（清）厉鹗辑撰：《宋诗纪事》，上海古籍出版社 2013 年。

（清）范邦甸等编：《天一阁书目 天一阁碑目》，上海古籍出版社 2019 年。

（清）黄虞稷撰，瞿凤起、潘景郑整理：《千顷堂书目》，上海古籍出版
社 2001 年。

（清）刘大櫆著，吴孟复点校：《刘大櫆集》，上海古籍出版社 1990 年。

（清）平步青撰：《霞外捃屑》，上海古籍出版社 1982 年。

（清）黄燮清撰：《国朝词综续编》，《四部备要》本，中华书局 1920-
1936 年。

（清）余国、潘运晫纂修：［康熙］《滁州志》，《稀见中国地方志汇刊》
本，中国书店 1992 年。

（清）张廷玉等撰：《明史》，中华书局 1974 年。

（清）黄之隽等编纂，（清）赵弘恩监修：［乾隆］《江南通志》，广陵
书社 2010 年。

（清）钱曾撰：《读书敏求记》，书目文献出版社 1984 年。

（清）嵇璜等撰：《续通志》，浙江古籍出版社 1988 年。

（清）季振宜撰：《季沧苇藏书目》，中华书局 1985 年。

（清）袁枚撰：《子不语》，浙江古籍出版社 2017 年。

（清）纪昀等原著，四库全书研究所整理：《钦定四库全书总目（整理本）》，
中华书局 1997 年。

（清）阮元撰，王爱亭、赵嫄点校：《文选楼藏书记》，上海古籍出版社
2019 年。

（清）阮元等撰，彭卫国、王原华点校：《畴人传汇编》，广陵书社 2009 年。

（清）朱大绅修，（清）高照纂：［光绪］《直隶和州志》，清光绪二十
七年（1901）木活字本。

（清）张金吾撰，柳向春整理：《爱日精庐藏书志》，上海古籍出版社 2014 年。

（清）瞿镛编纂，（清）瞿果行标点：《铁琴铜剑楼藏书目录》，上海古

籍出版社 2000 年。

（清）陆心源编，许静波点校：《皕宋楼藏书志》，浙江古籍出版社 2016 年。

（清）丁仁编：《八千卷楼书目》，国家图书馆出版社 2009 年。

（清）孙诒让撰：《温州经籍志》，上海社会科学院出版社 2005 年。

赵尔巽等撰：《清史稿》，中华书局 1977 年。

薛荫祯等纂修：《福星薛氏家谱》，民国十六年（1927）木活字本。

姚觐光辑：《清代禁毁书目四种》，《万有文库》本，商务印书馆 1929—
   1937 年。

张其濬、张德需修，江克让等纂：[民国]《全椒县志》，《中国方志丛书》
   本，台湾成文出版社 1966—1970 年。

今人著述：

上海图书馆编：《中国丛书综录》，上海古籍出版社 1982 年。

王重民撰：《中国善本书提要》，上海古籍出版社 1983 年。

台北"故宫博物院"编：《国立故宫博物院善本旧籍总目》，台北"故宫
   博物院"1983 年。

傅增湘撰：《藏园群书经眼录》，中华书局 1983 年。

蒋元卿撰：《皖人书录》，黄山书社 1989 年。

顾廷龙主编：《清代朱卷集成》，台湾成文出版社 1992 年。

袁行云著：《清人诗集叙录》，文化艺术出版社 1994 年。

金恩辉、胡述兆主编：《中国地方志总目提要》，汉美图书有限公司 2002 年。

中国古籍善本书目编辑委员会编：《中国古籍善本书目》，上海古籍出版
   社 1998 年。

李灵年、杨忠主编：《清人别集总目》，安徽教育出版社 2000 年。

任继愈主编：《中国藏书楼》，辽宁人民出版社 2001 年。

陈垣撰：《中国佛教史籍概论》，上海书店出版社 2005 年。

来新夏主编：《清代科举人物家传资料汇编》，学苑出版社 2006 年。

刘毓庆、贾培俊著：《历代诗经著述考·明代》，中华书局 2008 年。

中国古籍总目编纂委员会编：《中国古籍总目》，中华书局、上海古籍出
　　版社 2009—2013 年。

牛继清主编：《安徽文献总目》，黄山书社 2020 年。

孙殿起撰：《贩书偶记·附续编》，上海古籍出版社 2020 年。

著者笔画索引

书名笔画索引

后　记

　　全椒历史悠久，文脉昌盛，历朝历代的文人学者留下了大量的著述。然而多年以来，由于各种原因，这些典籍散落在全国各地乃至海外图书馆，始终无人问津。

　　二〇一七年，中共中央办公厅、国务院办公厅印发《关于实施中华优秀传统文化传承发展工程的意见》，文化部（今文化和旅游部）相继印发《"十三五"时期全国古籍保护工作规划》，着重强调了充分认识古籍保护工作的重要性和紧迫性。全椒县委、县政府高度重视，决定以政协全椒县委员会牵头，组织编纂大型古籍丛书《全椒古代典籍丛书》，并斥资千万，以极大的勇气和魄力使得此重大项目顺利推进。在项目进行的三年过程中，全椒县委、县政府的主要领导同志给与了很大的支持和鼓励。编纂委员会核心成员是全椒县政协领导和文史委的同志，他们在丛书编纂过程中付出了艰辛的努力。

　　国家图书馆出版社向以大型古籍项目影印出版而著称业界，在地方文献影印及整理方面具有非常丰富的经验。出版社魏崇社长、殷梦霞总编、张爱芳主任等非常关注全椒古籍项目，于二〇一八年十月同全椒县政协签署了出版合同。三年来，他们以极其负责的态度和精湛的专业精神很好地完成了丛书的编辑出版工作。经查阅文献，发现全椒文献散落于全国数十家图书馆，我们在联系查阅过程中，他们皆给予了大力支持，在此一并感谢！

　　作为县级政府，《全椒古代典籍丛书》的出版在全国乃是首创，左安徽省更是地方古籍影印的第一次尝试。在历次新书发布会中，我们收获了来自全国著名高校及出版界专家学者的好评。正是因为有了前辈专家学者的鼓励，我们才能够负重前行，获得了克服困难继续前行的勇气。

　　笔者自二〇一四年返滁以来，一直关注乡邦文献。因为有全椒文献研究的经验而有幸受聘为该项目执行主编，负责丛书编纂的具体事宜。《全椒古代著述考略》是《全椒古代典籍丛书》编纂过程中的副产品，它不仅可以作为《丛书》的目录和纲领以备检索，同时更是对散佚古籍和未收古籍信息的一种补充。《著述考略》循古而不泥古，在前辈学人成果的基础上，有不少新的开拓和发展。整个写作过程历时八年，是父母、妻儿的无私奉献为我提供了坚实的保障。特别要感谢的是，丘进校长与蒋寅教授在百忙之中为本书作序，使得拙著增色不少。

　　我们坚信，《全椒古代典籍丛书》和《全椒古代著述考略》将来一定会作为同类项目的典范而流传后世。随着时间的推移，它们的价值将会不断凸显出来。

张道锋

二〇二一年六月十八日

于滁州琅琊山脚下